今天的中国是历史的中国的一个发展；我们是马克思主义的历史主义者，我们不应当割断历史。从孔夫子到孙中山，我们应当给以总结，承继这一份珍贵的遗产。这对于指导当前的伟大的运动，是有重要的帮助的。

——毛泽东（1938年）

马克思主义传入中国后，科学社会主义的主张受到中国人民热烈欢迎，并最终扎根中国大地、开花结果，决不是偶然的，而是同我国传承了几千年的优秀历史文化和广大人民日用而不觉的价值观念融通的。

——习近平（2019年）

坚持把马克思主义基本原理同中国具体实际相结合、同中华优秀传统文化相结合，用马克思主义观察时代、把握时代、引领时代，继续发展当代中国马克思主义、21世纪马克思主义！

——习近平（2021年）

马克思与孔夫子

一个历史的相遇

何中华 著

中国人民大学出版社
·北京·

图书在版编目（CIP）数据

马克思与孔夫子：一个历史的相遇/何中华著．--北京：中国人民大学出版社，2021.7

ISBN 978-7-300-29611-1

Ⅰ.①马… Ⅱ.①何… Ⅲ.①马克思主义-发展-研究-中国 Ⅳ.①D61

中国版本图书馆 CIP 数据核字（2021）第 129779 号

马克思与孔夫子

一个历史的相遇

何中华　著

Makesi yu Kongfuzi

出版发行	中国人民大学出版社		
社　　址	北京中关村大街 31 号	**邮政编码**	100080
电　　话	010－62511242（总编室）		010－62511770（质管部）
	010－82501766（邮购部）		010－62514148（门市部）
	010－62515195（发行公司）		010－62515275（盗版举报）
网　　址	http://www.crup.com.cn		
经　　销	新华书店		
印　　刷	北京宏伟双华印刷有限公司		
规　　格	148 mm×210 mm　32 开本	**版　　次**	2021 年 7 月第 1 版
印　　张	9.25 插页 2	**印　　次**	2025 年 4 月第 5 次印刷
字　　数	175 000	**定　　价**	65.00 元

目录

一、引　言

似乎没有什么比把马克思与孔夫子两个人的画像放在一起更让人感到突兀的了。然而，当我们重温“东圣西圣，心同理同”[①] 的古训之后，或许会在很大程度上弱化这种违和感。

马克思与孔夫子，两者的关系看似简单，实则不然。他们一古一今、一东一西，关乎古今中外，其中大有深意在焉。

马克思主义与儒学的关系问题，是一个十分复杂而又极为深刻的问题。对此，我们过去往往是看两者的差异多，而看它们的会通少[②]。当然，这也符合人们对于两种学说及其关系加

① 宋儒陆九渊说：“东海有圣人出焉，此心同也，此理同也。西海有圣人出焉，此心同也，此理同也。南海北海有圣人出焉，此心同也，此理同也。千百世之上，有圣人出焉，此心同也，此理同也。千百世之下，有圣人出焉，此心同也，此理同也。”（象山先生行状//陆九渊．陆象山全集．北京：中国书店，1992：247.）

② 当然，早在20世纪20年代，郭沫若在《马克斯进文庙》［载《洪水》第1卷第7期（1926年），参见郭沫若．郭沫若全集（文学编）：第10卷．北京：人民文学出版社，1985：161－170］一文中，即以艺术的体裁，运用“时空穿越”的“蒙太奇”手法，对于马克思同孔子的“相遇”作了富有想象力的描述。郭氏不啻为直面这个问题的先驱。

以体认的基本逻辑。一般地说，刚接触时往往是更多地看到“异”，当进一步深入地了解后，则会愈益见到“同”或“通”。例如，我们刚接触儒家和道家时，会感觉到两者的差异颇大，儒家看上去更倾向于积极入世，而道家似乎更倾向于消极遁世。但当我们对两家的思想有了更深刻的体认之后，感受就会大不一样，因为我们发现无论是儒还是道，在最高境界上所追求的无非都是自然而然，其差别仅仅在于对何谓自然的具体阐释有所不同罢了。我们没有办法回避这样一个基本的历史和文化事实，这就是马克思主义同儒学这两种学说在实践层面上早已实现了接触与融汇，这本身就意味着二者总是存在着某种类似的理路，存在着某种同构性，这是它们会通之可能性的内在根据。无视这一点，马克思主义与以儒学为主流的传统文化之间在事实上的融合就既不可思议，也无法得出合理的解释。

相对地说，看差异比较容易，因为它不过是一个直观的事实，只要着眼于表象和知性判断就足够了。例如，两者存在着明显的距离：在时代性维度上，它们一为传统的、一为现代的，彼此判然有别，存在着巨大的时间差。在民族性维度上，它们一为中学、一为西学，彼此难以通约，存在着强烈的异质性。从实际的历史情境也不难看出，马克思主义之进入中国并传播开来，恰恰是以“打倒孔家店”这一激进的反传统姿态为其时代背景和特定语境的，如此等等。如果形式主义地看问题，就难以发现马克思主义与儒学有多少相似之处，更谈不上彼此在深层意义上的可通约性。

但是，要揭示马克思主义与儒学之间的会通何以可能，就不能如此简单地看问题，需要深入至两者的文化原型层面，亦即“元问题”层面，才能看清事情的原委和实质。马克思主义与儒学既然具有内在的一致性，那么它就不是直观地存在着的，甚至表面看上去更多的是不相侔；这种内在的一致性，归根到底只有在实践中才能实现并被表达，也只有通过反思性的把握才能被揭示出来。我们过去谈论差别已经够多的了，但马克思主义中国化早已成为一个基本的历史事实，对这一不争的事实所作的解释却还相对欠缺。就此而言，可谓马克思主义中国化的实践，早就走在了理论认知和诠释的前面。现在，该是到了认真细致地考察这种融合在学理上的可能性的时候了。

从历史的实际进程看，马克思主义同儒学不仅相遇，而且一起建构并塑造了中国的现代史和当代史，变成了马克思所说的“实践能力的明证”本身。因此，在马克思主义同儒学的会通和融合方面，我们所面临的已不再是“是否可能”的问题，而仅仅是“如何可能”的问题，因为实践和历史事实早已回答了前一个问题，后一个问题则有待于我们从理论上作出诠释、给出理由。

诚然，作为一个完整的思想和文化体系，儒学已经不可能作为我们今天的主导意识形态，因为我们的经济基础早就变更了，我们的生存方式也已经得到根本的重建。“皮之不存，毛将焉附?”所以，从时代性的角度说，儒家的主导性可以说是一去不复返了。就像毛泽东当年所指出的，孔夫子毕竟“是封建社会的圣人”[①]。毛泽东还说过：“孔夫子早已没有了，我们中国有了共产党，总比孔夫子高明一点吧，可见没有孔夫子事情还做得好一些嘛!”[②] 但同时也应该看到，以儒家为代表的中国传统文化，毕竟塑造了我们国人的“中国性”。我们终究是作为“中国人”去接受并运用马克思主义的。就此而言，作为中国文化传统的主干和代表，儒家思想又是一个不可剔除的重要变量。因此，儒学的“过时”，并不妨碍它依旧构成马克思主义传入中国并日益中国化的最重要的解释学背景。而且，要想真正理解马克思主义何以能够来到中国，并在中国的土壤中扎根、发芽、开花并结果，能够内在地“化”为中国文化传统的一个有机部分，也无法回避对于马克思与孔夫子之间的思想交集和融通作出恰如其分的解释。为了说明这个基本事实，我们今天面临的一个重要任务，就是要给出一种可能的答案。

王国维在《论近年之学术界》(1905 年) 一文中论及“西学东渐”时曾说过：“……则西洋之思想之不能骤输入我中国，亦自然之势也。况中国之民固实际的而非理论的，即令一时输

---

① 毛泽东．论鲁迅 (1937 年 10 月 19 日) //毛泽东．毛泽东文集：第 2 卷．北京：人民出版社，1993：43.

② 毛泽东．在中国共产党全国代表会议上的讲话 (1955 年 3 月) //毛泽东．毛泽东文集：第 6 卷．北京：人民出版社，1999：402.

入，非与我中国固有之思想相化，决不能保其势力。”① 此言不虚。马克思主义传入中国，倘若不能与中国固有之思想“相化”，就不可能在中国的土地上获得马克思所谓的“实践能力的明证”，保持其“理论的彻底性”和“物质的力量”。

从总体上说，马克思主义与儒学在自觉的意识层面更多地表征为冲突，而在不自觉的无意识层面则更多地表征为会通。人们意识到的往往是表层关系，而未曾意识到的则是深层关系。这种深层的会通无疑是多维度的，它的实现不仅有赖于特定的历史—文化条件和机缘，更有赖于马克思主义与儒学内在地提供的学理上的可能性。本书只能就几个在笔者看来至关重要的方面略加阐释。

两个截然殊异的东西无法会通，而两个完全相同的东西则无须会通。因此，从学理上说，真正的会通只能发生在同中有异、异中有同的辩证关系之中。

---

① 王国维．论近年之学术界//姚淦铭，王燕．王国维文集：第3卷．北京：中国文史出版社，1997：39.

二、中西体用之辩：回到历史语境

晚清以降，东西方两大文明彼此相遇，构成 19 世纪的一个波澜壮阔的宏大历史场景，它在很大程度上铸就了这一世纪的独特性。需要强调指出的是，这一“相遇”是在东西方文明不对等的条件下实现的。随着“西学东渐”的展开和西方列强坚船利炮的侵入，古今中外的文化在晚清的中国碰撞交汇，使“中西体用”作为一个尖锐的时代课题被提了出来，并且迫使国人必须直面而无法回避。

马克思当年所揭示的“历史向世界历史的转变”[①]，为这一历史—文化现象奠定了基础，提供了展现的舞台，也为我们理解这一现象准备了基本的参照系。

作为中国传统同西方文化相遇后必然形成的一种分析架构，“中西体用”无疑是基于二分格局建立起来的，从而不免带有过于机械和简约化的局限，但仍不失为一种有效的预设，

---

① 马克思，恩格斯．德意志意识形态（节选）//马克思，恩格斯．马克思恩格斯选集：第 1 卷．3 版．北京：人民出版社，2012：169.

能够为我们分析并考量纷纭复杂的文化现象提供可能的工具。它在很大程度上是真实的，而绝非虚妄的和虚构的，因为它的确客观地折射并反映出特定时间和空间关系中的种种文化悖论和紧张。

在中西体用之间，存在着四种可能的组合，已经穷尽了所有的逻辑上的可能性。这四种组合的模式，在近代以来的中国历史上都有所表现，都有其特定的形态，具体地说就是：中体中用、中体西用、西体西用、西体中用。如果说国粹派主张中体中用，西化派主张西体西用，那么中体西用和西体中用则均属于调和折中派，只是它们所由以出发的立场截然相反罢了。下面，笔者逐一给予简略的分析。

中体中用

“中体中用”这一立场，属于极端的文化保守主义，我们可以拿辜鸿铭作为它的代表。辜鸿铭认为：“要估价一个文明，我们最终必须问的问题，不在于它是否修建了和能够修建巨大的城市、宏伟壮丽的建筑和宽广平坦的马路，也不在于它是否制造了和能够造出漂亮舒适的农具、精致实用的工具、器具和仪器，甚至不在于学院的建立、艺术的创造和科学的发明。要估价一个文明，我们必须问的问题是，它能够生产什么样子的人（what type of humanity），什么样的男人和女人。事实上，一种文明所生产的男人和女人——人的类型，正好显示出该文明的本质和个性，也即显示出该文明的灵魂。”[①]

在这里，辜鸿铭讨论“文明”的本质所引作参照并针对的显然是西方文明。在他看来，一个文明的本质并不在于其外在的“硬件”系统，而仅仅在于它对人格的塑造，这归根到底又取决于对人的定义或曰人性论预设。就此而言，辜鸿铭的观点无疑是有其合理性的。但问题是，人性论预设总是要外化并落实为外在的特定物质性的文化形态的，包括一切政治设施和经济形式，亦即梁漱溟所谓的“生活的样法”。辜鸿铭的观点对这个方面似乎有所忽视。从某种意义上说，他的说法割裂了文化的“体”和“用”。

辜鸿铭在自己的这个假设之下，又进一步强调东西方文化之间的不可通约性，例如他说：“对于中国人来说，他们文明的起源、发展乃至赖以存在的基础，同欧洲人的文化完全不相干。”[②]“我要告诉诸位，中国文明与现代欧洲文明有着根本的不同。”[③] 显然，辜鸿铭仅仅是着眼于文化的民族性维度，把东西方文化的差别认定为性质上的分野而非程度上的不同。这

① 辜鸿铭．中国人的精神．黄兴涛，宋小庆，译．海口：海南出版社，1996：3.

② 同①144.

③ 同①39.

一视野同主张“西体西用”立场的“全盘西化”论截然不同，因为“西体西用”立场拒绝从民族性维度着眼，而是立足于时代性维度去考量东西方文化的关系。

辜鸿铭甚至认为，即使物质生活匮乏，也并不妨碍一个民族依旧可以成为有尊严、有德性的民族。他指出：“某一民族的生活水平也可能由于某种经济原因而变得十分低下，但它本身却不是该民族道德文化或文明的证据。”① 这是因为，“实际上，生活水平完全可以作为文明的‘条件’（condition）来考虑，它却不是文明本身”，因而“生活水平本身却并不是一个民族文明的标尺”②。

按照辜鸿铭的观点，既然物质生活对于文明（或曰文化）来说无关紧要，而且在中西之间又缺乏可通约的路径，那也就意味着无须也不能拿西方文明来“弥补”中国文明，即使是器物意义上的成分。而中国文明关于人的理想人格的预设，自然会生发出与之相匹配的世俗生活的特定样态，包括物质生活的样态。如果说，人格理想属于“体”（因为它关乎文明的性质和本质），那么在这个“体”的基础上衍生出来的具体样态（包括种种物质生活格局），自然属于“用”。既然不需要援引外来的文明，其结果就只能是“中体中用”了。所以，虽然辜

① 辜鸿铭．中国人的精神．黄兴涛，宋小庆，译．海口：海南出版社，1996：173.

② 同①172.

鸿铭没有明言自己主张“中体中用”，但按照其观点的内在理路是能够引申出这一立场的。这种“中体中用”的主张，显然体现着极端的文化保守主义立场。

陈序经认为，“中国留学生之守旧最深，而主张复古最力者，恐怕也莫如辜鸿铭”① 了。在陈序经看来，一个“配谈”西方文化者，竟然持极端的复古主张，是不好理解的。出于对西方及其文化的无知而守旧，这情有可原。而熟稔西方多种语言、对西方文化有着身临其境式的深切了解的辜鸿铭，竟然也如此这般地主张守成复旧，的确更具有某种典型的意义。

中体西用

关于“中体西用”，张之洞在《劝学篇》“序”中说：“旧者不知通，新者不知本。”② 他认为，守旧者唯知守经而不能变通，维新者则背弃道统而一味权变。在张之洞看来，这两个极端都会陷入某种片面性，其后果必然是：“不知通则无应敌制变之术，不知本则有非薄名教之心。”③ 张之洞面临的问题是，如何把“知通”和“知本”这两者融合起来。而按照张之

① 陈序经．东西文化观．北京：中国人民大学出版社，2004：37.

②③ 陈山榜．张之洞劝学篇评注．大连：大连出版社，1990：2.

洞自己的定位，他写的《劝学篇》就分为《内篇》和《外篇》，分别处理“务本”和“务通”的问题，即所谓“《内篇》务本，以正人心，《外篇》务通，以开风气”[①]。

张之洞进而认为，“知变”意味着“不变其习不能变法，不变其法不能变器”[②]，“知本”则意味着“在海外不忘国，见异俗不忘亲，多智巧不忘圣”[③]。由此可见，“务本”涉及的是“体”，“务通”涉及的则是“用”。“务本”需要“返本”，“务通”需要“开新”。当东西方文化相遇之后，国人有了这样的认知，就像张之洞所说的：“中学为内学，西学为外学，中学治身心，西学应世事。”[④] 如此一来，人们自然可以得出这样的判断，即“务本”有赖“中学”，“务通”依靠“西学”。在此基础上，自然会演绎出“中体西用”的结论。

郑观应作为改良派领袖人物，貌似批评了洋务派的“中体西用”论，例如他引张靖达公的话说：“西人立国具有本末，虽礼乐教化远逊中华，然其驯致富强亦具有体用。育才于学堂，论政于议院，君民一体，上下同心，务实而戒虚，谋定而后动，此其体也。轮船火炮，洋枪水雷，铁路电线，此其用

① 陈山榜．张之洞劝学篇评注．大连：大连出版社，1990：3.

② 同①4.

③ 同①5.

④ 同①159.

也。”而“中国遗其体而求其用”[1]，无异于缘木求鱼。这正是“中体西用”的局限性所在。但关键在于，郑观应认为西方的器物乃是西学的产物，而他又是主张“西学中源”的，所以在他看来，我们学习西方，说到底不过是“以中国本有之学还之于中国”[2] 罢了。因此，“以西学言之：如格致制造等学其本也……语言文字其末也。合而言之，则中学其本也，西学其末也。主以中学，辅以西学。知其缓急，审其变通，操纵刚柔，洞达政体”[3]。基于这一判断，郑观应明确指出：“道为本，器为末，器可变，道不可变，庶知所变者富强之权术，非孔孟之常经也。”[4] 具有讽刺意味的是，绕了一圈，到头来仍不免落入“中体西用”的窠臼。

针对这种“中体西用”论，严复反驳道：“体用者，即一物而言之也。有牛之体，则有负重之用；有马之体，则有致远之用。未闻以牛为体，以马为用者也。中西学之为异也，如其种人之面目然，不可强谓似也。故中学有中学之体用，西学有西学之体用，分之则并立，合之则两亡。议者必欲合之而以为

---

① 郑观应.《盛世危言》自序//夏东元.郑观应集：上册.上海：上海人民出版社，1982：234.

② 郑观应.西学//夏东元.郑观应集：上册.上海：上海人民出版社，1982：275-276.

③ 同②276.

④ 郑观应.《盛世危言》增订新编凡例//夏东元.郑观应集：上册.上海：上海人民出版社，1982：240.

一物，且一体而一用之，斯其文义违舛，固已名之不可言矣，乌望言之而可行乎?”[①] 陈序经也有近似的评论，例如他说：“体用这两件东西，若照普通的意义来说，是分不开的。有其体就有其用，有其用必依其体。中学因［固］有中学的体，西学也有西学的体，中学固有其用，西学也有其用。然而中学之用（要是它有了用），必定是依着中学的体，而西学之用，也是依着西学的体。换句话说，有了体，固未必一定有用，然要有用，必定先有体。所以西学之用，完全由西学之体而来，没有西学之体，必无西学之用。”[②]

陈序经认为，在一种文化及其传统中，体用总是相一致的，彼此不可剥离开来，进行一种跨文化的重组。严复秉持进化论逻辑，并以此来诠释人类社会演进的性质，自然强调西用与西体之间的不可割裂性。他说：“天演之事不独见于动植二品中也。实则一切民物之事，与大宇之内日局诸体，远至于不可计数之恒星，本之未始有始以前，极之莫终有终以往，乃无一焉非天之所演也。”[③] 他还说：“物竞者，物争自存也；天择者，存其宜种也。……动植如此，民人亦然。民人者，固动物

---

① 严复．与《外交报》主人书//王栻．严复集：第3册．北京：中华书局，1986：558－559.

② 陈序经．东西文化观．北京：中国人民大学出版社，2004：103.

③ 严复．天演论上·导言二　广义//王栻．严复集：第5册．北京：中华书局，1986：1326－1327.

之类也。”[①] 在进化论的模式中，体用之间只能被理解为相互匹配地向前演化。

从某种意义上说，洋务运动的兴起，乃是“中体西用”论在实践上的表征。中日甲午海战的惨败，事实上宣告了洋务运动的破产，也证伪了“中体西用”论的可行性。

西体西用

对于中国文化变革来说，“西体西用”无疑是一种激进主义立场。这种文化激进主义立场，主要是以胡适的“全盘西化”观点为代表的。胡适强调说：“我们可以大胆地宣言：西洋近代文明绝不轻视人类的精神上的要求。我们还可以大胆地进一步说：西洋近代文明能够满足人类心灵上的要求的程度，远非东洋旧文明所能梦见。在这一方面看来，西洋近代文明绝非唯物的，乃是理想主义的（idealistic），乃是精神的（spiritual）。”[②] 因为在胡适看来，“凡一种文明的造成，必有两个因子：一是物质的（material），包括种种自然界的势力与质料；一是精神的（spiritual），包括一个民族的聪明才智、感情和理

① 严复．原强修订稿//王栻．严复集：第1册．北京：中华书局，1986：16.

② 胡适．我们对于西洋近代文明的态度//欧阳哲生．胡适文集：第4卷．北京：北京大学出版社，1998：6.

想。凡文明都是人的心思智力运用自然界的质与力的作品；没有一种文明是精神的，也没有一种文明单是物质的”[①]。言外之意，任何文明都是特定的“体”与“用”的统一，没有离开“体”的纯粹的“用”，也没有离开“用”的纯粹的“体”。所以，那种主张东方是精神文明，而西方是物质文明，从而应该把两者结合起来，进而形成“中体西用”格局的观点不能成立。所以，要西方文明的“用”，就不能不同时要西方文明的“体”。胡适认为，必须“全盘西化”才能奏效。

正是基于这一认知，胡适从物质文明到精神文明，都严厉地抨击了中国传统文化。他写道：“我们必须承认我们自己百事不如人，不但物质机械上不如人，不但政治制度不如人，并且道德不如人，知识不如人，文学不如人，音乐不如人，艺术不如人，身体不如人。”[②] 在胡适看来，中国文化之所以一无是处，就是因为无论是它的“体”还是它的“用”，都不如西方文化的先进和开化。正因为如此，才需要“全盘西化”。

当然，胡适的观点自身也存在着不相侔甚至自相矛盾之处。譬如，物质和精神在一个文明中当然不是有无的问题，而仅仅是主次的问题。因为人类作为灵与肉相统一的存在，无论

---

① 胡适．我们对于西洋近代文明的态度//欧阳哲生．胡适文集：第4卷．北京：北京大学出版社，1998：3.

② 胡适．介绍我自己的思想（《胡适文选》自序）//欧阳哲生．胡适文集：第5卷．北京：北京大学出版社，1998：515.

哪一个方面都需要文明来加以肯定，以便得到满足。胡适把这两者混为一谈，来反驳东方精神文明、西方物质文明的论调，是缺乏足够的说服力的。另外，胡适虽然肯定任何文明都必然包含着物质文明和精神文明两个不可或缺的因子，却又认为西方文明积极改造自然，不屈服于自然界的压迫，所以是真正的精神文明，而东方文明主张顺应自然，安分守己，所以是真正的物质文明。这一判断，显然是同他的原有的假设相冲突的。以至于当时就引起了人们的批评，例如有人质疑说：胡适的观点“很容易使人误解他所谓东西文明仍然有‘根本不同之点’”①。

鼓吹“全盘西化”的始作俑者陈序经，对中国文化的全面否定，同胡适如出一辙。陈序经在《中国文化的出路》一书中明确认为：“我们若和西洋比较科学吗？交通吗？出版物吗？哲学吗？其实连了所谓礼教之邦的中国道德，一和西洋道德比较起来，也只有愧色。”② 在他看来，中国文化的唯一出路，就在于“全盘西化”。所以，他强调说：“我们的结论是，救治目前中国的危亡，我们不得不要全盘西洋化。”③ 在另一本著作中，陈序经同样认为：“过去和今日的中国还是事事太落后，

① 常燕生．东西文化问题质胡适之先生：读《我们对于西洋近代文明的态度》．现代评论，1926，4（90）：18.

② 陈序经．中国文化的出路．上海：商务印书馆，1934：101.

③ 同②123.

样样不如人，既趋于全盘西化，而还不如人，就是因为尚未能彻底而全盘西化。要是我们而能彻底和全盘的西化，则中国必定和西洋并驾齐驱，所以今日所要努力来解决的问题，并非中国是否应当西化，而是中国能否赶紧去做彻底和全盘西化。”① 既然如此，那就只有“西体西用”才算是彻底的和全盘的西化。

“西体西用”论总是强调不同文化之间的可通约性的一面，夸大彼此之间的时代性距离。例如陈序经就认为，东西方文化“只有程度的不同，而非种类的各异”②。他强调说：“学固有新旧之分，却没有东西中外之分；质言之，学固有时间上的差异，却没有空间上的不同。”③

在某种意义上，可以说五四运动不过是“西体西用”论在实践上的表征。正像林毓生所说的：“反对中国文化遗产的激进的五四运动，在后传统的中国历史上是个转折点。”④ 这是因为，“如果从历史角度对五四时期作一回顾，我们便清楚地意识到这个时代的显著特色就是在文化方面的全盘性反传统主义的特色”⑤。以北京大学学生身份亲身参与过五四运动的杨

① 陈序经．东西文化观．北京：中国人民大学出版社，2004：226.

② 同①227.

③ 同①102.

④ 林毓生．中国意识的危机：“五四”时期激烈的反传统主义．穆善培，译．贵阳：贵州人民出版社，1988：5.

⑤ 同④284.

振声，在其晚年回顾这场历史运动时检讨道：五四运动在文化上“一股脑地反对中国旧文化，而又盲目地崇拜西洋新文化。换句话说，便是无批判地反对中国文化，而又无批判地接受西洋文化”，甚至对西方文化“真有点奴性崇拜”。究其原因，杨氏认为：“外抗强权，而又欲学其致强的原因，故一切吸收；内伤贫弱，而又欲消灭其贫弱的来源，故一切打倒。”[①]这种全盘性反传统主义所造成的文化上的虚无，就需要拿全盘西化的文化来加以递补和置换。但从历史的长时段看，五四运动并没有真正完全地达成自己的目标。从一定意义上说，这反映了五四运动的局限，进而折射出“西体西用”论的缺陷。

西体中用

“西体中用”这个说法，最早是由黎澍提出来的[②]，但其主要阐释者和倡导者却是李泽厚，且以李氏的影响为最大。李泽厚认为：“使用这个概念的前提是‘中体西用’、‘全盘西化’

① 杨振声．从文化观点上回首“五四”．观察，1950，6（13）．

② 据李泽厚的说法：“‘西体中用’一词，不是由我首先发明的，黎澍同志提出时，受到了批评。”［李泽厚．现代化就是“体”的变化//复旦大学历史系．中国传统文化的再估计：首届国际中国文化学术讨论会（一九八六年）文集．上海：上海人民出版社，1987：240.］

这两个概念的存在与成立。离开了这两个概念，这个‘西体中用’也就没有意义。因此，不能孤立地讨论‘西体中用’。”①他反复强调自己所谓的“西体中用”的特定语境，即不过是为了反对“中体西用”和“全盘西化”所做的一种不得已的策略选择罢了。因为李泽厚认为：“‘中体西用’、‘西体西用’都会阻碍现代化的道路。”② 关于“西体中用”，李泽厚的自我定位是作为“中体西用”和“全盘西化”这两个极端的“合题”而确立的。他写道：“一派追求‘全盘西化’，一派强调‘中体西用’。只有去掉两者各自的片面性，真理才能显露，这也就是‘西体中用’。”③

“西体中用”论的积极意义在于，它在某种程度上突破了文化决定论的窠臼。五四时期的确存在着一种文化决定论的倾向，即把中国的“落后”仅仅归咎于狭义文化上的滞后，而不是从经济基础层面着眼考量。这当然有其历史的原因。因为晚清以降，中国社会变革的脉络是沿着经济、政治、文化的顺序依次展开的，到最后，被归结为文化上的原因。所以，1916年，陈独秀在《吾人最后之觉悟》一文中，由晚清以来，从西

---

① 李泽厚．现代化就是“体”的变化//复旦大学历史系．中国传统文化的再估计：首届国际中国文化学术讨论会（一九八六年）文集．上海：上海人民出版社，1987：240.

② 同①243.

③ 李泽厚．漫说“西体中用”//李泽厚．中国现代思想史论．北京：东方出版社，1987：341.

方器物开始，继而追究到政治设施和制度安排，认为国人需要一系列觉悟。一路追究下来，他认为，“犹待吾人最后之觉悟”[①]。陈独秀强调说：“吾敢断言曰：伦理的觉悟，为吾人最后觉悟之最后觉悟。”[②] 因为在他看来，“盖伦理问题不解决，则政治学术，皆枝叶问题。纵一时舍旧谋新，而根本思想，未尝变更，不旋踵而仍复旧观者，此自然必然之事也”[③]。这显然是把伦理观念的变革视作中国社会变革的首要条件或前提了。后来，沈有鼎甚至认为：“中国民族的堕落，完全是精神的堕落，并不是经济的失败。”他提出：“哲学在中国将有空前的复兴，中国民族将从哲学的根基找到一个中心思想，足以扶植中国民族的更生，这是必然的现象。”[④] 到了 20 世纪 40 年代初，贺麟强调的依旧是：“中国近百年来的危机，根本上是一个文化的危机。”[⑤] 这些观点，显然带有浓厚的文化决定论色彩。

有趣的是，无论是激进者还是保守者，都具有某种文化决

---

① 陈独秀．吾人最后之觉悟//陈独秀．陈独秀著作选：第1卷．上海：上海人民出版社，1993：177.

② 同①179.

③ 陈独秀．宪法与孔教//陈独秀．陈独秀著作选：第1卷．上海：上海人民出版社，1993：224.

④ 沈有鼎．中国哲学今后的开展．月报，1937，1（2）：385；另见哲学评论，1937，7（3）：123.

⑤ 贺麟．儒家思想的新开展//贺麟．文化与人生．北京：商务印书馆，1988：5.

定论倾向。只是激进者以为文化才是社会变革的入手处和要枢，而保守者认为文化才是保持住民族性不至于在剧烈的变革中堕落和丧失的标志罢了。钱穆认为："今人又好用文化二字，乃从中国古语人文化成来。如电灯、自来水、火车、轮船，乃物变，非人文之化，则就中国观念言，不得谓之是文化。"① 显然，钱穆是从中国传统的领会方式出发，把器物层面排除在"文化"的范畴之外的。如此一来，"文化"一词就变成了一个狭义的范畴。由此立场来评估现代化，就有可能存在着贬低现代文明的倾向。钱穆写道："器物的花样多了，亦能化出新局面，但于人文理想，则或反有害而无利。"② 这一观点，与辜鸿铭的就非常相似。

李泽厚特别指出："我用的'体'一词与别人不同，它包括了物质生产和精神生产，我一再强调社会存在是社会本体。把'体'说成是社会存在，这就不只包括了意识形态，不只是'学'。社会存在是社会生产方式和日常生活，这是从唯物史观来看的真正的本体，是人的存在本身。""'学'——不管是'中学''西学'，不管是孔夫子的'中学'，还是马克思的'西学'，如果追根究底，便都不是'体'，都不能作为最

①② 钱穆．略论中国科学//钱穆．现代中国学术论衡．北京：生活·读书·新知三联书店，2001：61.

后的‘体’。”[1] 李氏的诠释，超越了“学”的层面，对于克服文化决定论的局限，无疑具有积极的意义，也是它的深刻之处。

李泽厚认为：“如果承认根本的‘体’是社会存在、生产方式、现实生活，如果承认现代大工业和科技也是现代社会存在的‘本体’和‘实质’；那么，生长在这个‘体’上的自我意识或‘本体意识’（或‘心理本体’）的理论形态，即产生、维系、推动这个‘体’的存在的‘学’，它就应该为‘主’，为‘本’，为‘体’。”[2] 而在李氏看来，这个所谓的“学”不仅包括近现代的“西学”，还包括马克思主义，因为马克思主义是近代大工业基础上产生出来的革命理论和建设理论。而所谓的“中用”是指什么呢？李泽厚认为，“中用”就是指这个“西体”“如何适应、运用在中国的各种实际情况和实践活动中”[3]。他进一步解释说：“这个‘中用’既包括‘西体’运用于中国，又包括中国传统文化和‘中学’应作为实现‘西体’（现代化）的途径和方式；在这个‘用’中，‘西体’才真正正确地‘中国化’了，而不再是在‘中国化’的旗帜下变成了

① 李泽厚．漫说“西体中用”//李泽厚．中国现代思想史论．北京：东方出版社，1987：331－332.

② 同①336.

③ 同①337.

‘中体西用’。”[①]

在李泽厚那里，“西体中用”内在地涉及马克思主义及其中国化的问题。例如，他解释说：“马克思主义也是西体的一部分，它是从西方那种社会存在本体中产生的本体意识和科学理论。这些理论有些适合中国，有些则不适合。其中当然有一个选择问题。就在这选择中产生了‘中用’。”[②] 这意味着，中国文化和社会对于马克思主义的选择过程，也就是西体“中用”的过程。按照李泽厚的解释，西体通过中用，即依据是否适合中国的需要加以择取，从而使现代化同西方化剥离开来。因此，李泽厚认为，“我的‘西体’实质就是现代化，但并不等于‘西方化’”[③]；而“现代化的‘体’，用到中国来，当然就有一个中国化的问题”[④]。

“西体中用”的提出固然有其必要，但也有其缺陷。因为这种诠释依然未能摆脱体用之间的中西之分野，所以不免依然有隔膜，难以彻底摆脱机械的性质。如此一来，文化的有机性质还是被遮蔽掉了。

---

① 李泽厚．漫说“西体中用”//李泽厚．中国现代思想史论．北京：东方出版社，1987：338.

②④ 李泽厚．现代化就是“体”的变化//复旦大学历史系．中国传统文化的再估计：首届国际中国文化学术讨论会（一九八六年）文集．上海：上海人民出版社，1987：241.

③ 同②240.

超越中西体用之争：新的可能性

我们从以上的分梳和辨析可以看出，中西体用问题本身无疑是一个“真问题”，它是由客观的情势和历史的情境本身“逼”出来的，而绝非人们主观臆想和杜撰的。但是，这个问题的解决就不能囿于中西体用的框架本身，否则就不可能找到问题得以解决的真正出路。与以上四种主张不同，在中国的历史实践和理论的实际演进中，马克思主义同儒学关系的建构，在某种意义上可谓突破了中西体用关系框架的拘囿，超越了“非此即彼”式的知性思维的局限，昭示出晚清以来东西方文化碰撞、博弈和融汇的新方向。

青年毛泽东就曾认为，“凡思想是没有畛域的”①。海伦·斯诺曾回忆说：“1937 年，毛泽东在抗大第一次发表了他的演讲《矛盾论》；这是在他读了我的长长的问题单子并同意对非马克思主义者进行解释之后发表的。他给我的主要回答是：不能用形式逻辑来理解中国革命，而只能用关于矛盾的观点。我准备接受这些论点，尽管我不喜欢这个术语。我断定，德

① 中共中央文献研究室，中共湖南省委《毛泽东早期文稿》编辑组．毛泽东早期文稿（一九一二年六月——一九二〇年十一月）．长沙：湖南人民出版社，2008：282.

国的李德和苏联永远不会接受这些思想，也不会理解这一逻辑。”[①]

其实，不独不能用形式逻辑来理解中国革命的实践，也不能用这种知性逻辑[②]来理解中国革命乃至中国建设的“意识形态”。任何非此即彼的知性的形式逻辑，都不可能恰当地解释马克思主义中国化这一基本事实，不可能恰当地解释马克思主义同中国传统文化的会通这一基本事实。可以不夸张地说，它是为任何脱离了中国的视角、用非中国智慧者所无从理解的，也是为任何教条主义者、“原教旨主义者”所难以理解的。所以，张岱年曾恰当地指出：“研究文化问题，当用科学方法，然而于一般所认为的科学方法外，还须用‘对理法’（dialectical method）。科学方法或归纳法是发现公律的方法；‘对理法’是观察现象的方法，是发现现象之实相的方法。”[③] 由形式逻辑上升到辩证逻辑，从而超越知性方法的限囿，才有可能真正澄清文化问题的纠结及其实质。

冯契认为：“毛泽东的《新民主主义论》从政治革命角度

---

① 斯诺．旅华岁月：海伦・斯诺回忆录．华谊，译．北京：世界知识出版社，1985：257.

② 形式逻辑所秉持的同则同、异则异，不能同中有异、异中有同，是以知性认识为根据并同知性认识相对应的。在这个意义上，形式逻辑也可以被称作知性逻辑。

③ 张岱年．西化与创造：答沈昌晔先生//张岱年．张岱年全集：第1卷．石家庄：河北人民出版社，1996：248－249.

对‘古今、中西’之争作了一次历史性的总结。……可以说是会通中西哲学的创造性贡献。”[①] 因为“在文化上，毛泽东提出了‘民族的、科学的、大众的文化’，亦即‘人民大众反帝反封建的文化’，既反对了全盘西化论，又反对了中国本位文化论，正确地解决了文化领域中的古今、中西的关系”[②]。毛泽东所指示的方向，正是马克思主义与优秀传统文化在新的历史实践基础上的融会贯通。这样一种新形态的文化，超越了中西体用之间的知性对立，毋宁说是对它们的一切“非此即彼”式关系的辩证地扬弃和历史地克服。

值得追问的是，中西体用问题究竟在何种程度上、又在什么意义上是真实的？它在什么意义上又是虚假的？这些问题充分凸显了文化冲突与调适的特定历史语境及其面临的尴尬，但却并未真正预示中国文化的真正出路和可能的未来。它虽然能够凸显问题的症结，但又嫌过于机械。实际的文化发展和历史演化表明，中西体用无所不化、高度综合，最后形成一个活生生的有机整体和系统。对于文化，我们应该作生命观，需要正视其有机性和自我生长及演化的能力。

从历史上看，中国文化自古就有包容、消化、吸收外来文化的特点和传统，具有开放性。它能够融摄作为他者的思想和

---

① 冯契．智慧的探索：《智慧说三篇》导论//冯契．智慧的探索．上海：华东师范大学出版社，1994：622.

② 同①611.

文化，包括来自异域的文化。正如《中庸》所言："万物并育而不相害，道并行而不相悖。"这体现着一种兼容并包的文化意识。这一特点，尤以儒家文化最为突出。譬如，它对道家和佛家的借鉴和利用，就是一个明显的例子。儒、道、释之间当然有碰撞和博弈，但在这种碰撞和博弈的过程中，又有着吸纳和援引。张君劢就曾认为："孔教博大而无所不包，故鲜与他教发生冲突，佛教之来也迎之，耶教之来也迎之，乃至西方哲学之来也，科学之来也，无一而不迎之。"他以佛教为例，指出："佛教入中国后，尝有三武一宗[①]之难，然皆起于佛道之间，而不起于儒释之间，则孔教之博大宽宏也可知。"[②]

儒家文化说到底是一种柔性的智慧[③]。以儒家为代表的中国文化[④]是富有弹性的，具有包容性和开放性的特征。例如，佛教自东汉时期传入中土之后，就逐渐地被本土化了，成为中国文化的一个内在要素，儒、道、释"三教合一"共同形成了新的文化传统。正如毛泽东所说："我们这个民族，从来就是接受外国的先进经验和优秀文化的"；"我们这个民族，从来不

---

① 中国历史上大的灭佛事件有四次，即北魏太武帝灭佛、北周武帝灭佛、唐武宗灭佛、后周世宗灭佛，史称"三武一宗"（任继愈．宗教词典．上海：上海辞书出版社，1981：248.）。

② 张君劢．明日之中国文化．济南：山东人民出版社，1998：99.

③ 何中华．柔性智慧：中国文化的主线——以《论语》为中心考察．孔子研究，2020（4）：5－25.

④ 钱穆认为："儒学为中国文化主要骨干，谁也承认。"（钱穆．新亚遗铎．北京：生活·读书·新知三联书店，2004：327.）

拒绝接受别的民族的优良传统”。对于这种文化上的开放态度，他举例说：“从一八九四年到一九一一年那一段时间，全国学习西方资本主义的文化，学习资产阶级的民主主义，学习他们的科学，有一个很大的高潮。”① 其实，从历史上看，自东汉始的佛教东传，中国文化的历史发展就呈现为不断地容纳并消化外来文化的一个典型的过程。晚清以来的“西学东渐”，先是接纳和吸收西方近代文化优秀因子，然后到五四新文化运动时期又主要地吸收和消化马克思主义。文化重在“化”。马克思主义的“中国化”，正是属于这种文化之“化”。《易传》曰：“观乎人文，以化成天下。”人文化成即是文化。

西学东渐的进路，也被浓缩在了毛泽东的心路历程之中。从某种意义上说，毛泽东不过是清末以来“西学东渐”的一个缩影、一种人格化形式。毛泽东在湖南师范学校读书时的老师杨昌济，对毛泽东思想的形成产生过重要的影响。青年毛泽东非常崇拜杨昌济，而杨昌济也十分欣赏毛泽东。杨昌济学贯中西，著有《论语类钞》等书，对中学和西学均取批判地吸收态度，主张用“新时代之眼光来研究吾国之旧学”，“合东西洋之文明一炉而冶之”②。应该说，这一态度在很大程度上在毛泽东后来的文化选择和思想建构方面得到了显著的贯彻和体现。

---

① 毛泽东．在全国政协一届四次会议闭幕会上的讲话（1953 年 2 月 7 日）//毛泽东．毛泽东文集：第 6 卷．北京：人民出版社，1999：264.

② 李锐．毛泽东早年读书生活．沈阳：万卷出版公司，2005：20－21.

所以，要真正了解并把握马克思同孔夫子的历史性相遇，以及他们所代表的马克思主义和儒家学说之间的会通，只有跳出中西体用的窠臼才是可能的。

三、马克思主义与儒学会通的历史—文化条件和机缘

在“五四”时代，国人迫切“需要用新思想去合法化（justify）自己反抗权威、传统以及家庭的行为”[①]。在一种狂飙突进的革命时代来临之际，如何从理论上找到革命的合法性依据，就成为开风气之先的知识分子阶层必须完成的首要任务。毛泽东在回顾自己成为一个马克思主义者的过程时承认，主要的契机是读了三本书，即马克思和恩格斯的《共产党宣言》、考茨基的《阶级斗争》和柯卡普的《社会主义史》，其中尤以《共产党宣言》最为重要。可以说，毛泽东一生都对宣言情有独钟，自称读了不下100遍。法国学者阿隆认为：“《共产党宣言》的中心命题是阶级斗争。”[②] 或许，这种在最朴素的意义上把宣言当作阶级斗争的挑战书的理解不免有些庸俗化。

---

① 舒衡哲．中国启蒙运动：知识分子与五四遗产．刘京建，译．北京：新星出版社，2007：112.

② 阿隆．社会学主要思潮．葛智强，胡秉诚，王沪宁，译．上海：上海译文出版社，1988：156.

但对于中国现代社会所面临的迫切使命而言，对于中国早期马克思主义者的不够成熟而言，这种概括又是最自然不过的了。

1941年，毛泽东曾经回忆道："记得我在一九二〇年，第一次看了考茨基著的《阶级斗争》，陈望道翻译的《共产党宣言》，和一个英国人作的《社会主义史》，我才知道人类自有史以来就有阶级斗争，阶级斗争是社会发展的原动力，初步地得到认识问题的方法论。可是这些书上，并没有中国的湖南、湖北，也没有中国的蒋介石和陈独秀。我只取了它四个字：'阶级斗争'，老老实实地来开始研究实际的阶级斗争。"[①] 从更深层次看，革命的合法性诉求也不过是中国传统文化中所固有的"正名"思想的表征罢了，即所谓"名不正，则言不顺；言不顺，则事不成"（《论语·子路》），尽管它的客观后果给这种文化传统本身带来的是解构作用。

马克思与孔夫子的"相遇"

把马克思同孔夫子两者的画像放在一起，的确会给人以强烈的"蒙太奇"式的感觉，甚至会让人觉得有些突兀。然而，

① 毛泽东．关于农村调查（1941年9月13日）//毛泽东．毛泽东文集：第2卷．北京：人民出版社，1993：378-379.

这种时空穿越的效果，却在很大程度上折射出历史和文化的某种真实。

毋庸讳言，马克思主义同儒学之间无疑存在着不容忽视的时代性距离和矛盾。从文化的时代性维度看，儒学代表的是传统社会的意识形态，属于“旧学”；马克思主义则是现代社会的革命学说，属于“新学”。这种新与旧的紧张是无法否认的。正因此，五四新文化运动一方面对于传播马克思主义起到了启蒙的作用，另一方面则是以鲜明的反传统姿态被载入史册。

但又必须看到，马克思被中国人所诠释，且早已实质性地融入中国历史进程。毕竟马克思实际地改变了中国；同样地，中国也实际地改变了马克思。这两种改变又是难以剥离开来的同一个过程。在其中，儒学扮演着一个重要的角色。这一角色并不完全是消极的，而是有其积极的建构意义。就此而言，马克思与孔夫子又不能不彼此相遇、彼此会通。马克思主义中国化在实际上的逐步展开，这一事实本身就意味着马克思主义在中国的特定历史语境中，不可能完全摆脱儒学的深刻影响。因为中国化是以中国特有的期待视野为前提的，这是一种创造性的诠释，这种创造性不仅取决于中国社会的独特现实需要，还取决于中国的特殊文化背景，其中儒学就是一个不可剔除的重要变量。儒学传统已经深入到中国人的生命和血脉之中，甚至成就中国人在文化意义上的自我。因此，作为一种“前见”，它不能不充当中国人解读马克思主义的先行有效的前提。在此意义上，它不仅不是马克思主义中国化的障碍，反倒恰恰是这种中国化的条件。

在文化的时代性维度上，我们过去大都是把马克思主义同儒学之间的关系视为现代与传统的对立，把马克思主义看成一种现代性的修辞，而未能读出它的后现代意味①。事实上，作为一位划时代的思想家，马克思在历史上是以解构现代性为其鹄的，以现代社会的批判者姿态现身的。因此，作为现代性的批判地反思形式，马克思主义无疑具有后现代性质，只是它不同于西方的后现代主义罢了。因为后现代主义追求纯粹的颠覆性和绝对的解构性，从而不可避免地陷入虚无主义；马克思主义则是在破坏一个旧世界的同时建构一个新世界，因而是辩证法意义上的扬弃，是否定中的肯定和肯定中的否定。就此而言，毋宁说马克思主义是一种建设性的后现代主义。

儒学的前现代性质，同马克思主义的后现代文化取向之间，存在着否定之否定意义上的某种一致性。所以，从这个角度说，马克思主义与儒学之间在时代性维度上又具有彼此融合的可能性。当中国社会实际地走上现代化道路后，我们才蓦然发现马克思正在向孔子和他所代表的中国古典文化招手呢！由此便可以理解，当年在郭沫若的笔下，关于孔子，马克思何以

① 关于马克思主义哲学的后现代性质的阐述，可参见何中华．马克思哲学的后现代性及其误读．中共济南市委党校学报，2008（1）。

会发出如此的感慨：“我不想在两千年前，在远远的东方，已经有了你这样的一位老同志!”[①]

正如孔汉思所言：“汉化世界的前途不仅将由它摆脱现代殖民主义和帝国主义的能力决定（它已然做到了这一点），还取决于其是否能限制——如果不能避免的话——现代科学、技术、工业和民主的副作用。换言之，它的前途……取决于是否能找到通往后现代主义共同体的道路。”[②] 正是在这一点上，不仅马克思主义能够提供丰富的资源，儒学同样也能够为现代性的来临准备许多有益的建设性的对治策略和文化理念。在应对现代性的挑战方面，马克思主义同儒学有着一致或相近的指向和功能。

其实，马克思本人就有其对前现代的追溯和向往，当然这绝不是复古主义的[③]，而是辩证否定基础上的回归。例如，马克思在《政治经济学批判》“导言”中对于古希腊神话的追怀，对“儿童的天真”所隐喻的向古希腊文化的复归之冲动，就具有深刻的象征意味。马克思提出的问题是，希腊神话及其所孕

---

① 郭沫若．马克斯进文庙//郭沫若．郭沫若全集（文学编）：第10卷．北京：人民文学出版社，1985：167.

② 秦家懿，孔汉思．中国宗教与基督教．吴华，译．北京：生活·读书·新知三联书店，1990：116.

③ 马克思明确反对回到原始的“自然状态”，例如他曾诘问道：“如果我们的自由历史只能到森林中去找，那么我们的自由历史和野猪的自由历史又有什么区别呢?”（马克思．《黑格尔法哲学批判》导言//马克思，恩格斯．马克思恩格斯选集：第1卷．3版．北京：人民出版社，2012：4.）

育的希腊艺术在遭到现代文明的涤荡之后，“它们何以仍然能够给我们以艺术享受，而且就某方面说还是一种规范和高不可及的范本”①？从这个角度说，马克思主义与儒学又具有彼此融合的可能性。诚然，马克思所追怀的古典精神乃是古希腊及其所象征的文化品格和诉求，它同中国古典精神自然存在着遥远的民族性距离；但我们也不应该忘记，儒家和它所代表的中国传统文化同古希腊精神，在前现代意义上毕竟存有某种可通约之处。就此而言，马克思主义同儒学之间具有会通的可能性。

我们同样不可否认的是，马克思主义同儒学之间除了时代性距离外，还存在明显的民族性差别，这体现着东西方文化在总体上的异质性。晚清以来东西方文化的碰撞和冲突，已经历史地证明了这两大文化传统之间的不相侔。它所显示出来的某种紧张，不仅是文化的时代性距离所致，更是文化的民族性差别所致。但问题的辩证性质就在于，东西方文化除了差别之外，还存在着某些相同或相似的方面，特别是欧陆哲学与中国思想之间的亲和性，恰恰构成马克思主义同儒学得以会通的文化基础和条件。因此，研究马克思主义同儒学的融合，就不能不考虑德国哲学与中国思想之间在文化上的这种亲和性。

① 马克思．《政治经济学批判》导言//马克思，恩格斯．马克思恩格斯选集：第2卷．3版．北京：人民出版社，2012：711.

整个西方文化内部事实上绝非铁板一块，而是隐藏着某种意义上的“科玄论战”，亦即 C.P. 斯诺所谓的科学与人文“两种文化”之间的冲突和较量。斯诺提出了两种文化及其关系问题，把西方文化内部的科玄之间的紧张显豁地凸现出来，但他作为一位英国学者更钟情并偏袒科学文化。即使同情地理解中国文化的英国汉学家李约瑟，也不过是硬要在中国传统中“发现”科学罢了。西方文化的内部紧张，自然以其浓缩的形式包含在作为文化内核的哲学之中。欧陆哲学和英美哲学的分野至为明显。艾耶尔在其重要著作《二十世纪哲学》中对海德格尔连同整个存在主义哲学的叙述，大体也只占几个很有限的页码，其篇幅同存在主义哲学的历史地位远不相称，而且作者揶揄地称海德格尔哲学不过是一种“假充内行的表演”[①] 罢了。罗素在《西方哲学史》中甚至对海德格尔及其哲学只字未提。英美传统对于欧陆传统的轻蔑和抵触由此可见一斑。在逻辑经验主义看来，海德格尔属于典型的“形而上学家”。卡尔纳普就曾把海德格尔的体系同费希特、谢林、黑格尔、柏格森等人的体系一起，归类为“形而上学”，从而将其判入“没有意义”之列[②]。逻辑经验主义的重镇尽管地处奥地利的维也

---

① 艾耶尔．二十世纪哲学．李步楼，俞宣孟，苑利均，等译．上海：上海译文出版社，1987：260.

② 卡尔纳普．通过语言的逻辑分析清除形而上学//洪谦．逻辑经验主义：上卷．北京：商务印书馆，1982：36.

纳，但其源头却来自英国的经验论传统，它所标举的“证实原则”这把“剃刀”，试图剪除一切可能的形而上学。

维特根斯坦虽曾师从罗素，但他们彼此间存在的难以跨越的思想距离仍不可无视。在为维特根斯坦的《逻辑哲学论》写的“导言”中，罗素虽然显得并不吝啬赞扬之词，但不免有些勉强，而且文中委婉地指责维特根斯坦陷入神秘主义和自相矛盾。罗素认为，尽管维特根斯坦宣称“对于不可说的东西我们必须保持沉默”[①]，但“维特根斯坦先生还是在设法说出一大堆不能说的东西”[②]。罗素举例说：“关于伦理学的全部论题，被维特根斯坦先生置于神秘的不可表达的范围之内，然而他还是能够传达他的伦理学见解。”[③] 罗素认为维特根斯坦陷入“说不可说”的悖论，因为他区分了“可说的”与“不可说的”，又试图去谈论“不可说的”东西。与罗素的相比，别人对此还有更明确的指责，譬如巴斯摩尔就认为，维特根斯坦把《逻辑哲学论》的主题概括为“凡是可以说的东西都可以说得清楚；对于不能谈论的东西必须保持沉默”[④]，“在这里，《逻辑哲学论》的根本悖论立刻就跃入我们的眼帘；它告诉我们它所说的是不能说出的东西，并且模模糊糊地、用隐喻和警句的

① 维特根斯坦．逻辑哲学论．贺绍甲，译．北京：商务印书馆，1996：105.

②③ 同①18.

④ 同①23.

形式告诉我们：凡能够说出的完全能够说得清楚。《逻辑哲学论》一书的形式本身就反映了这种悖谬”[①]。

维特根斯坦声称神秘之物虽不可说但可以显现，因为他明确地写道：“能显示出来的东西，不能说出来。”[②] 对此，罗素表示：“就我而言，我承认它（即维特根斯坦的这个说法——引者注）使我产生某种理智上不快的感觉。”[③] 罗素进一步质疑道：“维特根斯坦先生主张逻辑上不能说的这个总体，却被他认为是存在的，并且是他的神秘主义的主题。”[④] 其实，维特根斯坦对于罗素的批评也并不接受，他在给罗素的信（1920年4月20日）中就写道：“有很多地方我不大同意你的意见，无论是你批评我的地方，还是你仅仅想解释我的观点的地方。”[⑤]

既然如此，那么又如何解释逻辑经验主义把维特根斯坦引为“同道”这一事实或现象呢？其实，这种援引乃是基于逻辑经验主义对于维特根斯坦的某种误解。正如马尔康姆所澄清的那样：“维特根斯坦没有排除形而上学的东西；毋宁说他排除

① 巴斯摩尔．哲学百年　新近哲学家．洪汉鼎，陈波，孙祖培，译．北京：商务印书馆，1996：396.

② 维特根斯坦．逻辑哲学论．贺绍甲，译．北京：商务印书馆，1996：49.

③ 同②18.

④ 同②19.

⑤ 陈启伟．《逻辑哲学论》从酝酿到写作以及出版和翻译的情况//维特根什坦．名理论（逻辑哲学论）．张申府，译．北京：北京大学出版社，1988：146－147.

的是陈述形而上学东西的可能性。”① 在澄清了这一点之后，我们就不难明白这样一个事实：“显然《逻辑哲学论》是一部彻底的形而上学的著作；这一点并非这本书的支流。但是从它的见解上看它又被广泛地认为是反形而上学的。”② 这种误读，最典型地体现在维也纳学派那里。在他们看来，维特根斯坦的这本书恰恰能够构成支持他们拒斥形而上学的一个重要的思想来源。误解之深，由此不难窥其一斑。

美国学者迈克尔·弗里德曼正确地指出了欧陆哲学同英美哲学之间的不可通约性和不可兼容性的异质性距离，甚至把欧陆传统与英美传统的分歧看成斯诺所谓的“科学文化”与“人文文化”冲突的一种表现形式③。一个有趣的事实是，中国在20世纪20年代初爆发的那场著名的“科玄论战”，其中的科学派所援引的资源就主要来自英美传统，科学派旗手丁文江是留学英国的地质学家，深受英国实证主义传统的影响；玄学派援引的资源则主要来自欧陆传统，其代表人物张君劢在论战文章中所列举的西方哲学家是莱布尼茨、黑格尔、叔本华、哈特曼等，均不出欧陆一系，他对德国哲学家倭铿思想的格外偏爱也实非偶然。

---

①② 马尔康姆．回忆维特根斯坦．李步楼，贺绍甲，译．北京：商务印书馆，1984：103.

③ 弗里德曼．分道而行：卡尔纳普、卡西尔和海德格尔．张卜天，译．北京：北京大学出版社，2010：1.

英美哲学与中国思想的疏离，可以从一个侧面作为欧陆哲学与中国思想具有亲和性的佐证。值得注意的是，英美传统的自由主义尽管较早即已传入中国，但始终未曾真正地被“中国化”。严复介绍的英国自由主义和胡适介绍的美国自由主义，在中国的社会和文化中都未能真正扎根。诚如林毓生所言：“从思想史的观点严格说来，中国实在没有什么自由主义，亦即没有关于自由主义的 treatise，从严复一直到今天大概只有张佛泉先生的《自由与人权》算是一本比较有系统的著作，但仍是介绍性质，其他各家的散篇文章不是时论，便是介绍。”①李泽厚也指出：“自由主义在中国始终没能创造出自己的真正独立的哲学。”② 这些说法无疑是真实的，是符合中国思想史实际的。

可以说，英美传统的自由主义在中国既未扎根，更未开花，遑论结果。何故？有两种不同的因素起决定作用。一方面，这是因为英美传统不如欧陆传统更容易为中国文化所接纳。另一方面，这也是由“世界历史”下的特定语境决定的。

斯塔夫里阿诺斯指出，“在殖民地，绝大多数有政治觉悟

① 殷海光，林毓生．殷海光 林毓生书信录．上海：上海远东出版社，1994：88.

② 李泽厚．略论现代新儒家//李泽厚．中国现代思想史论．北京：东方出版社，1987：266.

的人或者为民族主义所吸引——这是对外来统治的一种反应，或者为社会主义所吸引——这是对贫穷、落后以及缺乏地方资本和本土中产阶级这一现状的一种反应”[①]。正因此，影响现代世界历史进程的三大思潮，亦即自由主义、民族主义和社会主义，在发展中国家，唯独其中的一种即自由主义缺席。但这种历史的解释，并不能排除文化上的疏离关系对自由主义在中国命运的决定性影响。

费正清提出的问题是：“为什么古代传统（指中国的古典文化——引者注）和西方榜样只能在现代中国产生个别的自由主义者而不能产生自由主义运动?”尤有进者，“自由主义［在中国］不能成为制度化”[②]？英美传统的自由主义何以无法在中国扎根？这固然是时代和历史的条件使然，但更有文化上的原因。费正清更倾向于从经济基础和政治架构的独特性方面去寻找理由。

另一种通常的解释是所谓的“救亡压倒启蒙”说，如余英时观察到这样一个事实：“丁文江、蒋廷黻本身便是英、美式的自由主义者，现在连他们也主张一种开明的独裁，可见民主在当时中国的现状中尚无法落实。”[③] 这些解释各有道理。毋

① 斯塔夫里阿诺斯．全球通史：1500年以后的世界．吴象婴，梁赤民，译．上海：上海社会科学院出版社，1992：361.

② 费正清．美国与中国．张理京，译．北京：世界知识出版社，2000：314.

③ 余英时．钱穆与中国文化．上海：上海远东出版社，1994：203－204.

宁说，英美传统的自由主义在中国的境遇，乃是多种原因综合作用的结果。但中国文化同英美传统之间在文化上的异质性差别及其造成的隔膜，无疑是其中的一个不可无视的重要原因。当然，不独自由主义思潮，英美的分析哲学、语言哲学、科学哲学等也是如此。对于这些领域，我们顶多是“照着讲”，很难真正做到“接着讲”。

王国维曾说：“唯近七八年前，侯官严氏（复）所译之赫胥黎《天演论》……出，一新世人之耳目……嗣是以后，达尔文、斯宾塞之名，腾于众人之口，物竞天择之语，见于通俗之文。顾严氏所奉者，英吉利之功利论及进化论之哲学耳……故严氏之学风，非哲学的，而宁科学的也，此其所以不能感动吾国之思想界者也。”[①] 在王国维看来，严复秉承英国科学主义传统，正是他所传授的西学“不能感动吾国之思想界”的原因。另有学者指出，“严复以向国人翻译介绍西学而著称于世，但对西方著名启蒙思想家卢梭的几部名作则置之度外，此中缘由，令人思索”[②]。还有学者对此作了仔细的甄别，认为“严复在戊戌时期宣传的并不是卢梭的‘社会契约论’和‘天赋人权’思想，而是以赫胥黎、穆勒、斯宾塞等人为代表的19世

① 王国维．论近年之学术界//姚淦铭，王燕．王国维文集：第3卷．北京：中国文史出版社，1997：37.

② 袁贺，谈火生．百年卢梭：卢梭在中国．长春：吉林出版集团有限责任公司，2009：367.

纪中期英国社会政治思想”[①]。因此，那种认为严复早期传播卢梭思想，而在戊戌变法之后又继而批判卢梭思想的传统观点，并不真实。严复实际上一直都是英国思想传统的信奉者和传播者。

有趣的是，受英美传统浸润极深的王浩、殷海光，均为金岳霖的学生，在他们的晚年也都宿命般地渴望回归中国传统。这不能不说是一个颇具象征意味的文化现象。

殷海光曾执拗地认为：“引进英美文明发展出来的自由的价值、人权的观念、民主的制度与建基于经验的理性，才是中华民族应走的康庄大道。”他时常感慨道：“重振五四精神，彻底实现五四早期所揭橥的自由、理性、法治与民主的目标，乃是救国的唯一道路。”[②] 他的态度何其决绝！当殷海光得到一本亨普尔的英文原版著作时，其感受竟然如此强烈：“我们惊叹西方人的认知能力的精确已经达到这一地步。我们应该怎样急起直追才能探到世界学术和思想的高峰！”[③]

但就是这位曾以“攻击中国传统，提倡科学与民主”[④] 作

---

① 王宪明，舒文．关于戊戌时期严复传播“社会契约论”和“天赋人权论”问题的再探讨．河北学刊，1997（1）：98.

② 林毓生．殷海光先生对我的影响//殷海光，林毓生．殷海光　林毓生书信录．上海：上海远东出版社，1994：6.

③ 同②97.

④ 林毓生．殷海光先生一生奋斗的永恒意义//史华慈，等．近代中国思想人物论：自由主义．台北：时报文化出版事业有限公司，1980：437.

为终生奋斗目标的学者，到了生命的晚期，却出现了一次脱胎换骨式的逆转。正如其弟子林毓生所承认的，“殷先生对中国传统文化的态度在他生命中最后几年有重大的改变”①。晚年的殷海光甚至认同雅斯贝尔斯的说法：“即使知道了一切科学知识，对人的自身依然是一无了解，一无帮助。”② 因为他领悟到，“无论怎样科学知识代替不了‘credo’（信仰）”③。以至于殷海光认为中国文化中缺乏科学传统并非一种缺陷，“实则中国文化中即使没有科学，并无损于它的崇高价值”④。

之所以得出这个判断，是因为此时的他已经清醒地意识到了现代性的吊诡：“人本主义（humanism）及科学本是近代西方互相成长的一对双生子。可是，西方文明发展到了现代，科学通过技术同经济的要求，几乎完全吞灭了人本主义。”⑤ 殷海光在其最后岁月，曾坦承自己内心的困惑：“我自己在几年以前有西化和现代化的倾向。现在，如果有人问我，是西化好

---

① 林毓生．殷海光先生一生奋斗的永恒意义//史华慈，等．近代中国思想人物论：自由主义．台北：时报文化出版事业有限公司，1980：433.

② 徐复观．痛悼吾敌，痛悼吾友//史华慈，等．近代中国思想人物论：自由主义．台北：时报文化出版事业有限公司，1980：449－450.

③ 殷海光，林毓生．殷海光　林毓生书信录．上海：上海远东出版社，1994：152. 这不禁让人想起了苏格拉底推崇的那句镌刻在德尔菲神庙大门上的箴言：“认识你自己!”它所谓的“认识”，当然不是指对于人的肉体存在及其生物学性质所作的科学探究，而是指觉悟超越人的肉体存在的德性。正因此，苏格拉底实现了古希腊哲学的一次内在化的转向，即由自然哲学过渡到道德哲学。

④ 同②450.

⑤ 殷海光，林毓生．殷海光　林毓生书信录．上海：上海远东出版社，1994：131.

还是中化好，是古代好还是现代好，我的答复是：我不知道。”[①] 这同那个年轻气盛且异常激进的殷海光不啻判若两人。他说：“无疑，直到约五年以前，我一直是一个 antitraditionalist（反传统主义者）。现在呢？我只能自称为一个 non-traditionalist（非传统主义者）。”[②] 傅伟勋指出，“殷先生是长期执守逻辑经验论立场的思想家，并不喜欢黑格尔那一套玄学”[③]。但即使如此，殷氏到头来依旧不过是“说”逻辑，而非“做”逻辑，他同英美传统的哲学终究有隔膜。正如王浩所说：“殷君对逻辑格格不入，但是喜欢宣传逻辑。”[④]

以搞分析哲学自任的殷海光，之所以对逻辑经验主义罕有贡献，在林毓生看来，乃是因为他的强烈的道德诉求（这正是其传统人格的反映）妨碍了其在逻辑经验主义研究中的学术成就。据林毓生回忆：“除了最后几年，殷先生的思想有很大的变化以外，攻击中国传统，提倡科学与民主，是他一生言行的目标”[⑤]；但“在他的学术专业——逻辑与分析哲

---

①② 殷海光，林毓生．殷海光　林毓生书信录．上海：上海远东出版社，1994：160.

③ 傅伟勋．从西方哲学到禅佛教．北京：生活·读书·新知三联书店，1989：22.

④ 王浩．从金岳霖先生想到的一些事//中国哲学：第11辑．北京：人民出版社，1984：488.

⑤ 林毓生．殷海光先生一生奋斗的永恒意义//史华慈，等．近代中国思想人物论：自由主义．台北：时报文化出版事业有限公司，1980：437.

学——上并没有重大的原创贡献；这是他晚年提到的遗憾之一”①。之所以如此，林氏的解释是道德与知识之间的紧张，因为“逻辑与分析哲学的研究是需要在极端冷静的心情下钻研的。殷先生经常处在道德愤怒与纯理追求的两极所造成的‘紧张’的心情中，自然不易获致重大的学术成就。……他之所以在学术上没有获致原创成就正是因为道德成就过多的缘故”②。

其实，问题的真正要害并不在于个人原因，而在于文化的隔膜。即使是道德人格的追求果真妨碍了纯学术的成就，那也依然是中国的文化传统使然。其性质是文化的而非个人选择的。因此，“殷海光现象”内在地决定于中国传统致思取向和偏好同西方英美哲学传统的异质性。耐人寻味的是，殷氏在临终前曾向他的老对手、现代新儒家代表徐复观表示：“中国文化不是进化而是演化；是在患难中的积累，积累得这样深厚；希望再活十五年，为中国文化尽力。”③ 其原因固然复杂，但在西方哲学研究上原创性贡献的阙如造成的挫折感乃至失败感，恐怕是更隐秘也更本质的一个原因。

问题在于，即使王浩本人又如何呢？他在回顾自己的工作

---

① 林毓生．殷海光先生一生奋斗的永恒意义//史华慈，等．近代中国思想人物论：自由主义．台北：时报文化出版事业有限公司，1980：440.

② 同①441.

③ 同①452.

时说："对于科学的不同态度……是区分欧陆哲学和分析哲学（英美哲学的典型代表——引者注）的试金石。"[①] 王浩始终感到一种紧张，即体现在中国传统同西方哲学中的英美传统之间。他强调："我的职业训练几乎是全套的西哲训练（其中有很多都是逻辑学导向的），而我的成长岁月则是在中国度过的。"所以，他坦率地承认："由于我受到的训练以及我所处的传统是彼此冲突的，因此，我多年来一直不能对两类哲学中的任何一类感到满意。"[②] 王浩留美将近半个世纪，在数理逻辑领域能够同西方一流学者进行平等对话，堪称一流的学者；但他在晚年身患重病，行将离世之际，却发出了如此感叹："自己去国近五十年，脱离了中国文化传统，又始终跟西方隔着一层。"[③] 其中缘由值得深思。

罗素对孔子思想的误读和误解，从另一个侧面显示出中国传统与英国思想之间的隔膜。张申府在《所思》中说："'仁'与'科学法'，是我认为人类最可宝贵的东西的。仁出于东，科学法出于西。……科学法是西洋文明最大的贡献。"[④] 他认为，这两者的象征就是孔子和罗素。晚年的张申府说："我读过很多哲学的著作。在这些哲学家中，这两人是我最敬重和仰

---

① 王浩．超越分析哲学：尽显我们所知领域的本相．徐英瑾，译．杭州：浙江大学出版社，2010：270.

② 同①271.

③ 申彤．我所认识的王浩先生．读书，1995（10）：124.

④ 张申府．所思．北京：生活·读书·新知三联书店，1986：94.

慕的。”[①] 可是，罗素本人并不能够同情地理解孔子学说。例如，罗素在《中国问题》中说：“孝道和族权或许是孔子伦理中最大的弱点，孔子伦理中与常理相去太远的也就在于此。”[②] 罗素对孔子及其学说的隔膜和误解之深，由此可窥其一斑。张申府虽然有着打通孔子与罗素思想的诉求，但也不得不承认：“是的，罗素确不大理解和敬重孔子。这是他看事物不周全的另一例子。”[③] 其实，他早年在《续所思》中即已指出：“罗素说他喜欢逻辑，乃因为它不仁。”[④]

中国传统文化同欧陆思想之间却存在着明显的亲和性。譬如卢梭、康德、黑格尔、叔本华、尼采、海德格尔、萨特等人的思想传入中国后，更容易实质性地渗透进我们的话语体系中，并产生重要影响。这种文化现象耐人寻味。

德国历史学家斯宾格勒在《西方的没落》一书中曾提到马克思，他写道：“政治的和社会的理论只是政党政治的基础之一，但它是一种必不可少的基础。从卢梭到马克思的一系列自负的理论，在直到柏拉图和芝诺的一系列古典诡辩学者中有其模型的原物。在中国，这一类学说的特征仍然要从孔子和道家

---

① 舒衡哲．张申府访谈录．李绍明，译．北京：北京图书馆出版社，2001：139.

② 罗素．中国问题．秦悦，译．上海：学林出版社，1996：29.

③ 同①165.

④ 张申府．所思．北京：生活·读书·新知三联书店，1986：136.

的著述中去摘取。”[1] 斯宾格勒提及的卢梭和马克思的政治社会理论的代表作分别是《社会契约论》和《共产党宣言》，并认为马克思的理论是“社会主义的伟大体系”[2]。毛泽东在读德国哲学家泡尔生的《伦理学原理》一书所作的眉批中认为：“吾国宋儒之说与康德同。”[3] 康德的义务论伦理学，其立场是动机至上的。就此而言，它的确与宋儒只问动机而不问效果的立场有某种相似性。泡尔生的论著在谈到“道德判断”时说：“牺牲其身以救他人之生命，以殉国民之公益，是为大善。不能自制其欲，因而陷他人于不幸，则恶也。”毛泽东作批注曰：“此与吾儒家伦理学说合。”[4]

我们从毛泽东所作的有关批注中不难看出，毛泽东的见解同该书的观点之间也存在着颇多契合、会心和认同之处[5]。毛

---

① 斯宾格勒．西方的没落：下册．齐世荣，等译．北京：商务印书馆，1963：707.

② 同①709.

③ 中共中央文献研究室，中共湖南省委《毛泽东早期文稿》编辑组．毛泽东早期文稿（一九一二年六月——九二〇年十一月）．长沙：湖南人民出版社，2008：190.

④ 同③222.

⑤ 贺麟认为，青年毛泽东就是通过读泡尔生的书而受到康德思想影响的。他说：“我们知道，毛泽东青年时期受康德的影响就是从这本书而来的，毛泽东曾经在这本书里作了许多的评注。”（贺麟．康德、黑格尔哲学在中国的传播：兼论我对介绍康德、黑格尔哲学的回顾//贺麟．五十年来的中国哲学．北京：商务印书馆，2002：103.）

泽东在回顾自己的心路历程时，说自己“信过康德的哲学”[1]。1965年8月5日，他在会见印度尼西亚共产党代表团时又说：“我是相信过康德的。”[2] 毛泽东的这个说法，应该是指他早年读德国新康德主义哲学家泡尔生的《伦理学原理》一书时对康德道德观的某种认同。而青年毛泽东在《民众的大联合》中则明确提到了卢梭，他写道：“我们要讲求自救，卢梭所发明的‘自教育’，正用得着。”[3] 毛泽东的老师杨昌济著有《教育学讲义》一书，其中就介绍过卢梭的教育思想[4]。

儒家思想同康德哲学之间存在着某种明显的亲和性。以道德优先于知识的问题为例，康德学说与儒学就有着类似的取向。康德对于卢梭思想可谓情有独钟，据说在他的工作室里唯一悬挂的就是卢梭的画像。康德甚至把卢梭称作“第二个牛顿”。因为牛顿力学所揭示的自然律，就是康德所谓的“头顶的星空”所象征的东西；而卢梭所捍卫的道德，则正是康德所谓的“内心的道德法则”。据说康德喜欢每天下午准时出来散步，但因阅读卢梭的《爱弥儿》一书着迷，竟然打破了多年保

---

① 毛泽东．美帝国主义是中日两国人民的共同敌人（1960年6月21日）//毛泽东．毛泽东文集：第8卷．北京：人民出版社，1999：203.

② 中共中央文献研究室．毛泽东年谱（一九四九——一九七六）：第5卷．北京：中央文献出版社，2013：518.

③ 中共中央文献研究室，中共湖南省委《毛泽东早期文稿》编辑组．毛泽东早期文稿（一九一二年六月——一九二〇年十一月）．长沙：湖南人民出版社，2008：343.

④ 同③346.

持不变的这个习惯。康德对于卢梭著作的兴趣由此可见一斑。康德原本有着一般知识者都具有的自负和傲慢，但也恰恰是卢梭“纠正”了康德的这种优越感[①]，由此决定了在康德哲学中“知识的价值取决于道德价值”，而不是相反[②]。

康德甚至通过澄清“哲学”的本义来捍卫道德的优先性，他在《实践理性批判》中写道：“哲学在古人看来原是指教人什么才是‘至善’的概念，并指教人什么是求得它的行为的。我们最好还是维持这个名词的古义……把它理解为**求达至善之术**。”康德把这里所谓的“至善”诠释为“纯粹实践理性的无制约的对象全体”[③]。也就是说，“整个的‘哲学事业’可以归结为对‘什么是人’这个问题的回答”[④]。显然，康德对于哲学的理解，更侧重于成就人的道德人格。他明确指认：“当纯粹思辨理性和纯粹实践理性结合在一个认识中时，如果这种结合并不是**偶然的**、任意的，而是先天地建立在理性自身上的，并因而是**必然的**：那末，后者就占了**优先地位**。”[⑤] 这就意味着，对于现象界的知识论建构和把握，归根到底从属于德性

① 古留加．康德传．贾泽林，侯鸿勋，王炳文，译．北京：商务印书馆，1981：46.

② 同①70.

③ 康德．实践理性批判．关文运，译．北京：商务印书馆，1960：111.

④ 同①278.

⑤ 同③124.

原则的支配。这一顺序，同儒家关于德性优先的原则是一致的。

关于义利之辨，儒家主张“见利思义”“义然后取”。按照康德的学说，利益属于经验领域，它依赖于知识的筹划；而道义作为超验领域，它所需要的则是自由意志。牟宗三认为，这在“德性优先于知识”上有着典型的体现和表征。郭沫若指出，对于人而言，孔子所谓的“礼”并非外在的他律，而是植根于人的本然之性的内在规定的表征。“他所谓‘礼’，决不是形式的既成道德，他所指的，是在吾人本性内存的道德律。”[①] 因此，孔子意义上的“礼”在其内涵上就相当于康德的“绝对的道德命令”。按康德的说法，道德意志的原则就是，“除非我愿意自己的准则也变为普遍规律，我不应行动”[②]。

郭沫若认为，孔子所说的“非礼勿视，非礼勿听，非礼勿言，非礼勿动”（《论语·颜渊》），其积极说法便是“君子动而世为天下道，行而世为天下法，言而世为天下则”（《礼记·中庸》）。所以，孔子说的“克己复礼”，即为他所主张的“仁道之根本义”。正是在此意义上，郭沫若认为，“我们在这里看出康德与孔子之一致”。他由此把孔子的“克己”之说，同歌德

---

① 郭沫若．中国文化之传统精神//郭沫若．郭沫若全集（历史编）：第3卷．北京：人民出版社，1984：260－261.

② 康德．道德形而上学原理．苗力田，译．上海：上海人民出版社，1986：51.

所谓的“能克己者，能由拘束万物之力脱出”相类比[①]。或许正因此，歌德对于中国人才有如此这般的亲切感，他说：“中国人在思想、行为和情感方面几乎和我们一样，使我们很快就感到他们是我们的同类人。”[②] 因此，郭沫若认为：“我们所见的孔子，是兼有康德与歌德那样的伟大的天才，圆满的人格，永远有生命的巨人。”[③]

贺麟曾就朱熹和黑格尔的思想作过比较研究[④]，他强调，“我是想从对勘比较朱熹的太极和黑格尔的绝对理念的异同，来阐发两家的学说。这篇文章表现了我的一个研究方向或特点，就是要走中西哲学比较参证、融会贯通的道路”[⑤]。这说明了什么呢？贺麟之所以挑出朱熹同黑格尔作为比较研究的对象，这固然是出于他的专业偏好，但从更深层次看，也不得不承认中国思想同欧陆哲学的亲和性在其中起着重要的乃至决定性的作用。倘若缺乏这种亲和性，无论如何熟悉两者的思想，也难以从事这种会通和比较研究。

---

① 郭沫若．中国文化之传统精神//郭沫若．郭沫若全集（历史编）：第3卷．北京：人民出版社，1984：260－261.

② 爱克曼．歌德谈话录．朱光潜，译．北京：人民文学出版社，1978：112.

③ 同①259.

④ 贺麟．朱熹与黑格尔太极说之比较观．大公报，1930（149）.

⑤ 贺麟．康德、黑格尔哲学在中国的传播：兼论我对介绍康德、黑格尔哲学的回顾//贺麟．五十年来的中国哲学．北京：商务印书馆，2002：119.

再一个相当典型的例子，就是熊伟对于中国古典思想同海德格尔哲学的比较。他就老庄思想同海德格尔哲学作了富有启示性的互勘和会通工作，以至于发出如此的慨叹："老子和海德格尔，前后两千年，相距两万里，然却无碍运思的人年逾古稀还不得不去译读那可望而不可及的中文，以求打破写诗的人的寂寞，岂不怪乎?!"[①] 如果着眼于中国同德国在文化上的契合关系，有这类感慨也就不难理解了。熊伟甚至进一步把孟子和陆九渊的有关思想同海德格尔哲学联系起来，加以创造性地相互"发明"，以至于归结为马克思的自由观[②]。老子与海德格尔的心心相印，孔子与马克思的息息相通，无不折射出中国思想与欧陆哲学之间所特有的亲和性。

其实，有一个文化现象颇值得注意。这就是早在近代"西学东渐"之前，实际上已经存在着一个"东学西渐"的文化交往过程。莱布尼茨对中国文化资源的援引和推崇，正是在这一大背景下发生的。1687 年，在致兰德格拉弗·恩斯特·冯·黑森-赫因菲尔（Landgrave Ernst von Hessen-Rheinfels）的一封信中，莱布尼茨引证了孔子（这位中国哲学之王）的著作，这就是在此前不久于巴黎出版的、他曾读过的书，即《孔

---

① 熊伟．恬然于不居所成//熊伟．自由的真谛：熊伟文选．北京：中央编译出版社，1997：132.

② 熊伟．"在"的澄明：谈谈海德格尔的《存在与时间》//熊伟．自由的真谛：熊伟文选．北京：中央编译出版社，1997：134－139.

子的经典著作》[1]。莱布尼茨有一种强烈的信念，就是“坚信无论如何也必须在中国和欧洲之间建立‘一种智慧的联系’”[2]。1689年7月19日，莱布尼茨在给闵明我的一封信中明确指出：“相隔遥远的民族，相互之间应建立一种交流认识的新型关系。……唯有如此相互交流才是合情合理的。”[3] 当然，莱布尼茨主要是着眼于欧洲文化同中国文化的互补方面，例如他说：“他们善于观察，而我们长于思考。”[4] “物理学更多地以实际观察为基础，而数学恰恰相反，则以理智的沉思为根基。后者乃我们欧洲之特长，但在实践经验方面，我们实不如中国人。”[5]

尽管侧重点有所不同，但毕竟承认东西方文化的可通约性。莱布尼茨本人所发明的数学上的二进制，同中国的《易经》卦象之间的同构性，就是一个典型的例证。关于莱布尼茨那个时代在文化交往方面的某些特征，黑格尔在其《哲学史讲演录》中也谈到了，他说：“孔子的教训在莱布尼兹的时代曾轰动一时。”[6] 当然，众所周知，黑格尔在该书中是贬低东方

---

① 安田朴．中国文化西传欧洲史．耿昇，译．北京：商务印书馆，2000：389.

② 同①392.

③④ 夏瑞春．德国思想家论中国．陈爱政，等译．南京：江苏人民出版社，1995：21.

⑤ 同③17.

⑥ 黑格尔．哲学史讲演录：第1卷．贺麟，王太庆，译．北京：商务印书馆，1959：119.

思想特别是孔子思想的，这在很大程度上不能不归咎于他的强烈的欧洲中心论偏见，因为这种偏见极大地干扰并妨碍了他对中国文化及其传统作出客观的评估和同情的了解。

中国思想同欧陆哲学之间何以具有亲和性？其实，从某种意义上说，文化现象只能描述而难以解释。或许是因为欧陆和中国在文化发生学意义上都具有大陆性格，或许是因为两者都具有擅长玄思和追求理想的品性，如此等等。但无论如何，两者之间的距离感显然没有中国思想同英美哲学之间的那样大，异质性没有那么强烈，则是一个相当明显的事实。

中国何以选择马克思主义

一个无法回避的追问是：中国之所以选择马克思主义的历史原因和契机究竟是什么呢？因为这也涉及马克思主义与儒学相会通的历史条件问题，所以不可不察。对于 19 世纪末叶的中国来说，中国社会究竟向何处去，无疑是一个紧迫而必须回答的时代课题。晚清以来中国文化所遭遇的强烈挫折感和失败感，使中华民族醒悟到老路已走不通，走西方资本主义的路则是主观上不情愿、客观上也不可能。

马克思主义究竟是在怎样的历史语境和文化背景下“传入”中国并被中国所“接纳”的？除了现代性语境这一最为直

接、最为表面的原因之外，更有传统文化背景这一更为间接、更为深层的原因。马克思主义来到中国，正可谓恰逢风云际会之时，在与各式各样的思潮交相激荡和争锋博弈中最后胜出，被中国的历史、实践和文化选择了下来，其中固然有着某种偶然性，但它的背后却潜藏着深邃的必然性。单纯用偶然性是无法解释马克思主义对中国社会和文化的深刻改变乃至重新建构这一基本历史事实的，也必定陷入肤浅。

从某种意义上说，马克思主义传入中国的历史契机，就在于当时国人对中国古典文化和西方现代文化感到双重失望，从而寻求“第三种文明”。早在第一次世界大战前，梁启超在《论中国学术思想变迁之大势》“总论”中就曾说过：“盖大地今日只有两文明：一泰西文明，欧美是也；二泰东文明，中华是也。二十世纪，则两文明结婚之时代也。吾欲我同胞张灯置酒，迓轮俟门，三揖三让，以行亲迎之大典。彼西方美人，必能为我家育宁馨儿以亢我宗也。”[①] 这里的“合取”姿态已很明显。

孙中山于1896—1897年到欧洲游历，在目睹西方社会之后，便对其现代文明的优越性有所保留。孙中山说：“两年之中，所见所闻，殊多心得。始知徒致国家富强、民权发达如欧洲列强者，犹未能登斯民于极乐之乡也；是以欧洲志士，犹有

① 梁启超．论中国学术思想变迁之大势．上海：上海古籍出版社，2001：8.

社会革命之运动也。予欲为一劳永逸计，乃采取民生主义，以与民族、民权问题同时解决。”[①] 1905年10月，他在《〈民报〉发刊词》中指出：“夫欧美社会之祸，伏之数十年，及今而后发见之，又不能使之遽去。吾国治民生主义者，发达最先，睹其祸害于未萌，诚可举政治革命、社会革命，毕其功于一役。还视欧美，彼且瞠乎后也。”[②]

值得注意的是，毛泽东对于这一主张是有所保留的。例如，他在《新民主主义论》中就曾指出：“社会主义的任务，合并在民主主义任务上面去完成，这个叫做‘毕其功于一役’，那就是空想，而为真正的革命者所不取的。”[③] 毛泽东尽管在具体步骤上反对“毕其功于一役”，主张新民主主义和社会主义应分两步走，其中有一个辩证的和历史的展开，但在总的方向上选择“合取”的姿态则同孙中山是一致的。

1921年1月，青年毛泽东在《在新民学会长沙会员大会上的发言》中说：“因俄式系诸路皆走不通了新发明的一条路，只此方法较之别的改造方法所含可能的性质为多。”[④] 之所以

---

① 孙中山．建国方略//广东省社会科学院历史研究所，等．孙中山全集：第6卷．北京：中华书局，1985：232.

② 孙中山．《民报》发刊词//广东省社会科学院历史研究室，等．孙中山全集：第1卷．北京：中华书局，1981：288.

③ 毛泽东．新民主主义论（1940年1月）//毛泽东．毛泽东选集：第2卷．2版．北京：人民出版社，1991：685.

④ 毛泽东．在新民学会长沙会员大会上的发言（1921年1月1日、2日）//毛泽东．毛泽东文集：第1卷．北京：人民出版社，1993：1.

选择走俄国人的路，实则是时势逼迫的结果。从外因看，第一次世界大战的爆发使人们对欧洲资本主义感到失望，而五四新文化运动使人们对传统文化失望。剩下的只有俄国人的路才是“合题”的姿态，最无偏至。从内因看，乃是十月革命在实践上的成功鼓励了中国人，因为它符合中国文化的选择标准，即注重实践效果。所以，毛泽东肯定地说：“激烈方法的共产主义，即所谓劳农主义，用阶级专政的方法，是可以预计效果的，故最宜采用。”① 正因为俄国十月革命的成功，所以“可以预计效果”。因此，毛泽东在稍后给蔡和森的信中写道：“唯物史观是吾党哲学的根据，这是事实，不像唯理观之不能证实而容易被人摇动。”②

“一战”的爆发，更让国人看清了欧洲文化的局限，使人们对西方启蒙现代性感到失望并产生质疑。可以说，这是触动中国人去反省被他们引以为拯救之希望的欧洲文化的重要外部机缘。人们不再盲目地推崇和无条件地认同西方文化，而是有了一种批判地反思的姿态。1922 年，罗素曾说：“他们（指中国人——引者注）对于我们的文明也抱有怀疑的态度。他们之中有好几个人对我说，他们在 1914 年之前还不怎么怀疑，但

---

① 毛泽东．在新民学会长沙会员大会上的发言（1921 年 1 月 1 日、2 日）//毛泽东．毛泽东文集：第 1 卷．北京：人民出版社，1993：2.

② 毛泽东．给蔡和森的信（1921 年 1 月 21 日）//毛泽东．毛泽东文集：第 1 卷．北京：人民出版社，1993：4.

‘大战’让他们觉得西方的生活方式中必定有缺陷。”[①] 作为西方思想家，罗素也承认，“‘大战’的爆发表明我们的文明中有那么一些瑕疵”[②]。正因此，使得中国的“有些年轻人甚至以为苏俄的布尔什维主义正中下怀”[③]。1924 年，泰戈尔访华时在演讲中曾说：“欧战之结果，号称高尚无匹之西洋文明，亦露无数之缺点。”[④] 他在演讲中还说：“西方的物质文明，几年前已曾触过造物主的震怒，而受了极巨的教训了。我们东方为什么也似乎一定非走这条路不可呢?”[⑤] 美国学者斯潘塞也指出：“中国人对第一次世界大战感到震惊和幻灭，大战似乎表明西方的价值尺度业已破产。”[⑥] 这在很大程度上引发了中国知识阶层的深刻反思，由此对中国文化的前途及其选择不得不做出重新考量。

梁启超于 1918 年 12 月开始的欧洲之行，促成了他对西方现代文明进一步反省的态度，这集中反映在他的《欧游心影录》(1920 年）这一著作中。他在其中说：“当时讴歌科学万能的人满望着科学成功黄金世界便指日出现。如今功总算成了，一百年物质的进步，比从前三千年所得还加几倍。我们人类不惟没

---

① 罗素．中国问题．秦悦，译．上海：学林出版社，1996：152－153.

② 同①7.

③ 同①153.

④ 孙宜学．泰戈尔与中国．石家庄：河北人民出版社，2001：200.

⑤ 同④174.

⑥ 斯潘塞．改变中国．曹德骏，等译．北京：生活·读书·新知三联书店，1990：172.

有得着幸福，倒反带来许多灾难。”因此，讽刺的是，“欧洲人做了一场科学万能的大梦，到如今却叫起科学破产来”[①]。严复也不例外。诚如有学者所说的，“第一次世界大战于民国三年（一九一四年）七月揭幕，使严复对西方文化的崇敬受到打击，认为西方资本主义国家终成为侵略者，因此不再提倡西化，转而认为孔子之书才是‘耐久无弊’，因为西方的文化已经值得怀疑”[②]。瞿秋白甚至直接宣布：“资产阶级文化已经破产。”[③] 一战的爆发，无疑使不少中国人对于科学及其所代表的西方近代文明产生了一种强烈的“幻灭感”。1923 年发生的“科玄论战”，在一定意义上乃是“科学派”的自我辩护同“玄学派”的批判性反思相冲突的表现。它固然是东西方文化碰撞的结果，也是其表征，但其中无疑折射着一战之后科学既辉煌又失落的尴尬而微妙的处境。

如此一来，走“第三条道路”就成为一种必然的选择。陈独秀在《法兰西人与近世文明》（1915 年 9 月 15 日）中说：“近世文明之发生也，……政治之不平等，一变而为社会之不平等；君主贵族之压制，一变而为资本家之压制：此近世文明

---

① 梁启超．欧游心影录//蔡尚思．中国现代思想史资料简编：第 1 卷．杭州：浙江人民出版社，1982：232.

② 刘富本．戊戌政变后严复对中西文化的看法//史华慈，等．近代中国思想人物论：自由主义．台北：时报文化出版事业有限公司，1980：176.

③ 瞿秋白．赤都心史//瞿秋白．瞿秋白文集（文学编）：第 1 卷．北京：人民文学出版社，1985：248.

之缺点，无容讳言者也。欲去此不平等与压制，继政治革命而谋社会革命者，社会主义是也。”[①] 李大钊在《“第三”》（1916年8月17日）一文中也说：“第一文明偏于灵；第二文明偏于肉；吾宁欢迎‘第三’之文明。盖‘第三’之文明，乃灵肉一致之文明，理想之文明，向上之文明也。”[②] 而在《东西文明根本之异点》（1918年6—7月）中，他又说过：“由今言之，东洋文明既衰颓于静止之中，而西洋文明又疲命于物质之下，为救世界之危机，非有第三新文明之崛起，不足以渡此危崖。俄罗斯之文明，诚足以当媒介东西之任，而东西文明真正之调和，则终非二种文明本身之觉醒，万不为功。”[③] 在《阶级竞争与互助》（1919年7月6日）中，他说：“我们主张物心两面的改造，灵肉一致的改造。”[④] 在《我的马克思主义观》（1919年9月、11月）中，他又重申了这一立场[⑤]。显然，李大钊反复强调在文化选择上要寻求兼顾。瞿秋白在《赤都心史》（1921—1922年初）中也表达了类似的观点，他说：“新文化的

---

① 陈独秀．法兰西人与近世文明//陈独秀．陈独秀著作选：第1卷．上海：上海人民出版社，1993：137-138.

② 李大钊．“第三”//中国李大钊研究会．李大钊全集：第1卷（最新注释本）．北京：人民出版社，2006：173.

③ 李大钊．东西文明根本之异点//中国李大钊研究会．李大钊全集：第2卷（最新注释本）．北京：人民出版社，2006：214.

④ 李大钊．阶级竞争与互助//中国李大钊研究会．李大钊全集：第2卷（最新注释本）．北京：人民出版社，2006：356.

⑤ 李大钊．我的马克思主义观//中国李大钊研究会．李大钊全集：第3卷（最新注释本）．北京：人民出版社，2006：35.

基础，本当联合历史上相对待的而现今时代之初又相补助的两种文化：东方与西方。现时两种文化，代表过去时代的，都有危害的病状，一病资产阶级的市侩主义，一病‘东方式’的死寂。”[①] 1917年8月23日，毛泽东在给黎锦熙的长信中也曾表示：“吾意即西方思想亦未必尽是，几多之部分，亦应与东方思想同时改造也。”[②]

总之，当资本主义社会的内在矛盾逐渐暴露出来之后，特别是现代性的弊端通过第一次世界大战表征出来之后，中国也不愿意再模仿西方的发展道路，而是试图另辟蹊径，寻找其他的可能性。这是“主观上的不情愿”。另外，马克思意义上的“世界历史”的出现，使中国历史道路的选择必须被置于全球史背景下来考量。西方资本主义国家内部劳资关系的“零和博弈”，通过马克思所说的“历史向世界历史的转变”而越出国界，被放大为一种全球性的“中心—边缘”关系，从而使东方落后国家不再能够重走西方发达国家的发展道路。这是“客观上的不可能”。可以说，这种主客观的双重限制，从根本上决定了马克思主义在中国的历史命运。它使得中国近代以来的志

---

① 瞿秋白．赤都心史//瞿秋白．瞿秋白文集（文学编）：第1卷．北京：人民文学出版社，1985：213.

② 中共中央文献研究室，中共湖南省委《毛泽东早期文稿》编辑组．毛泽东早期文稿（一九一二年六月——一九二〇年十一月）．长沙：湖南人民出版社，2008：73-74.

士仁人、先知先觉者们逐步放弃在中国发展资本主义，而最终选择马克思主义所指示的历史演进路径。

马克思在《关于自由贸易问题的演说》中，揭示了资本主义国家内部劳资之间的“零和等局”关系，通过“历史向世界历史的转变”而被放大为一种全球性的关系。他强调说：“自由竞争在一个国家内部所引起的一切破坏现象，都会在世界市场上以更大的规模再现出来。”① 所以，马克思讽刺地指出：“如果说自由贸易的信徒弄不懂一国如何牺牲别国而致富，那么我们对此不应该感到意外，因为这些先生们同样不想懂得，在每一个国家内，一个阶级是如何牺牲另一个阶级而致富的。”② 在后来写的《政治经济学批判（1857—1858年草稿）》中，马克思又明确指出：“世界市场。资产阶级社会越出国家的界限。”③ 当“世界历史”崛起之后，历史逻辑的表征就获得了全新的性质和形式，原有的那种“单线重演”式的线性模式已经不再可能，也不再必要，它需要让位于横向的空间关系的表达。这正是马克思在晚年提出俄国“跨越资本主义卡夫丁峡谷”之设想和建议的初衷。因此，考虑“中国现象”，必须把它置于这一新的历史情境中去进行，才有可能看清问题的症结

①② 马克思．关于自由贸易问题的演说//马克思，恩格斯．马克思恩格斯选集：第1卷．3版．北京：人民出版社，2012：374.

③ 马克思．政治经济学批判（1857—1858年草稿）//马克思，恩格斯．马克思恩格斯全集：第46卷上册．北京：人民出版社，1979：219-220.

和原委。

毛泽东强调“中国革命是世界革命的一部分”[①]，而且是“无产阶级社会主义世界革命的一部分”[②]。这意味着他有其清醒的“世界历史”意识。毛泽东明确地给出了结论：中国走资本主义道路事实上走不通。他在《中国革命和中国共产党》（1939年12月）中指出：“帝国主义列强侵入中国的目的，决不是要把封建的中国变成资本主义的中国。帝国主义列强的目的和这相反，它们是要把中国变成它们的半殖民地和殖民地。”[③] 在稍后的《新民主主义论》中，毛泽东又写道：“要在中国建立资产阶级专政的资本主义社会，首先是国际资本主义即帝国主义不容许。帝国主义侵略中国，反对中国独立，反对中国发展资本主义的历史，就是中国的近代史。”[④] 他认为，帝国主义对于中国的作用是双重的：一方面，它在一定程度上促进资本主义在中国的有限发展；另一方面又从根本上“压迫中国资本主义的发展”，这种“压迫”是全方位的，包括“一切军事的、政治的、经济的和文化的压迫”[⑤]。这种

---

① 毛泽东．新民主主义论（1940年1月）//毛泽东．毛泽东选集：第2卷．2版．北京：人民出版社，1991：666.

② 同①668.

③⑤ 毛泽东．中国革命和中国共产党（1939年12月）//毛泽东．毛泽东选集：第2卷．2版．北京：人民出版社，1991：628.

④ 同①679.

"压迫"的一个直接结果，就是中国的民族资本主义的贫弱[①]，由此决定了中国重复西方资本主义道路在客观上已无可能。

显然，中国走资本主义的路，客观上也已经不可能。这主要是因为来自资本主义国家的限制，即西方列强的抵制。对此，列宁曾经就西方帝国主义反对中国的辛亥革命作过深刻的揭露和批判，他指出："中国革命在欧洲资产阶级中间所引起的不是对自由和民主事业的热忱……而是对掠夺中国、开始瓜分中国、攫取中国领土的欲望。六个强国（英、法、俄、德、日、美）的'银行团'力图使中国破产，以便削弱和破坏共和国。"[②] 陈独秀当年在给张东荪的一封信中也指出："我们急于要排斥资本主义，本来不限于中国人，大部分还是因为外国资本主义压迫我们一天紧迫似一天，真是罗素先生所谓'束缚中国生死'了。"[③] 在这封信中，他还认为："由资本主义渐渐发

① 就像当年张东荪所说的："须知中国的资本主义简直就是在中国的外国资本主义，因为除了外国资本的实业以外，中国自己办的很少。外国资本势力侵入中国恐数倍于俄国。"（张东荪．现在与将来//中国社会科学院近代史研究所．五四运动文选．北京：生活·读书·新知三联书店，1959：470.）张氏的观点在描述的意义上无疑是对的，但他由此得出的结论却是不正确的。张氏不是借此而引出中国走社会主义道路的历史合法性，而是认为"中国要打破资本主义而实行共产主义，就是要打破他们在中国的势力，他们必定不肯放过"（同上）。因此，他以改良主义来拒绝共产主义。

② 列宁．中华民国的巨大胜利//列宁．列宁全集：第19卷．北京：人民出版社，1959：9.

③ 陈独秀．陈独秀答张东荪//水如．陈独秀书信集．北京：新华出版社，1987：300.

展国民的经济及改良劳动者的境遇以达到社会主义，这种方法在英、法、德、美文化已经开发、政治经济独立的国家或者可以这样办，象中国这样知识幼稚没有组织的民族，外面政治的及经济的侵略又一天紧迫似一天，若不取急进的 Revolution，时间上是否容我们渐进的 Evolution 呢?”[①]

在一定意义上，中国革命道路的选择，可谓是执行了马克思晚年的“政治遗嘱”的结果。众所周知，马克思在其晚年明确地提出了“跨越资本主义卡夫丁峡谷”的设想。这个设想，分别体现在马克思给《祖国纪事》编辑部的信、《共产党宣言》1882 年俄文版序言、马克思给俄国女革命家查苏利奇的复信等文献中。在为《共产党宣言》1882 年俄文版写的序言中，马克思和恩格斯明确提出了“俄国土地公有制度”“成为共产主义发展的起点”的可能性问题。他们还提出了一个直接影响人们对其历史观的理解的重要设问：“俄国公社，这一固然已经大遭破坏的原始土地公共占有形式，是能够直接过渡到高级的共产主义的公共占有形式呢？或者相反，它还必须先经历西方的历史发展所经历的那个瓦解过程呢?”然后，他们以假设的口吻给出了一个肯定性的结论：“对于这个问题，目前唯一可能的答复是：假如俄国革命将成为西方无产阶级革命的信号而双方互

① 陈独秀．陈独秀答张东荪//水如．陈独秀书信集．北京：新华出版社，1987：299.

相补充的话，那么现今的俄国土地公有制便能成为共产主义发展的起点。”① 在一定意义上，毋宁说这正是马克思晚年提出的“跨越资本主义卡夫丁峡谷”设想的另一种婉转的表达。

问题是，中国的早期马克思主义者当时是否了解马克思和恩格斯的这个设想呢？《共产党宣言》的第一个完整中译本，是由陈望道在1920年翻译完成然后出版的；但此版本只有《共产党宣言》的正文，并不包括《共产党宣言》的任何一篇“序言”。据相关考证，当时陈望道主要是根据日文版翻译的，而陈独秀曾经把从北京大学图书馆借来的《共产党宣言》英文版提供给陈望道作参考。日本学者石川祯浩对此持保留看法，认为这种说法“其根据不太清楚”，因而“对陈望道翻译时参照了英文版的说法存有疑问”。按照石川的考证，“如果参照了陈独秀邮寄的英文版，那么可以想象，这就是1888年赛米尔·特穆［‘赛米尔·特穆’应为‘赛米尔·穆尔’（Samuel Moore）之误——引者注］翻译的版本”②。依据石川的这个说法，陈独秀无论是否向陈望道提供过《共产党宣言》英文版，他当时都能够读到英人穆尔翻译的英文版《共产党宣言》则是可以确定的。这个问题的意义在于，穆尔的英译本包含了《共

① 马克思，恩格斯．共产党宣言·1882年俄文版序言//马克思，恩格斯．马克思恩格斯选集：第1卷．3版．北京：人民出版社，2012：379.

② 石川祯浩．关于陈望道译《共产党宣言》．鲁迅研究月刊，1994（3）：15.

产党宣言》的全部7篇序言，其中就包括1882年俄文版序言[①]。也就意味着陈独秀能够通过英文版读到它，这或许是他当年何以能够具有全球史观，并以此为根据提出中国不必选择资本主义而必须走社会主义道路的一个重要理论来源和背景[②]。

施存统当年为了论证中国选择社会主义道路的可能性和合法性，曾经援引马克思和恩格斯为《共产党宣言》俄文版写的序言中的话。关于如何应用唯物史观来解决中国社会问题，他在《唯物史观在中国的应用》一文中写道："我们中国样样都落人后，当然不该再蹈人家覆辙，应该两步并一步走才是。"施存统批评那些认为中国因为落后而尚无资格实行社会主义的人，认为他们是"因为不懂社会主义和资本主义底国际性，所以他要在中国主张资本主义"[③]。其中的一个重要依据，就是施存统所援引的《共产党宣言》1882年俄文版序言中的那段

---

① 马克思，恩格斯．共产党宣言（英文版）．穆尔，译．北京：外文出版社，1965.

② 有学者认为："他们（指中国的马克思主义先驱者们——引者注）翻译了《共产党宣言》1882年俄文版的序言，传播了马克思'跨越卡夫丁峡谷'的思想，言明现代经济落后的中国可以跨越发达的资本主义阶段，走社会主义道路。"[田子渝，等．马克思主义在中国初期传播史（1918—1922）．北京：学习出版社，2012：33.] 这种说法的根据究竟何在，语焉不详。据请教田子渝先生，得到的答复提示说：施存统于1921年9月在《民国日报·觉悟》上发表过一篇文章，其中曾援引过马克思和恩格斯为《共产党宣言》俄文版所作序言的最后一段话。在此向田先生的帮助谨致谢忱。

③ 施存统．唯物史观在中国的应用．民国日报·觉悟，1921-09-08.

话："在今天的时候，唯一可能的答案，就是如此：如果俄罗斯革命成为西欧劳动者革命底信号，双方革命都能因此完成，则近世俄罗斯村落自治体里底土地共有制度，变成共产主义发达底基础，也未可知。"[①] 这表明，至少在20世纪20年代初，马克思的"世界历史"思想和东方社会理论，以及建立在这个基础上的"跨越资本主义卡夫丁峡谷"设想，已经对中国学者产生了重要影响，并对于他们在寻求中国社会未来出路时获得一种全球视野具有深刻的启示作用。

1940年初，毛泽东在其《新民主主义论》中就曾专设一章集中论述"中国革命是世界革命的一部分"。他指出："'中国革命是世界革命的一部分'，这一正确的命题，还是在一九二四年至一九二七年的中国第一次大革命时期，就提出了的。这是中国共产党人提出，而为当时一切参加反帝反封建斗争的人们所赞成的。"[②]

不管马克思晚年有关"跨越资本主义卡夫丁峡谷"设想，对于中国早期马克思主义者是否有直接影响，或者影响究竟有

---

① 这段论述的今译是："对于这个问题，目前唯一可能的答复是：假如俄国革命将成为西方无产阶级革命的信号而双方互相补充的话，那么现今的俄国土地公有制便能成为共产主义发展的起点。"（马克思，恩格斯．共产党宣言·1882年俄文版序言//马克思，恩格斯．马克思恩格斯选集：第1卷．3版．北京：人民出版社，2012：379.）

② 毛泽东．新民主主义论（1940年1月）//毛泽东．毛泽东选集：第2卷．2版．北京：人民出版社，1991：668－669.

多大，一个不争的事实是：中国社会的实际发展在客观上执行了马克思晚年的“政治遗嘱”。中国当时的马克思主义者之所以有一种“全球史观”，首先是有其客观原因的，即“历史向世界历史的转变”已经成为一个现实的过程和格局，中国正是因为被纳入这一格局，才有了自身特定的历史命运和境遇。其次，中国古老的“天下观”，使得中国人考虑问题并不拘泥于狭隘的地域范围内，而总是抱有一种“以天下为己任”的情怀和眼界。这无疑在文化意识层面上为把中国及其历史命运纳入“世界历史”格局中给以考量，提供了深沉的文化背景。

马克思说过一句人们耳熟能详的名言：“理论在一个国家实现的程度，总是取决于理论满足这个国家的需要的程度。”① 那么，马克思主义理论及作为其实践后果的共产主义运动，又能够满足中国什么样的“需要”呢？

毛泽东指出：“中国现代的革命，首先和最主要的目标是反对帝国主义的侵略。”② 有人更是强调把反对帝国主义作为革命目标的唯一性，指出：“殖民地的国民革命——或称民族革命，唯一主要对象，在打倒国际帝国主义。”③ 毋庸讳言，十月革命对于中国的一个十分重要的意义就在于，它适应了中

---

① 马克思．《黑格尔法哲学批判》导言//马克思，恩格斯．马克思恩格斯选集：第1卷．3版．北京：人民出版社，2012：11.

② 毛泽东．致黄炎培（1952年6月10日）//毛泽东．毛泽东书信选集．北京：人民出版社，1983：435.

③ 马浚．孙中山与马克思．现代中国，1928，2（1）：11.

华民族对抗帝国主义、反对殖民统治这一救亡图存的深层文化心理之需要。晚清以来，从鸦片战争到辛亥革命，“中国人所以要革清朝的命，是因为清朝是帝国主义的走狗”①。正如有学者所说：“十月革命使他们（指中国早期的马克思主义者——引者注）看到了马克思主义在洗刷民族耻辱方面的可行性。”② 在某种意义上，十月革命所显示的可能性，契合了中国近代以来志士仁人的强烈的民族主义情结③。

对此，汤因比早已指出了俄国十月革命对非西方国家所具有的特殊吸引力，他写道：“目前，共产主义对于被压迫的亚洲、非洲和拉丁美洲的农民具有双重的感召力，尤其是当向他们宣传共产主义的苏联的声音的时候。”④ 具体地说，这种“感召力”包括两点：一是摆脱帝国主义压迫，实现民族独立

---

① 毛泽东．唯心历史观的破产（1949 年 9 月 16 日）//毛泽东．毛泽东选集：第 4 卷．2 版．北京：人民出版社，1991：1513.

② 罗梅君．政治与科学之间的历史编纂：30 和 40 年代中国马克思主义历史学的形成．孙立新，译．济南：山东教育出版社，1997：55.

③ 据斯诺当年的观察，“在毛泽东和他的信徒中，民族的感情，似乎要比进步的资本主义国家中的共产党来得显著”（斯诺．斯诺文集：第 3 卷　为亚洲而战．北京：新华出版社，1984：241.）。其实，这是完全可以理解的，因为在一个东方大国，尤其是像中国这样的具有上下五千年文明史的国家，要“实现马克思主义”，必然会遇到时代性同民族性的纠结。其中，就存在着一个无法回避的问题，即如何恰当地处理马克思主义这一“舶来品”同本土文化之间的关系问题。它的吊诡之处在于，选择马克思主义在一定意义上恰恰是出于民族主义情结，而把马克思主义中国化在一定意义上同样也是出于民族主义情结。

④ 汤因比．文明经受着考验．沈辉，等译．杭州：浙江人民出版社，1988：238.

和解放的诉求；二是摆脱西方列强经济剥削和奴役的平等诉求。汤因比指出，“第一，俄国通过采用西方的武器（指共产主义学说——引者注），终于使它自己能够和西方的力量相抗衡；第二，这些俄国采用的西方武器之一是西方人的信仰。通过采用西方的这一共产主义信仰，俄国已经能够从防守转入反攻”[①]。

显然，东方国家选择并实践马克思主义，乃是寻求民族独立和国家富强的一条非常重要的路径。诚如有学者所指出的：“有些社会主义国家，比如中国，实际上由于向社会主义转变才获得独立的。”[②] 这的确是一个基本的历史事实。当时中国人的文化心理带有双重性，即一方面对本土文化及其传统失望，另一方面又具有拯救情结，带着强烈的民族主义激情，厌恶西方列强的殖民统治和帝国主义霸权。而马克思主义则能够兼顾这两个方面，很好地满足或契合当时中国人的这种文化心理需求。“在当时中国的学术气氛中，意识形态要来自西方，这是全盘西化和反传统所要求的。同时，这个意识形态一定要和强烈的爱国主义，也就是反帝国主义、反侵略的悲愤之情结

---

① 汤因比．文明经受着考验．沈辉，等译．杭州：浙江人民出版社，1988：240.

② 加尔布雷思，缅希科夫．资本主义、社会主义与和平共处：从痛苦的过去到较好的未来．刘绪贻，刘末，译．武汉：武汉大学出版社，1988：7.

合起来。”①

马克思主义作为西方范畴，却为中国人的自我拯救提供了新的可能性；同时，马克思主义对资本主义的解构，也使得中国人看到了反抗和拒绝西方列强进行帝国主义殖民统治的可能前景。共产主义对于中国究竟意味着什么？这个问题在某种意义上可以被转换为马克思主义与民族主义诉求在中国相融合的可能性。

对此，毛泽东在抗日战争期间同美国记者斯诺谈话时就曾明确强调：当时中国面临的重大抉择是，“中国将完全殖民地化，还是抵抗侵略者并成为一个主权国家”②。面对这样一个紧迫而尖锐的时代课题，“在中国人民看来，如果共产主义意味着抗日，意味着民族解放斗争，那末大多数中国人民就不怕这样的共产主义……相反，全民族迫切需要这样的共产主义，正如饥饿的人需要大米一样”。因为“共产主义在中国意味着民族解放运动、自由和民族主权……中国人民所要的就正是这个。中国人民不怕这样的运动，因为这恰恰是他们所要求的”③。虽然毛泽东在这里是就抗日战争而言的，但对于晚清以来中华民族所面临的历史命运及其拯救的使命来说，这个说

① 杜维明．现代精神与儒家传统．北京：生活·读书·新知三联书店，1997：318－319.

② 毛泽东．和美国记者斯诺的谈话（1936 年 7 月、9 月）//毛泽东．毛泽东文集：第 1 卷．北京：人民出版社，1993：398.

③ 同②397.

法同样也是适用的。正是由于这个历史原因，注定了像伯林所指出的那样："共产主义无疑成长为了一股强大的力量，但除非与民族主义情感结合，否则便不能前进。"①

马克思主义与中国实际的"互化"

毛泽东曾经提出"马克思主义的中国化"和"中国革命的实际马克思主义化"。这种"互化"，乃是一个双向互动的、积极的、创造性的建构过程，是一种辩证法意义上的扬弃。从文化的深层背景看，这个过程内在地包含着马克思主义与儒学相互改变的可能性，意味着两者的深度融合。毋宁说，它既是马克思主义与儒学会通的实现，也是这种会通的确证。

1938 年 10 月 14 日，毛泽东在《中国共产党在民族战争中的地位》中指出："离开中国特点来谈马克思主义，只是抽象的空洞的马克思主义。因此，使马克思主义在中国具体化，使之在其每一表现中带着必须有的中国的特性，即是说，按照中国的特点去应用它，成为全党亟待了解并亟须解决的问

---

① 伯林．现实感：观念及其历史研究．潘荣荣，林茂，译．南京：译林出版社，2011：292.

题。"[①] 据考证，"使马克思主义在中国具体化"，本来的提法是"马克思主义的中国化"，这是该提法的最早出处[②]。

"马克思主义的中国化"这一口号究竟意味着什么呢？诚如施拉姆所说的："就毛泽东而言，它还反映出一种发自内心的信念，即归根到底，一种源自西方的意识形态，如果不能适应中国人民的思想和精神状态而作出改变，就不可能在中国的环境中发挥作用。"[③] 其实，这也绝不仅仅是一种"信念"，更重要的是为中国革命已有的正反两个方面的经验所证明了的一个结论。毛泽东后来总结说："马列主义的基本原理在实践中的表现形式，各国应有所不同。在中国，马列主义的基本原理要和中国的革命实际相结合。十月革命就是俄国革命的民族形式。"[④]

毛泽东曾尖锐地批评过教条主义的原教旨主义情结，指出："似乎马克思主义只有一家，别无分店。是不是分店也可以搞一点马克思主义呢？"[⑤] 这个说法实际上就是在为中国化

---

① 毛泽东．中国共产党在民族战争中的地位（1938年10月14日）//毛泽东．毛泽东选集：第2卷．2版．北京：人民出版社，1991：534.

② 李君如．论马克思主义中国化．文汇报，2008－09－09（11）．

③ 施拉姆．毛泽东的思想．田松年，杨德，等译．北京：中国人民大学出版社，2013：55.

④ 毛泽东．同音乐工作者的谈话（1956年8月24日）//毛泽东．毛泽东文集：第7卷．北京：人民出版社，1999：78.

⑤ 毛泽东．关于第八届中央委员会的选举问题（1956年9月10日）//毛泽东．毛泽东文集：第7卷．北京：人民出版社，1999：106.

的马克思主义争得合法性。正是在《中国共产党在民族战争中的地位》中，毛泽东强调说："从孔夫子到孙中山，我们应当给以总结，承继这一份珍贵的遗产。这对于指导当前的伟大的运动，是有重要的帮助的。共产党员是国际主义的马克思主义者，但是马克思主义必须和我国的具体特点相结合并通过一定的民族形式才能实现。"[①] 毛泽东进而认为，中国化了的马克思主义，应该具有"新鲜活泼的、为中国老百姓所喜闻乐见的中国作风和中国气派"[②]。所谓"在中国具体化"或者说"中国化"，在一定意义上也就是"民族化"或"本土化"。而"民族"这个概念首先是文化学的。

一般地说，"中国化"应包括时代化和民族化这样两个维度，因为作为"亲在"（Dasein）性的中国，既有时代性坐标，又有民族性坐标，是二者的交叉和统一。但当时的毛泽东所针对的主要是教条主义倾向，因此更加强调并突出中国化的民族性含义，这是由其所面临的特定历史语境决定的。

后来毛泽东在《反对党八股》（1942 年 2 月 8 日）中又强调《中国共产党在民族战争中的地位》是"论宣传的民族化"[③] 的。因此，毛泽东坚持认为"马克思主义必须和我国的

---

①② 毛泽东．中国共产党在民族战争中的地位（1938 年 10 月 14 日）//毛泽东．毛泽东选集：第 2 卷．2 版．北京：人民出版社，1991：534.

③ 毛泽东．反对党八股（1942 年 2 月 8 日）//毛泽东．毛泽东选集：第 3 卷．2 版．北京：人民出版社，1991：844.

具体特点相结合并通过一定的民族形式才能实现"[①]。在《新民主主义论》(1940年1月)中，他进而强调说："对于马克思主义在中国的应用……必须将马克思主义的普遍真理和中国革命的具体实践完全地恰当地统一起来，就是说，和民族的特点相结合，经过一定的民族形式，才有用处，决不能主观地公式地应用它。"[②] 也就是说，毛泽东充分地意识到了，马克思主义要在中国发挥作用，只有同中国的民族特点有机地结合，从而通过特定的民族形式，才能真正实现。

那么，什么又是"民族形式"呢？毛泽东说："中国文化应有自己的形式，这就是民族形式。"[③] 很明显，他所谓的"民族形式"，是在文化的意义上成立的。诚如施拉姆所说："在毛泽东看来，马克思主义必须采取'民族形式'，故而'民族形式'不仅包括从中国过去的典籍中引章摘句，还要吸取其精神实质。"[④]

1942年5月，毛泽东在《在延安文艺座谈会上的讲话》中指出，"我们说的马克思主义，是要在群众生活群众斗争里实际发生作用的活的马克思主义，不是口头上的马克思主义。把口头上的马克思主义变成为实际生活里的马克思主义"[⑤]。1945年

---

① 毛泽东．中国共产党在民族战争中的地位（1938年10月14日）//毛泽东．毛泽东选集：第2卷．2版．北京：人民出版社，1991：534.

②③ 毛泽东．新民主主义论（1940年1月）//毛泽东．毛泽东选集：第2卷．2版．北京：人民出版社，1991：707.

④ 施拉姆．马克思主义者毛泽东//威尔逊．历史天平上的毛泽东．王伟丽，译．北京：中国人民大学出版社，2015：35.

⑤ 毛泽东．在延安文艺座谈会上的讲话（1942年5月）//毛泽东．毛泽东选集：第3卷．2版．北京：人民出版社，1991：858.

4月24日，毛泽东在《在中国共产党第七次全国代表大会上的口头政治报告》中再次强调有“活的马克思主义”，也有“死的马克思主义”，而我们所要的“是活的马克思主义，不是死的马克思主义”[①]。

关键在于，马克思主义在中国大地上和土壤里怎样才能“活”起来？从某种意义上说，所谓“活的马克思主义”，也就是中国化了的马克思主义，即那种同中国的具体实际内在地结合着的马克思主义。而中国的具体实际，不能不浓缩并积淀着中国传统文化。毛泽东还提出“创造性的马克思主义”[②]，强调“我们要把马、恩、列、斯的方法用到中国来，在中国创造出一些新的东西”[③]。所谓“创造性的马克思主义”，也就是立足于中国的“亲在”性，对马克思主义作出创造性的诠释，包括实践运用。

其实，“应用”本身就是广义的“诠释”，诠释并不仅仅局限于理论范畴，它还包括诉诸实践本身。这也是为哲学解释学所认同的“诠释”之义。在一定意义上，“创造性的马克思主义”，也就是在实践的运用中建构起来并体现出来的马克思主

---

① 毛泽东．在中国共产党第七次全国代表大会上的口头政治报告（1945年4月24日）//毛泽东．毛泽东文集：第3卷．北京：人民出版社，1996：332.

② 毛泽东．反对主观主义和宗派主义（1941年9月10日）//毛泽东．毛泽东文集：第2卷．北京：人民出版社，1993：374.

③ 毛泽东．如何研究中共党史（1942年3月30日）//毛泽东．毛泽东文集：第2卷．北京：人民出版社，1993：408.

义，即所谓“活的马克思主义”。所以，毛泽东特别强调“在行动中去实现马克思主义”①。1944 年 7 月 14 日，毛泽东在《同英国记者斯坦因的谈话》中说：“我们中国人必须用我们自己的头脑进行思考，并决定什么东西能在我们自己的土壤里生长起来。”② 马克思主义中国化的实现，意味着马克思主义“能在我们自己的土壤里生长起来”。这才是“活的马克思主义”。

因此，马克思主义如果不经过中国文化的中介化，不采取中国文化的形式，就必然走向毛泽东所批评的那种“公式的马克思主义”或“死的马克思主义”。所以，毛泽东认为，对于中国来说，只有被中国传统文化中介化了的马克思主义，才不是“口头上的马克思主义”，而成为“活的马克思主义”，也就是“实际生活里的马克思主义”③。可见，马克思主义同中国传统文化包括儒学的会通，乃是它在中国“活”起来的不可无视的绝对前提。

在毛泽东看来，什么样的人才能成为一个够格的马克思主义理论家呢？关于“理论家”的标准，毛泽东提出了自己的观

---

① 毛泽东．在中国共产党第七次全国代表大会上的结论（1945 年 5 月 31 日）//毛泽东．毛泽东文集：第 3 卷．北京：人民出版社，1996：397.

② 毛泽东．同英国记者斯坦因的谈话（1944 年 7 月 14 日）//毛泽东．毛泽东文集：第 3 卷．北京：人民出版社，1996：192.

③ 毛泽东．在延安文艺座谈会上的讲话（1942 年 5 月）//毛泽东．毛泽东选集：第 3 卷．2 版．北京：人民出版社，1991：858.

点，强调指出："对于理论脱离实际的人，提议取消他的'理论家'的资格。只有用马克思主义观点来研究实际问题、能解决实际问题的，才算实际的理论家。"用马克思主义观点来研究并解决中国的实际问题，才"能使马克思主义中国化"①。他后来又强调说："我们读了许多马克思列宁主义的书籍，能不能就算是有了理论家呢？不能这样说。"②

这是因为，倘若"没有进一步地根据他们的理论来研究中国的历史实际和革命实际，没有企图在理论上来思考中国的革命实践，我们就不能妄称为马克思主义的理论家"。因此，按照"在理论上来思考中国的革命实践"这一标准，"如果一个人只知背诵马克思主义的经济学或哲学，从第一章到第十章都背得烂熟了，但是完全不能应用，这样是不是就算得一个马克思主义的理论家呢？这还是不能算理论家的"。那么，"我们所要的理论家是什么样的人呢？是要这样的理论家，他们能够依据马克思列宁主义的立场、观点和方法，正确地解释历史中和革命中所发生的实际问题，能够在中国的经济、政治、军事、文化种种问题上给予科学的解释，给予理论的说明"③。

---

① 毛泽东．反对主观主义和宗派主义（1941年9月10日）//毛泽东．毛泽东文集：第2卷．北京：人民出版社，1993：374.

②③ 毛泽东．整顿党的作风（1942年2月1日）//毛泽东．毛泽东选集：第3卷．2版．北京：人民出版社，1991：814.

1958年11月，毛泽东在提出读书建议时批评有些人的教条主义态度，说："他们在读马克思主义政治经济学的时候是马克思主义者，一临到目前经济实践中某些具体问题，他们的马克思主义就打了折扣了。"[①] 这些人只是书本上的马克思主义者，也就是教条主义的马克思主义者，一旦接触实践，联系实际，他们的所谓马克思主义就大打折扣了。"教条主义不是马克思主义，而是反马克思主义。"[②] 所谓教条主义就是脱离实践的理论独断态度。毛泽东始终认为，"对于马克思主义的理论，要能够精通它、应用它"；但"精通的目的全在于应用"[③]。在毛泽东那里，实践始终是被作为出发点和归宿的。

毛泽东在一定意义上可谓马克思主义中国化的人格化象征，由此决定了我们在讨论马克思与孔夫子的历史性相遇时，必须追问"隐藏在他哲学和被修正了的马克思主义后面的，究竟有着怎样的中国根源"[④]。

马克思主义中国化进程本身，以及对这一进程的反思，都

---

① 毛泽东．关于读书的建议（1958年11月9日）//毛泽东．毛泽东文集：第7卷．北京：人民出版社，1999：432.

② 毛泽东．同文艺界代表的谈话（1957年3月8日）//毛泽东．毛泽东文集：第7卷．北京：人民出版社，1999：251.

③ 毛泽东．整顿党的作风（1942年2月1日）//毛泽东．毛泽东选集：第3卷．2版．北京：人民出版社，1991：815.

④ 王赓武．作为中国人的毛泽东//威尔逊．历史天平上的毛泽东．王伟丽，译．北京：中国人民大学出版社，2015：225.

大致经历了一个由简单的类比、比附到会通的发展。它实际上是基于“异同之辨”，进而超越“异同之辨”，上升到实质性的融会贯通，亦即解释学意义上的对话所实现的意义的生成。作为结果的会通，乃是一种更高层次上的“融合”，亦即创造性的“融合”。

1941 年 9 月 10 日，毛泽东在中共中央政治局扩大会议上的讲话中提出，“我们要使中国革命丰富的实际马克思主义化”[①]。所谓的“马克思主义化”，在一定意义上也就是“在理论上来思考中国的革命实践”[②]。这意味着必须把马克思主义作为反思能力和理论武器，来“反刍”并“消化”中国革命实践积累下来的丰富经验。早在 1940 年 6 月，毛泽东在延安新哲学会第一届年会上就说过：“理论这件事是很重要的，中国革命有了许多年，但理论活动仍很落后，这是大缺憾。要知道革命如不提高革命理论，革命胜利是不可能的。过去我们注意得太不够，今后应加紧理论研究。”[③] 理论的相对滞后，造成了以马克思主义反思中国革命实践经验的欠缺。

---

① 毛泽东．反对主观主义和宗派主义（1941 年 9 月 10 日）//毛泽东．毛泽东文集：第 2 卷．北京：人民出版社，1993：374.

② 毛泽东．整顿党的作风（1942 年 2 月 1 日）//毛泽东．毛泽东选集：第 3 卷．2 版．北京：人民出版社，1991：814.

③ 温济泽．毛泽东同志在延安是怎样教导我们学哲学的．学习与思考，1982（4）：2.

英国历史学家汤因比曾把佛教在中国的传播同马克思主义在中国的传播作过一个类比，认为："中国已经把佛教中国化了。这次似乎要把共产主义中国化。然而中国化了的共产主义和中国化了的佛教一样，会对中华民族的世界观和生活方式有很深影响，并会使其有很大的改观。"[①] 一方面，马克思主义被中国化了；另一方面，马克思主义又会反过来对中国人的世界观和生活方式产生深刻影响，从而改变中国，这又是中国的马克思主义化。这种"互化"意味着什么呢？毛泽东所谓的"中国革命丰富的实际"，其文化内涵又是什么呢？毫无疑问，中国的特色、中国的国情、中国的文化和中国的传统铸造而成的特定历史情境，规定了中国的这种亲在性。马克思主义与中国实际"互化"的真正实现，在深层意义上有赖于马克思主义同中国本土文化相融合的内在可能性。马克思主义中国化得不够，就会产生教条主义；与此相反，中国实际马克思主义化得不够，则会产生经验主义。这两种偏颇在中国革命和建设的历史上都曾有过沉痛的教训。

恩格斯当年在一封书信中就曾指出："我们的理论是发展着的理论，而不是必须背得烂熟并机械地加以重复的教条。越少从外面把这种理论硬灌输给美国人，而越多由他们通过自己

① 汤因比，池田大作．展望二十一世纪：汤因比与池田大作对话录．荀春生，等译．北京：国际文化出版公司，1985：292.

亲身的经验（在德国人的帮助下）去检验它，它就越会深入他们的心坎。”[①] 对于马克思主义理论，人们只有“通过自己亲身的经验去检验它”，才能“深入他们的心坎”。恩格斯在另一封书信中指出，“在我看来，马克思的历史理论是任何**坚定不移**和**始终一贯**的革命策略的基本条件；为了找到这种策略，需要的只是把这一理论应用于本国的经济条件和政治条件。但是，要做到这一点，就必须了解这些条件”[②]。显然，离开了对于国情的准确把握，就不可能把马克思主义成功地“应用于本国的经济条件和政治条件”。

何况像列宁所说的那样，在落后的东方大国建设社会主义，乃是“全世界共产党人所没有遇到过的一个任务”；这样的任务无论在哪一部共产主义书本里都找不到现成的答案，而只能“根据自己的经验来解决这种任务”[③]。因此，毛泽东强调指出：“中国革命也需要作调查研究工作，首先就要了解中国是个什么东西（中国的过去、现在及将

---

① 恩格斯．恩格斯致弗洛伦斯·凯利-威士涅威茨基（1887 年 1 月 27 日）//马克思，恩格斯．马克思恩格斯选集：第 4 卷．3 版．北京：人民出版社，2012：588.

② 恩格斯．恩格斯致维拉·伊万诺夫娜·查苏利奇（1885 年 4 月 23 日）//马克思，恩格斯．马克思恩格斯选集：第 4 卷．3 版．北京：人民出版社，2012：574.

③ 列宁．在全俄东部各民族共产党组织第二次代表大会上的报告//列宁．列宁选集：第 4 卷．3 版修订版．北京：人民出版社，2012：79，80.

来)。”[①] 因为“中国革命斗争的胜利要靠中国同志了解中国情况”[②]。

作为中国人，毛泽东所“遗传”的中国文化底色，无疑构成了他后来接受马克思主义的“期待视野”或曰“前见”。毛泽东最先受到的是中国传统文化的浸润和熏陶。青年毛泽东为自己确立的治学方法是：“为学之道，先博而后约，先中而后西，先普通而后专门”。他显然借鉴了康有为的治学经验，他引述道：“康尝言：吾四十岁以前，学遍中国学问；四十年以后，又吸收西国学问之精华。”[③] 值得注意的是，所谓的“先中而后西”，这一进路正是毛泽东自身后来的心路历程的实际顺序。青年毛泽东还认为：“观中国史，当注意四裔，后观亚洲史乃有根；观西洋史，当注意中西之比较，取于外乃足以资于内也。”[④] 这意味着由中国而亚洲“乃有根”，然后以此为基础，“取于外”以“资于内”。显然，在毛泽东那里，审视和比较中西文化，同样也隐含着一个“先中而后西”的脉络。

---

① 毛泽东．关于农村调查（1941年9月13日）//毛泽东．毛泽东文集：第2卷．北京：人民出版社，1993：378.

② 毛泽东．反对本本主义（1930年5月）//毛泽东．毛泽东选集：第1卷．2版．北京：人民出版社，1991：115.

③ 中共中央文献研究室，中共湖南省委《毛泽东早期文稿》编辑组．毛泽东早期文稿（一九一二年六月——一九二〇年十一月）．长沙：湖南人民出版社，2008：6.

④ 同③21.

毛泽东思想作为马克思主义与中国实际“互化”的成果，不仅是马克思主义基本原理同中国革命的具体实际相结合的产物，也是马克思主义同中国传统文化特别是儒家文化会通的产物。斯诺在《红星照耀中国》（又名：《西行漫记》）中称毛泽东“是一个精通中国旧学的有成就的学者”[①]。毛泽东本人当时回忆说：“我八岁那年开始在本地一个小学堂读书，一直读到十三岁。早晚我到地里干活。白天我读孔夫子的《论语》和《四书》。”[②] 到了 20 世纪 60 年代，毛泽东在回顾自己的心路历程时又多次重申：“我读了六年孔夫子的书，上了七年学堂，以后当小学教员，又当了中学教员。当时我根本不知道什么是马克思主义。”[③] “起初读的是孔子的书，就是‘学而时习之，不亦说乎？’那一套。到后来进了洋学堂，受到一些资产阶级的教育。在学校里虽也听说过一点孙中山、马克思的话，但是真正的孙中山主义、马克思主义，是出了学校门才学到的。”[④]

按照毛泽东自己的说法，他的心路历程有一个“三部曲”，

① 斯诺．斯诺文集：第 2 卷　红星照耀中国．董乐山，译．北京：新华出版社，1984：66.

② 同①109. 原文如此。《论语》本身就是“四书”之一。

③ 毛泽东．关于人的认识问题（1964 年 8 月 24 日）//毛泽东．毛泽东文集：第 8 卷．北京：人民出版社，1999：392.

④ 毛泽东．永久奋斗（1939 年 5 月 30 日）//毛泽东．毛泽东文集：第 2 卷．北京：人民出版社，1993：189.

即由旧学到新学，再由新学到马克思主义。例如，他说过："我……在中学读书时并不知道马列主义。我读的书有两个阶段，先是读私塾，是孔夫子那一套，是封建主义；接着进学校，读的是资本主义，信过康德的哲学。后来是客观环境逼得我同周围的人组织共产主义小组，研究马列主义。"① 显然，在接触马克思主义之前，毛泽东最先接受的是中国传统文化的熏陶和浸染。这种"先入为主"，构成了他后来接受马克思主义的先在背景或曰解释学意义上的"前见"。这是我们必须正视的一个基本事实。

诚如史华慈所恰当地指出的："毛泽东成长于'传统'的中国社会，他的文化根基不可避免地带有传统文化烙印。"②"这意味着，毛泽东早年不仅接触了乡村的通俗文化，还接受过良好的中国传统文化教育。实际上，后者对毛泽东的影响可能更为深远。"③ 因此，"毛泽东并不是生活在真空之中，他的思想及其来源有着深刻的中国文化背景。也许学者们在研究毛时代和毛时代以前的中国文化传统时，很快就会发现毛泽东的思想中那种浓厚的中国底蕴"④。李锐认为："幼年私

---

① 毛泽东．美帝国主义是中日两国人民的共同敌人（1960年6月21日）//毛泽东．毛泽东文集：第8卷．北京：人民出版社，1999：203.

② 史华慈．作为哲学家的毛泽东//威尔逊．历史天平上的毛泽东．王伟丽，译．北京：中国人民大学出版社，2015：15.

③ 同②13.

④ 同②12.

塾读孔夫子的书，于毛泽东一生治学行事，都是有很大影响的。”[1] 可以说，它构成了毛泽东接受外来文化的底色。

中国传统文化特别是儒学的浸润，无疑构成毛泽东在接受马克思主义时所已有的“前见”。费正清因此甚至认为，“谁要是不懂一些儒家思想的传统，他就不能理解毛泽东思想”[2]。魏斐德也说过：“毛泽东所理解的那种语言，既包含了中国以前固有的观念，又吸收了当代马克思主义的新名词。如果从这两个角度去理解这种语言，我们就能开始懂得一些毛泽东主义的基本假设，也能够更好地把握中外思想融合在20世纪中国革命者的思想中的方式了。”因此，他认为，在中国，“马克思主义采取了民族化的形式”[3]。冯友兰同样指出，“中国的马克思主义——毛泽东思想，有两个哲学的来源，一个是从西方传来的马克思主义，一个就是中国的古典哲学。正因为它有中国古典哲学的来源，它的中国特色才有着落。这一点，许多人还不理解”[4]。

儒学作为毛泽东的接受背景中的一个最重要的方面，不仅仅包括形式上的要素，更深刻的在于它还是内涵上的遗传因

---

① 李锐．毛泽东早年读书生活．沈阳：万卷出版公司，2005：21.

② 费正清．美国与中国．张理京，译．北京：世界知识出版社，2000：53.

③ 魏斐德．历史与意志：毛泽东思想的哲学透视．李君如，等译．北京：中国人民大学出版社，2013：3.

④ 张跃．“立足现在　发扬过去　展望未来”：访冯友兰先生//汤一介．中国文化与中国哲学1987. 北京：生活·读书·新知三联书店，1988：472.

子。倘若过于表面化地看问题，就很难正视并理解这样一个基本事实。所以，不止一个人指出了这一点："中国和马克思列宁主义相互交织共同铸造了毛泽东思想的成长以及性格的形成。"[①] 毛泽东思想本身就被定义为马克思主义基本原理同中国革命的具体实际相结合的形式。问题在于，中国革命的具体实际又固有其中国文化所先行规定了的"路径依赖"，正是这种依赖在归根到底的意义上折射并体现着中国的具体或特殊的国情。

不同文化传统及作为其各自产物的思想体系之间的"会通"，首先意味着"普遍—特殊"关系层面上的同构。除此之外，"会通"还有另一层含义，亦即相互诠释和相互发明的关系。因为"会通"不仅仅是契合，还包括创造，即新的意义的生成。它在本质上是建构性的。马克思说过："两个相互矛盾方面的共存、斗争以及融合成一个新范畴，就是辩证运动。"[②] 这种"新范畴"既不是单纯的A，亦不是单纯的非A，而是以扬弃的方式超越矛盾双方异同关系之后所建构起来的新形态。这无疑是更高意义上的"会通"。马克思主义与儒学的会通，其结果就类似于马克思所谓的"融合成一个新范畴"，也就是

---

① 王赓武．作为中国人的毛泽东//威尔逊．历史天平上的毛泽东．王伟丽，译．北京：中国人民大学出版社，2015：236.

② 马克思．哲学的贫困（节选）//马克思，恩格斯．马克思恩格斯选集：第1卷．3版．北京：人民出版社，2012：225.

使马克思主义与儒学彼此之间相互扬弃，其结果既是儒学的现代化，又是马克思主义的本土化。毋宁说，这是同一过程的两个不同方面或维度。当然，对于这种会通的可能性，尚待我们进一步给出它的内在根据和理由。

从某种意义上说，毛泽东终其一生在自觉的层面上呈现出激进的反传统的外观，但同时又在无意识的层面上不断地复制着传统。这一紧张其实是自“五四”时代起在文化上就一直隐含着的一个巨大的吊诡。事实上，激进的反传统本身在深层含义上恰恰是植根于传统文化本身所固有的浓厚的拯救意识和强烈的使命感，是自觉的家国情怀的鲜明体现。正如国外有学者所说：“归根结底，毛仍摆脱不了他的农民习性，他节俭得近于吝啬。”[①] 而“按照儒家的伦理观点，生活简朴是一般公认的美德”[②]。显然，毛泽东从生活习惯到他所秉持的观念，都体现着传统的中国人特别是农民的偏好。这是他的人格成分中一生都没有剔除（他也不想剔除）的特征。就像施拉姆说的，以孔子所说的“民可使由之，不可使知之”为例，“五四运动以来，即便毛泽东号召保护中国遗产中仍然进步和有用的东

---

① 威尔逊．毛泽东传．中共中央文献研究室《国外研究毛泽东思想资料选辑》编辑组，译．北京：国际文化出版公司，2011：3.

② 李约瑟．现代中国的古代传统//李约瑟．四海之内：东方和西方的对话．劳陇，译．北京：生活·读书·新知三联书店，1987：44.

西，但他仍力图从中国人头脑中铲除儒家思想的这个方面”[1]。何况，按照唯物史观的逻辑，马克思主义同儒家观念之间存在着时代性的紧张和冲突，彼此是难以调和的。既然马克思主义赋予中国共产党合法性，既然中国共产党把马克思主义奉为自己的指导思想的理论基础，那么就不能不拒绝儒学传统，其中似乎不存在调和的余地。

但问题的复杂性在于，文化现象决不像历史的抽象公式那么纯粹和机械。而且，人们在无意识层面往往潜藏着深层的惯性和路径依赖。以延安整风运动中的现象为例，日本学者竹内实注意到，在整风运动中，“鼓励自我批评，以打破‘小资产阶级知识分子’的自尊心。……而儒家的教诲‘过勿惮改’，也使这些知识分子认为，坦白过错就是‘善’”[2]。这个例子说明，儒家文化仍然在隐性地起作用。这个隐性的方面，对于马克思主义中国化无疑有着重要的意义，尽管这种作用不那么容易被直观地捕捉到，但也正因此其作用更具有深刻性和柔韧性。在这里，一切知性逻辑都将丧失其任何解释力，一切“非此即彼”式的思维都是无济于事的。

---

① 施拉姆．马克思主义者毛泽东//威尔逊．历史天平上的毛泽东．王伟丽，译．北京：中国人民大学出版社，2015：36.

② 竹内实．毛泽东的诗词、人生和思想．张会才，等译．北京：中国人民大学出版社，2012：318.

问题的另一方面是，毛泽东又是通过马克思主义来对中国传统文化作出创造性诠释的，亦即以马克思主义为尺度去扬弃中国传统文化，以便甄别出何者是优秀的因子或成分、何者又是应当摈弃的糟粕。以“实事求是”为例。在中国传统文化语境中，“实事”和“求是”这两个词原本都是动宾结构，即为“实其事”和“求其是”之意。其原初出处，是班固撰写的《汉书·河间献王传》中所谓的“修学好古，实事求是”。但毛泽东把这个中国术语纳入他对马克思主义哲学基本原理的阐释之中，将其改造成为一个表述马克思学说的特有的措辞。众所周知，毛泽东在《改造我们的学习》一文中把它创造性地诠释为：“‘实事’就是客观存在着的一切事物，‘是’就是客观事物的内部联系，即规律性，‘求’就是我们去研究。我们要从国内外、省内外、县内外、区内外的实际情况出发，从其中引出其固有的而不是臆造的规律性，即找出周围事变的内部联系，作为我们行动的向导。”[①] 如此一来，尽管“实事求是”一词有了语境和语义上的变化，但从实际中追求真理的基本意涵却并未改变，而是通过新的阐释方式被保留了下来。这样的情形，在毛泽东思想及其发展中是不乏其例的。它充分显示了毛泽东思想既是马克思主义被赋予中国语言、中国气派的产

① 毛泽东．改造我们的学习（1941年5月19日）//毛泽东．毛泽东选集：第3卷．2版．北京：人民出版社，1991：801.

物，也是以马克思主义为原则和依据去甄别和扬弃中国传统文化遗产的结果。

马克思早就说过：“**问题**就是公开的、无畏的、左右一切个人的时代声音。问题就是时代的口号，是它表现自己精神状态的最**实际的**呼声。”① 他认为：“主要的困难不是**答案**，而是**问题**。因此，真正的批判要分析的不是答案，而是问题。”② 诚如熊伟所言：“马克思正是带着问题自行浑入在者整体之无蔽境界并即适应他的时代的敞开者及其敞开境界。马克思从而给人类从思想发展方面促成历史。这其中也有半个世纪以来，特别是［20 世纪］80 年代以来的中国历史在马克思主义指引下获得的辉煌成就。由此可见马克思在历史上也和中国人民合为一体。”③ 在马克思主义与中国实际“互化”的意义上，马克思学说正是带着自己的问题融入中国历史的不断敞显之境界中，继而塑造并建构着中国现当代史，以至于同中国的历史难舍难分，以至于难分彼此。这种实践上的历史性融会贯通，蕴含着马克思与孔夫子的彼此相遇，浓缩着他们所分别代表的思想之间的有机整合。只有具备此通达的眼界，我们方能发现、洞察并揭橥出其中的微妙信息。

---

① 马克思．集权问题//马克思，恩格斯．马克思恩格斯全集：第 40 卷．北京：人民出版社，1982：289－290.

② 同①289.

③ 熊伟．海德格尔与中国哲学：1987 年全德哲学大会报告//熊伟．自由的真谛：熊伟文选．北京：中央编译出版社，1997：150.

现代性语境的吊诡：敞显与遮蔽

众所周知，五四新文化运动乃是马克思主义传入中国的最重要的历史背景。“如同 150 年前的欧洲一样，在 20 世纪的中国，理性批判的发现预示着由传统迈向现代化的转变。”① 而五四新文化运动，恰恰是这一进程的最具典型性也最富象征意味的标志。由此也就不难理解“法国大革命意图实现的理想，对 1919 年发起五四运动的青年为什么仍有很强的启迪作用”②这一现象了。

其实，着眼于晚清以来的中国历史大势，从洋务运动到戊戌维新和辛亥革命，再到五四运动，经历了渐次由经济到政治再到往后的文化变革，其中潜伏着一个现代性的主题。尽管中国的现代化是外援式的，但一经输入并且同中国社会变革的内在要求相契合，就有了自身的自主逻辑和轨迹。在此意义上说，五四新文化运动不过是戊戌变法和辛亥革命所内蕴并追求的启蒙主题（尽管它们存在着改良与革命的差别）的文化意义

---

① 舒衡哲．中国启蒙运动：知识分子与五四遗产．刘京建，译．北京：新星出版社，2007：6－7.

② 张芝联．法国大革命在中国激起的浪潮//张芝联．从《通鉴》到人权研究：我的学术道路．北京：生活·读书·新知三联书店，1995：78.

上的继承者。因此，如果说“1905年在孙中山的倡导下，‘中国革命同盟会’在东京成立，也［像法国大革命那样］提出‘自由、平等、博爱’的口号，决非偶然的巧合”①，那么五四新文化运动提出并捍卫的是启蒙精神这一现代性主题也便是顺理成章的了。

对于五四运动的启蒙含义，毛泽东早就做过明确的定性。例如，他在读艾思奇编《哲学选辑》一书所作的批注中，就曾一针见血地指出：“五四运动之成为新文化运动是为中国资本主义发展所决定的，他［它］反过来又推动中国资本主义的发展，这原是中国资本主义本身的要求。”② 博古在为纪念五四运动20周年所写的文章中也作过类似的判定，他强调说：“五四新文化运动，这个思想空前的大变动无疑地是一个资产阶级的启蒙运动，他［它］反映着正在发展中的资本主义与旧的生产关系之间的冲突。”博古的这个判断，其依据主要在于五四新文化运动所追求的两大目标，即“德先生”和“赛先生”，因为“这两个要求却正是发展着的资产阶级的要求”。除此之外，他还认为：“五四运动之为资本主义文化运动更可由他

① 张芝联．法国大革命在中国激起的浪潮//张芝联．从《通鉴》到人权研究：我的学术道路．北京：生活·读书·新知三联书店，1995：83.

② 毛泽东．读艾思奇编《哲学选辑》一书的批注（1939年5月以后）//中共中央文献研究室．毛泽东哲学批注集．北京：中央文献出版社，1988：377.

[它] 提倡个人主义、人格独立等上看得明白。”① 李长之也指出：“启蒙运动的主要特征，是理智的、实用的、破坏的、清浅的。我们试看五四时代的精神，像陈独秀对于传统的文化之开火，像胡适主张要问一个‘为什么’的新生活，像顾颉刚对于古典的怀疑，像鲁迅在经书中所看到的吃人礼教，这都是启蒙的色彩。明白与清楚，也正是五四时代的文化姿态。”②

对于马克思主义在中国的传播来说，“五四”时代无疑是最为关键的时期，它甚至具有决定性的意义。而五四新文化运动的主题却是启蒙性质的，属于现代性的范畴。作为特定的历史语境，启蒙现代性对马克思主义传入中国的深刻影响，究竟应该如何评估？到底是马克思主义被启蒙化了，抑或是启蒙精神被马克思主义化了呢？这一启蒙语境对于后来的马克思主义中国化进程又有着怎样的深远影响呢？这些问题对于恰当地看待马克思主义与儒学的关系，具有某种前提性的意义。

既然马克思主义传入中国一开始遇到的特定历史语境是为启蒙现代性所塑造的，那么，这个背景在很大程度上就注定了

---

① 吴葆朴，李志英，朱昱鹏．博古文选·年谱．北京：当代中国出版社，1997：280.

② 李长之．五四运动之文化的意义及其评价//李长之．迎中国的文艺复兴．上海：商务印书馆，1946：16.

马克思主义中国化的“路径依赖”。从一定意义上说，这一语境是一把“双刃剑”：一方面，它为具有“后现代”性质的马克思主义的传入中国作了某种必要的铺垫；另一方面，也有可能使人们在现代性意义上去解读并接受马克思主义，从而遮蔽掉它的后现代意味。这也在很大程度上决定了马克思主义同儒家文化之间关系的纠葛，决定了问题的错综复杂。具体地说，这种纠葛就是：在自觉的层面上，马克思主义同儒家文化之间表现为“非此即彼”的对立；在无意识的层面上，它们又表现为后现代同前现代之间经过否定环节之后的彼此相遇。由此也就容易解释马克思主义同儒家文化何以在激烈冲突的表象下又实现着文化无意识层面上的会通这一事实了。

正如博古所说的那样，“不管五四新文化运动如何的狭隘和有限制性，但是……它开创了社会主义思想在中国光大传播的道路”[①]。就启蒙现代性对于马克思主义在中国的传播所起的促进作用而言，一个有趣的现象是，陈独秀、李大钊、瞿秋白等既是五四新文化运动的急先锋，同时也是中国早期的马克思主义者。毛泽东早在1919年就说过：“我们对于陈君（即陈独秀——引者注），认他为思想界的明星。”[②] 后来，他又数度

① 吴葆朴，李志英，朱昱鹏．博古文选·年谱．北京：当代中国出版社，1997：281.

② 中共中央文献研究室，中共湖南省委《毛泽东早期文稿》编辑组．毛泽东早期文稿（一九一二年六月——一九二〇年十一月）．长沙：湖南人民出版社，2008：281.

把陈独秀称作“五四运动的总司令”[①]。马克思主义在“五四”背景下才真正传入中国，这一契机意味着中国早期马克思主义者必须利用现代性语境以激进地反传统，因为不解构掉孔子的偶像地位，不打破儒学在中国社会的垄断地位，马克思主义在中国就没有容身之地，从而无法进入中国。

在“科玄论战”中，科学派把科学本身意识形态化，使其沦为一种“主义”，从而走向科学的独断化。这正是典型的启蒙现代性的文化偏好。恩格斯曾指出：“在法国为行将到来的革命启发过人们头脑的那些伟大人物，本身都是非常革命的。他们不承认任何外界的权威，不管这种权威是什么样的。宗教、自然观、社会、国家制度，一切都受到了最无情的批判；一切都必须在理性的法庭面前为自己的存在作辩护或者放弃存在的权利。思维着的知性成了衡量一切的唯一尺度。”[②] 在中国的科学派那里，这种理性尺度的至上性也有其鲜明的体现。在这场“科玄论战”中，中国早期的马克思主义者同科学派一

---

① 毛泽东在《如何研究中共党史》（1942年3月30日）的讲话中说：“陈独秀是五四运动的总司令。”（毛泽东．毛泽东文集：第2卷．北京：人民出版社，1993：403.）后来，毛泽东在《中国共产党第七次全国代表大会的工作方针》（1945年4月21日）的报告中又说：“他（指陈独秀——引者注）是有过功劳的。他是五四运动时期的总司令，整个运动实际上是他领导的，他与周围的一群人，如李大钊同志等，是起了大作用的。”（毛泽东．毛泽东文集：第3卷．北京：人民出版社，1996：294.）

② 恩格斯．社会主义从空想到科学的发展//马克思，恩格斯．马克思恩格斯选集：第3卷．3版．北京：人民出版社，2012：775.

度携手，成为“同路人”。这一事实值得深入解读。诚如有学者指出的：“1923年的科玄论战以科学派胜利，预告了马克思主义将在中国大展宏图的前景。”[①]

我们知道，当年科学派所秉持的一个重要信念就是进化论，而进化论观念恰恰构成启蒙现代性的基本预设之一。卡尔从历史哲学的角度着眼，指出：“达尔文革命的真正重要性在于……把历史带入科学领域。……科学上的进化观念确定了、完备了历史中的进步观念。”[②] 晚清以降，进化论观念曾成为当时中国的时尚，它甚至被用来为中国的近代变革作辩护。对于马克思主义的中国化，它同样也发挥了重要作用。从一定意义上说，马克思主义与进化论之间又有着某种亲缘性。恩格斯在《在马克思墓前的讲话》中就曾把马克思同达尔文相提并论，作过著名的类比。在恩格斯看来，就像达尔文学说是说明生物界演化的科学理论一样，马克思主义则是说明人类历史进化的最恰当的理论。由此也就不难理解，进化论的信念何以能够促成马克思主义在中国的传播和认同。

问题的辩证性在于，马克思主义在传入中国的过程中利用科学主义背景的同时，又不得不受到这一背景的遮蔽。恩格斯

① 王生平．中国传统文化与马克思主义//复旦大学哲学系，中国社会科学院《哲学研究》编辑部．中国1999哲学发展报告．昆明：云南人民出版社，2000：47.

② 卡尔．历史是什么？．陈恒，译．北京：商务印书馆，2007：151.

在《反杜林论》“引论”中一上来就开宗明义地写道：“现代社会主义……就其理论形式来说，它起初表现为18世纪法国伟大的启蒙学者们所提出的各种原则的进一步的、据称是更彻底的发展。同任何新的学说一样，它必须首先从已有的思想材料出发，虽然它的根子深深扎在经济的事实中。”[①] 这一论断似乎过分夸大了马克思主义同18世纪法国启蒙思想之间的连续性方面，未能充分地看到马克思主义对于启蒙的解构方面。这一偏颇却在五四运动的特定历史语境中得到了强化。作为中国传播马克思主义的里程碑式的人物，李大钊在阐释马克思的学说时仍然不能不存在着这种局限性，譬如他就把孔德社会学作为马克思唯物史观的“开端”加以定位[②]。作为马克思主义中国化的特定历史语境，启蒙现代性深刻地影响了我们对马克思主义的解读和阐释。在很大程度上，我们的解读甚至塑造了一个启蒙意义上的马克思形象。这不能不妨碍我们对于马克思主义同儒学及其代表的中国传统文化之间肯定性的关系作出正确的了解。

当然，对于马克思主义的后启蒙性质的忽略，乃是时代造成的，我们不能苛责前人，但它毕竟在客观上使中国的早期马克思主义者难以周全地看待马克思主义同儒学之间的复杂关

① 恩格斯．反杜林论//马克思，恩格斯．马克思恩格斯选集：第3卷．3版．北京：人民出版社，2012：391.

② 丁守和．论“五四”时期的社会思潮．哲学研究，1979（5）：10.

系，很容易陷入形式主义的简单化误区。他们往往过分凸显两者之间对立和排斥的一面，而忽视了统一的一面和会通的可能性，以至于“很多（中国早期的——引者注）马克思主义者认为孔子是彻头彻尾的反动者”①，因为他们往往从线性的进化观出发，简单化地看待传统文化，在“非此即彼”的选择中跌入肤浅的两极化思维的窠臼。毛泽东后来对于“五四”时期这种激进反传统倾向存在的形式主义偏颇是做过清醒批评的②。

马克思主义的后启蒙性质，被“五四”时期的启蒙主题所塑造的特定语境遮蔽掉了，以至于使人们把马克思主义同儒学的冲突推向了极致。因为在现代性的语境中，以儒学为代表的中国传统文化被视作愚昧之源，所以“‘五四’时期，儒家思想被斥为腐朽与没落”③。激进主义者认为，对于中国社会而言，启蒙的任务就是彻底地反传统。整个五四新文化运动的基调和主流，就是在这一认知基础上被筹划和确立的。在启蒙现代性的语境中，马克思主义的后现代性和后启蒙性被严重地忽视了。这既造成了马克思主义在启蒙意义上被解读，也强化了马克思主义同儒学的虚假对立。总之，它导致了双重的误解：

① 李约瑟．现代中国的古代传统//李约瑟．四海之内：东方和西方的对话．劳陇，译．北京：生活·读书·新知三联书店，1987：60.

② 毛泽东．反对党八股（1942 年 2 月 8 日）//毛泽东．毛泽东选集：第 3 卷．2 版．北京：人民出版社，1991：832.

③ 舒衡哲．中国启蒙运动：知识分子与五四遗产．刘京建，译．北京：新星出版社，2007：216.

一是对马克思主义与儒学之间关系的误判，一是对马克思主义本身的误读。

施拉姆认为："事实上，相比于中国五四时期的大多数同代人而言，毛泽东的西化立场转变要更为缓慢和勉强。"[①] 这是否意味着毛泽东正因为受到近代西方启蒙思潮的浸润不深，所以更容易接受马克思主义，从而成为他接纳马克思主义的优势？诚然，马克思主义是历史和逻辑地扬弃近代启蒙精神的产物，但它毕竟是"后现代"的。所以，毛泽东的这个特点一方面有助于他接受马克思，但另一方面也隐藏着他对马克思学说的理解和阐释缺乏一个启蒙的内在环节。就此而言，毛泽东的这个特点本身就是充满张力的。

毋庸讳言，五四新文化运动本身带有一定的精英主义倾向，它在一定程度上是一场局限于知识分子内部的运动。这同普罗大众的社会革命在主体上存在着某种疏离。在为纪念五四运动 20 周年所作的讲演《青年运动的方向》中，毛泽东总结晚清以来历次运动包括五四运动失败的原因时强调："主要的是因为占全国人口百分之九十的工农劳动群众还没有动员起来。"[②] 他认为："要打倒帝国主义和封建主义，只有把占全国

① 施拉姆．马克思主义者毛泽东//威尔逊．历史天平上的毛泽东．王伟丽，译．北京：中国人民大学出版社，2015：31.

② 毛泽东．青年运动的方向（1939 年 5 月 4 日）//毛泽东．毛泽东选集：第 2 卷．2 版．北京：人民出版社，1991：564.

人口百分之九十的工农大众动员起来，组织起来，才有可能。”[①] 因此，毛泽东发出号召：“中国的知识青年们和学生青年们，一定要到工农群众中去，把占全国人口百分之九十的工农大众，动员起来，组织起来。没有工农这个主力军，单靠知识青年和学生青年这支军队，要达到反帝反封建的胜利，是做不到的。所以全国知识青年和学生青年一定要和广大的工农群众结合在一块，和他们变成一体，才能形成一支强有力的军队。”[②] 在稍早的一篇纪念文章《五四运动》中，毛泽东强调指出：“知识分子如果不和工农民众相结合，则将一事无成。革命的或不革命的或反革命的知识分子的最后的分界，看其是否愿意并且实行和工农民众相结合。”[③] 显然，这里暗示了五四运动本身的局限性，委婉地批评了知识分子的精英主义缺陷。在毛泽东看来，五四运动从总体上说是“无根”的。

早在1918年，李大钊在《庶民的胜利》一文中就写道：“这劳工的能力，是人人都有的，劳工的事情，是人人都可以作的，所以劳工主义的战胜，也是庶民的胜利。”[④] 1919年，

---

① 毛泽东．青年运动的方向（1939年5月4日）//毛泽东．毛泽东选集：第2卷．2版．北京：人民出版社，1991：564－565.

② 同①565－566.

③ 毛泽东．五四运动（1939年5月1日）//毛泽东．毛泽东选集：第2卷．2版．北京：人民出版社，1991：559.

④ 李大钊．庶民的胜利//李大钊．李大钊选集．北京：人民出版社，1959：111.

毛泽东写了《民众的大联合》一文，指出：民众的大联合乃是国家和社会进行革命性变革的唯一可能的路径。他写道：“国家坏到了极处，人类苦到了极处，社会黑暗到了极处。补救的方法，改造的方法，教育，兴业，努力，猛进，破坏，建设，固然是不错，有为这几样根本的一个方法，就是民众的大联合。”[①] 毛泽东指出：“天下者我们的天下。国家者我们的国家。社会者我们的社会。我们不说，谁说？我们不干，谁干？刻不容缓的民众大联合，我们应该积极进行！”[②] 这标志着人民群众主体意识的唤醒和自觉。在《论联合政府》中，毛泽东又强调说：“人民，只有人民，才是创造世界历史的动力。”[③]

中国早期马克思主义者的这种人民本位思想和人民史观，既固有其儒家民本思想的影子，又体现着马克思主义唯物史观关于人民主体论的立场。孟子通过对历史教训的反省，对于民本思想作了经典阐发，他说：“桀纣之失天下也，失其民也。失其民者，失其心也。得天下有道：得其民，斯得天下矣。得其民有道：得其心，斯得民矣。”（《孟子·离娄上》）孟子

---

① 中共中央文献研究室，中共湖南省委《毛泽东早期文稿》编辑组．毛泽东早期文稿（一九一二年六月——九二〇年十一月）．长沙：湖南人民出版社，2008：312.

② 同①356.

③ 毛泽东．论联合政府（1945 年 4 月 24 日）//毛泽东．毛泽东选集：第 3 卷．2 版．北京：人民出版社，1991：1031.

还说："民为贵，社稷次之，君为轻。"（《孟子·尽心下》）对此，朱熹诠释道："国以民为本，社稷亦为民而立，而君之尊，又系于二者之存亡，故其轻重如此。"[①] 这种民本立场，无疑以扬弃的方式被积淀到了毛泽东所主张的人民史观之中。

而且，毛泽东的人民史观同马克思主义的人民群众主体论也是内在一致的。马克思说得好："历史活动是群众的事业，随着历史活动的深入，必将是群众队伍的扩大。"[②] 列宁也指出："具有优秀精神品质的是少数人，而决定历史结局的却是广大群众"[③]。毛泽东强调，"向群众寻求真理"[④]。他为中国共产党确立了"一切为了群众，一切依靠群众，从群众中来，到群众中去"[⑤] 的群众路线。从一定意义上说，人民群众就是人类历史的"特选子民"，它既是解放者，又是被解放者；既是历史的主体，又是历史的客体。这种集于一身的双重角色，恰恰意味着人民群众对于历史本身而言所具有的本体地位。

---

① 朱熹．孟子集注：卷十四//朱熹．四书章句集注．北京：中华书局，1983：367.

② 马克思，恩格斯．神圣家族//马克思，恩格斯．马克思恩格斯全集：第2卷．北京：人民出版社，1957：104.

③ 列宁．俄共（布）第十一次代表大会文献//列宁．列宁选集：第4卷．3版修订版．北京：人民出版社，2012：679.

④ 毛泽东．致邓小平（1961年4月25日）//毛泽东．毛泽东书信选集．北京：人民出版社，1983：579.

⑤ 中国共产党中央委员会关于建国以来党的若干历史问题的决议．北京：人民出版社，1981：48.

值得注意的是，被艾恺称作“最后一位儒家”的梁漱溟对于从农村、农民入手去“认识老中国、建设新中国”的路径，同毛泽东所选择的中国道路之间的相似性，也从一个侧面昭示了马克思主义与儒学的关联。耄耋之年的梁漱溟在回顾自己一生时曾说过：我们“可以说入手相同，他（指毛泽东——引者注）的革命的入手是农村包围城市，他入手是农村，我要建设新中国，我也是入手是农村，从入手是相同”[①]。尽管有着毛泽东同梁漱溟的延安窑洞之争和新中国成立初期的全国最高国务会议之争，前者涉及中国的普遍性和特殊性的关系，后者涉及“大仁政”和“小仁政”的纠葛，但这些分歧无关宏旨，并未从根本上妨碍马克思主义与儒学之间更深层面的兼容。毛泽东认为，“实则吾国自秦以来二千余年推动社会向前进步者主要的是农民战争”[②]。这种对农民运动的历史作用和历史地位的肯定和褒扬，既折射着儒家传统的“民能载舟，亦能覆舟”的民本思想，也同马克思主义的唯物史观关于人民的历史主体角色定位相一致。

学界有一种观点认为，毛泽东的“民众的大联合”隐含着民粹主义倾向。对此有必要予以澄清。魏斐德认为：“毛泽东

① 梁漱溟，艾恺．这个世界会好吗?：梁漱溟晚年口述（增订本）．北京：生活·读书·新知三联书店，2015：84.

② 毛泽东．致李鼎铭（1944 年 4 月 29 日）//毛泽东．毛泽东书信选集．北京：人民出版社，1983：230.

的第一篇重要政治文章《民众的大联合》，虽然这篇文章表明毛泽东还处在一个前马克思主义的和民粹派的阶段。”他还指出：“毛泽东的民粹派文章准确反映了1919年夏季社会骚动的特征。”[①] 施拉姆也认为：“此文（指毛泽东的《民众的大联合》——引者注）即使没有预示毛泽东将会在日后提出马克思主义的公式，但的确标志着他在思想上出现了可以称之为‘民粹主义’倾向的极其重要的一面。”[②] 当然，施拉姆所说的“民粹主义”是在广义上使用的，他解释道：“毛泽东上司李大钊早已开始产生农民重要并具有精神上的优越性的思想。其见解与俄国民粹派并无不同。毛泽东的民粹主义还不是这个意义上的；他并不特别关心农民。但是，他曾经是，当然仍然是广义上的‘民粹主义者’。”[③] 迈斯纳也认为：“在毛泽东开始其革命生涯的1919年，他就倡导过‘民众的大联合’的思想，而这种民粹主义思想也影响了毛泽东对马克思列宁主义的改造。”[④]

李泽厚认为：“马克思主义在中国的第一阶段以李大钊的理论文章最具有代表性……他的这种接受和传播，从一开始便

---

① 魏斐德．历史与意志：毛泽东思想的哲学透视．李君如，等译．北京：中国人民大学出版社，2013：180－181.

②③ 施拉姆．毛泽东．中共中央文献研究室《国外研究毛泽东思想资料选辑》编辑组，译．北京：红旗出版社，1987：33.

④ 迈斯纳．毛泽东的中国及后毛泽东的中国：人民共和国史．杜蒲，李玉玲，译．成都：四川人民出版社，1992：58.

具有某种‘中国化’的特色。这特色使他不同于陈独秀，而与后来以毛泽东为代表的中国马克思主义倒有一脉相承之处。”①这最集中地体现在两方面，即民粹主义的色彩和道德主义偏好②。从李著的脚注可以看出，他的这个判断乃是受到迈斯纳的《李大钊与中国马克思主义的起源》之启发。杨荣国则对毛泽东的《民众的大联合》一文作了相当高的评价，他说："在这一篇重要论文中，毛泽东同志不仅在运用马克思列宁主义的立场、观点和方法来研究中国革命的实际问题上，给予文化思想界以重大影响，更重要的是，他论证了人民革命统一战线的战略思想。论文指出，中国革命要走向胜利，就必须建立以工人阶级为主体的人民革命统一战线，革命的知识分子必须深入群众，和工农群众相结合，用团结起来的伟大力量向反动统治作斗争。”③ 受时政氛围的影响，这一评价显然有拔高之虞，因为毛泽东本人承认自己只是到了 1920 年才真正变成一个马克思主义者。

我们不能无视这样一个事实，即毛泽东曾多次明确强调反对民粹主义。民粹主义的一个基本诉求就是，拒绝社会的大工业经济基础，试图绕开民主主义阶段而直接进入社会主义。在

---

① 李泽厚．试谈马克思主义在中国//李泽厚．中国现代思想史论．北京：东方出版社，1987：155.

② 同①155－158.

③ 杨荣国．“五四”给予我们的教育和启示：纪念五四运动四十周年//杨荣国．初学集．北京：生活·读书·新知三联书店，1961：186－187.

新民主主义革命时期，毛泽东对于革命不能超阶段地发展则有着清醒的自觉。早在1940年1月，毛泽东在《新民主主义论》中就指出："社会主义的任务，合并在民主主义任务上面去完成，这个叫做'毕其功于一役'，那就是空想，而为真正的革命者所不取的。"① 后来，他在《在陕甘宁边区参议会的演说》（1941年11月6日）中又指出，抗日战争胜利的条件是实行新民主主义。"为什么我们在现在不要求实行社会主义？"这是因为"在今天的中国，还没有实行它的条件"②。

显然，毛泽东是充分考虑到社会主义制度赖以建立的历史条件及其约束的。毛泽东在给秦邦宪的信（1944年8月31日）中指出："新民主主义社会的基础是工厂（社会生产，公营的与私营的）与合作社（变工队在内），不是分散的个体经济。分散的个体经济——家庭农业与家庭手工业是封建社会的基础，不是民主社会（旧民主、新民主、社会主义，一概在内）的基础，这是马克思主义区别于民粹主义的地方。简单言之，新民主主义社会的基础是机器，不是手工。"因此，他强调说："由农业基础到工业基础，正是我们革命的任务。"③ 毛

① 毛泽东．新民主主义论（1940年1月）//毛泽东．毛泽东选集：第2卷．2版．北京：人民出版社，1991：685.

② 毛泽东．在陕甘宁边区参议会的演说（1941年11月6日）//毛泽东．毛泽东选集：第3卷．2版．北京：人民出版社，1991：807-808.

③ 毛泽东．给秦邦宪的信（1944年8月31日）//毛泽东．毛泽东文集：第3卷．北京：人民出版社，1996：207.

泽东在《论联合政府》（1945 年 4 月 24 日）中更明确地指出：“有些人怀疑中国共产党人不赞成发展个性，不赞成发展私人资本主义，不赞成保护私有财产，其实是不对的。”① 这是因为“有些人不了解共产党人为什么不但不怕资本主义，反而在一定的条件下提倡它的发展。我们的回答这样简单：拿资本主义的某种发展去代替外国帝国主义和本国封建主义的压迫，不但是一个进步，而且是一个不可避免的过程。它不但有利于资产阶级，同时也有利于无产阶级，或者说更有利于无产阶级”②。毛泽东在《对〈论联合政府〉的说明》中又强调说：“只有经过民主主义，才能到达社会主义，这是马克思主义的天经地义。这就将我们同民粹主义区别开来，民粹主义在中国与我们党内的影响是很广大的。”③ 毛泽东在《在中国共产党第七次全国代表大会上的口头政治报告》中指出：“在我的（正式——引者注）报告里，对资本主义问题已经有所发挥，比较充分地肯定了它。”④ 因为“我们这样肯定要广泛地发展资本主义，是只有好处，没有坏处的。对于这个问题，在我们

---

① 毛泽东．论联合政府（1945 年 4 月 24 日）//毛泽东．毛泽东选集：第 3 卷．2 版．北京：人民出版社，1991：1058.

② 同①1060.

③ 毛泽东．对《论联合政府》的说明（1945 年 3 月 31 日）//毛泽东．毛泽东文集：第 3 卷．北京：人民出版社，1996：275.

④ 毛泽东．在中国共产党第七次全国代表大会上的口头政治报告（1945 年 4 月 24 日）//毛泽东．毛泽东文集：第 3 卷．北京：人民出版社，1996：322.

党内有些人相当长的时间里搞不清楚，存在一种民粹派的思想”①。

毛泽东明确意识到并强调中国革命必须分两步走，并未拒绝资本主义必要的发展这一历史环节。他揭露道：“所谓民粹主义，就是要直接由封建经济发展到社会主义经济，中间不经过发展资本主义的阶段。俄国的民粹派就是这样。”② 毛泽东以列宁及其所领导的布尔什维克实行的“新经济政策”为例，甚至提出“我们不要怕发展资本主义”③。早在1928年，毛泽东就明确提出：“中国迫切需要一个资产阶级的民主革命，这个革命必须由无产阶级领导才能完成。”④ 1945年5月，毛泽东在《在中国共产党第七次全国代表大会上的结论》中则指出：“新民主主义的资本主义将来还有用，在中国及欧洲、南美的一些农业国家中还有用，它的性质是帮助社会主义的，它是革命的、有用的，有利于社会主义的发展的。”⑤ 就是在强调知识分子与工农群众相结合的《五四运动》文章中，毛泽东指出：“若问一个共产主义者为什么要首先为了实现资产阶级

---

① 毛泽东．在中国共产党第七次全国代表大会上的口头政治报告（1945年4月24日）//毛泽东．毛泽东文集：第3卷．北京：人民出版社，1996：322-323.

②③ 同①323.

④ 毛泽东．中国的红色政权为什么能够存在?（1928年10月5日）//毛泽东．毛泽东选集：第1卷．2版．北京：人民出版社，1991：48.

⑤ 毛泽东．在中国共产党第七次全国代表大会上的结论（1945年5月31日）//毛泽东．毛泽东文集：第3卷．北京：人民出版社，1996：385.

民主主义的社会制度而斗争，然后再去实现社会主义的社会制度，那答复是：走历史必由之路。”[①] 没有一个民粹主义者，是持这种观点的。

当然，对于毛泽东的具体政策措施特别是其晚年在实践上存在着某些偏差和失误，究竟应该怎么看，的确是一个值得进一步深入思考的问题。但在反思时应适当地把理论主张同实践后果区分开来。冯友兰晚年认为，毛泽东原本是主张中国革命分两步走，反对“毕其功于一役”的。“在《新民主主义论》中，毛泽东本来就是这样主张的。可是，1954 年的《宪法》过早地提出了社会主义的总目标，毛泽东似乎也想合两步为一步、‘毕其功于一役’了。”[②] 胡绳在晚年的反思中，也认为毛泽东在新民主主义革命时期不曾染上民粹主义色彩，恰恰相反，“至少在毛泽东一生最辉煌的时期之一，即大体在民主革命时期的 1939 年到 1949 年，毛泽东不但没有丝毫染上民粹主义的思想，而且是坚决反对民粹主义的。他不仅仅在口头上反对，而且从理论上和实践上鲜明地、坚定地反对民粹主义。甚至可以说，虽然过去我们党内有些同志表示反对民粹主义，但从理论和实践两方面坚定地、透彻地反对民粹主义，毛泽东是

---

① 毛泽东．五四运动（1939 年 5 月 1 日）//毛泽东．毛泽东选集：第 2 卷．2 版．北京：人民出版社，1991：559.

② 冯友兰．中国现代哲学史．广州：广东人民出版社，1999：163.

我们党内的第一人”[①]。

但胡绳又强调说：“如果认为趁资本主义还少，还没有发展起来，就可以马上过渡到社会主义，这就是倒向民粹主义，而离开马克思主义。”[②] 这里似乎暗示了毛泽东在新中国成立后采取的过渡政策存在着民粹主义之嫌，因为“这种穷过渡的思想，当然只能使人联想到民粹主义”[③]。

与上述评价不尽相同的是，胡乔木在谈到毛泽东在 20 世纪 40 年代对农民问题的研究时指出：“在工人阶级同农民的关系上，他（指毛泽东——引者注）讲了许多话，强调工人阶级是领导阶级。在这一点上绝不能有任何含糊。……在这方面他在四十年代讲的许多话，有助于反驳认为毛主席是民粹派的错误观点。这种观点在国内外都有相当的影响，也很容易按照这种观点把毛主席的前前后后的想法、说法、作法作一种歪曲。但毛主席是完全用无产阶级的观点来看待农民的。”[④] 如果这一判断同样也适用于毛泽东在社会主义革命和建设时期的实践，那么就意味着毛泽东即使在现实的政策取向上也完全不同于民粹主义。

---

① 胡绳．毛泽东的新民主主义论再评价．中国社会科学，1999（3）：5.

② 同①16.

③ 同①18.

④ 胡乔木．胡乔木回忆毛泽东．北京：人民出版社，1994：5.

土地、农民、儒学与马克思主义中国化

中华民族自古即“以农立国”。与欧洲的海洋型文明截然不同，中国文明属于农耕型文明。所以，对于中国文化来说，农业首先具有发生学意义上的重要性。据《论语》记载：“禹、稷躬稼而有天下。”（《论语·宪问》）“先儒旧说，皆云炎帝号神农氏。”（《左传·昭公十八年》孔疏）“神农氏作，斫木为耜，揉木为耒，耒耜之利，以教天下，盖取诸益。”（《周易·系辞下》）“农事胜则入粟多，入粟多则国富”（《管子·治国》），而“国富者兵强，兵强者战胜，战胜者地广。是以先王知众民、强兵、广地、富国之必生于粟也”（《管子·治国》）。宋太祖赵匡胤颁布的《劝农诏》亦曰：“农为政本，食乃民天。”（《宋大诏令集·卷一百八十二》）

农民构成中国社会的主体。要认识老中国，就要从认识农民开始；要改造老中国，也必须从动员农民入手。对此，社会学家费孝通有着清醒的认知。他在《乡土中国　生育制度》中指出：“从基层上看去，中国社会是乡土性的。”[①] 晚年的费孝

---

① 费孝通．乡土中国　生育制度．北京：北京大学出版社，1998：6.

通仍然认为，“传统中国社会根本是一个乡土社会”[①]。他觉悟到这样一个最大的事实，即“中国人中最多的是农民……我们要认识中国，就要认识我们中国的农民生活”[②]。毛泽东正是抓住了农民，这是他最后走向成功的一大关键所在，因为这意味着他真正把握住了中国的最基本的国情。早在大革命时期，毛泽东就曾清醒地指出：“农民问题乃国民革命的中心问题，农民不起来参加并拥护国民革命，国民革命不会成功。”[③] 他认为，对于半封建半殖民地的中国来说，西方列强和国内统治阶级压迫和榨取的对象，主要是农民。晚年的梁漱溟在谈到现代化及其对中国社会的改变时，依然认为：“中国还是一个以农村为根本的，这一点不能改，也不会改。”[④] 在中国社会以农村为根本这一点上，梁漱溟与毛泽东是有共识的。

“安土敦乎仁，故能爱。”（《周易·系辞上》）这句话内蕴着农业文明同儒学之间的内在的发生学关联。“仁者爱人”的思想源自孔子。据《论语》记载：“樊迟问仁。子曰：‘爱人。’”（《论语·颜渊》）农耕型文明无疑构成这种价值取向得

---

① 费孝通．我对中国农民生活的认识过程//费孝通．中国士绅．赵旭东，秦志杰，译．北京：生活·读书·新知三联书店，2009：16.

② 同①4.

③ 毛泽东．国民革命与农民运动：《农民问题丛刊》序（1926年9月1日）//毛泽东．毛泽东文集：第1卷．北京：人民出版社，1993：37.

④ 梁漱溟，艾恺．这个世界会好吗?：梁漱溟晚年口述（增订本）．北京：生活·读书·新知三联书店，2015：289.

以孕育的发生学基础。正如李约瑟所说：“在中国历史上，农业一向看作是国家的根本，有极其重要的意义。”“中国的文化含有一种显著的农民的（或者说，自耕农的）精神气质。”①在农耕型文明的土壤上，形成德性至上的文化传统，这是再自然不过的了。

李约瑟指出：“我们必须认识，今天中国共产党的精神力量之来源，很重要的一点就是因为党员都是‘在野地里’（这个词不确当，应该说，在农村里）成长的，和农民们生活在一起的。换句话说，中国共产党具有‘农村党’的优点……既是革命家又是农民，一身而二任，这只有在中国才能取得成功。”② 中国共产党从产生之日起，就是深深地植根于泥土和大地的。当然，这一点在历史上经常为教条主义者和“原教旨主义者”所嘲笑和诟病，被讥讽地称为“山沟里的马克思主义”。但是，历史恰恰选择的是这样一种马克思主义，而不是另外一种所谓“纯正的”马克思主义。诚然，成败未必等于是非。但是，按照马克思给出的判断标准，即所谓“实践能力的明证”，是非的标准就蕴含在成败的考量之中。这是马克思主义的实践唯物主义特质所要求和决定的。总之，土地、农民、儒学，这一切具有发生学联系的历史—文化现象，共同决定了

---

① 李约瑟．现代中国的古代传统//李约瑟．四海之内：东方和西方的对话．劳陇，译．北京：生活·读书·新知三联书店，1987：39.

② 同①39－40.

中国所特有的“国情”，它从根本上塑造和建构了中国人接受马克思主义的深邃的解释学背景和期待视野。

1936年，毛泽东在保安曾对斯诺指出，“谁赢得农民，谁就能赢得中国”[①]。正如施拉姆所说，在毛泽东看来，“中国农民……他们在品德方面、在革命能力方面显然最优越”[②]。中国早期的马克思主义者李达同样说过：“社会革命，工业劳动者固然是主力军，而非与农村无产阶级结合，就不易成就。”[③]毛泽东后来在谈到中国革命同俄国革命的差别时说：“十月革命和中国革命，就有许多不同。苏联是由城市到乡村，我们是从乡村到城市。”[④]

对此，国外的毛泽东研究者大都认同。例如，施拉姆承认：“与十月革命模式相比，农民在中国革命中起着远为重要的作用，尤其是中国革命采取了以农村包围城市的战略。”[⑤]日本学者竹内实也认为：“毛泽东革命的最大特色是与农民相结合——在农民中建立革命的基础，对农民进行宣传，在农民中征集革命的参加者，并且将革命中获得的成果首先返还给农

---

① 斯诺．斯诺文集：第1卷　复始之旅．宋久，柯南，克雄，译．北京：新华出版社，1984：208.

② 施拉姆．毛泽东的思想．田松年，杨德，等译．北京：中国人民大学出版社，2013：118.

③ 李达．评第四国际．新青年，1922，9（6）.

④ 毛泽东．同音乐工作者的谈话（1956年8月24日）//毛泽东．毛泽东文集：第7卷．北京：人民出版社，1999：76.

⑤ 同②84.

民。换句话说，就是在农村建立革命根据地，并把它扩大，继而包围城市。”① 中国革命道路的这种独特性，意味着中国所特有的国情带有典型的“亚细亚特征”。毋宁说，前者正是后者的集中反映。从历史的长时段看，人们不难发现，中国革命什么时候同农民阶级的关系处理得好，什么时候就取得成功、走向胜利；反之，就会遭遇挫折，乃至于失败。

毛泽东对于农民在中国革命中的地位的认识，特别是对于农民阶级革命性的认识，也经历了一个不断深化和成熟的过程。据他自己回忆，“以前我没有充分认识到农民中间的阶级斗争的程度，但是，在［一九二五年］‘五卅’惨案以后，以及在继之而起的政治活动的巨浪中，湖南农民变得非常富有战斗性”②。在大革命时期，毛泽东同陈独秀的一个原则分歧，就在于如何评估和认识农民的地位和作用。毛泽东批评说：“他（指陈独秀——引者注）不懂得农民在革命中的地位，大大低估了当时农民可能发挥的作用。”③

但毛泽东毕竟是中国共产党人中清醒地认识到农民和农民运动对于中国革命的重要意义的先知先觉者。诚如魏斐德所言，“他（指毛泽东——引者注）确实比其他中共领导人更早

---

① 竹内实．毛泽东的诗词、人生和思想．张会才，等译．北京：中国人民大学出版社，2012：505.

② 斯诺．斯诺文集：第2卷　红星照耀中国．董乐山，译．北京：新华出版社，1984：139.

③ 同②141.

地认识到，革命应从农村开始”[1]。早在1926年，毛泽东就把农民问题作为中国革命的中心问题，因为农民阶级处在中国社会的最底层，受到的剥削和压迫最为严重，因此其改变现状的革命诉求也最强烈。正如毛泽东所说：“经济落后之半殖民地，外而帝国主义内而统治阶级，对于其地压迫榨取的对象主要是农民。”[2]

施拉姆认为：“从1926年以来，毛泽东始终如一地特别重视农民的作用。”[3] 据徐特立回忆，1927年，他从毛泽东的《湖南农民运动考察报告》中得到了启发，看出了中国革命的真正前途[4]。正因此，他自觉地意识到，“我过去所崇拜的康梁和中山，比之有组织的农民对于中国革命的作用渺乎小矣”[5]。从徐特立的心路历程，我们不难窥见毛泽东所确立的独特的中国革命道路，其影响力何其强大而深远。在海伦·斯诺看来，“毛泽东是巨形化了的普通人，是中国的缩影。他是他的国家占人口80%的农民的化身，其余的20%害怕他，但

① 魏斐德．历史与意志：毛泽东思想的哲学透视．李君如，等译．北京：中国人民大学出版社，2013：2.

② 毛泽东．国民革命与农民运动：《农民问题丛刊》序（1926年9月1日）//毛泽东．毛泽东文集：第1卷．北京：人民出版社，1993：37.

③ 施拉姆．毛泽东的思想．田松年，杨德，等译．北京：中国人民大学出版社，2013：61.

④ 徐特立．怀更大的志气，抱更大的理想．中国青年报，1959-12-09.

⑤ 徐特立．给小学教师的一封信：论小学教师和土地改革．知识，1948，7(4)：9.

最后还是承认了他的权威，而且在毛泽东在世时也带着或多或少的崇拜心情跟随着”[①]。

然而，与中国的特殊国情相背离，“共产国际反复申述，只有无产阶级能领导农民。它按照正统的马克思列宁主义方式，认为农民只能起辅助作用”。对于中国的革命来说，这显然是过分低估了农民的地位和意义。不仅如此，共产国际代表马林于 1923 年 7 月向共产国际报告说：“中国工人阶级是微不足道的，农民还没有政治觉悟和要求。”[②] 应该承认，这一估价在一定意义上是真实的；但也不得不承认，它的确严重误判了中国革命力量的潜力。而“毛离经叛道地声称中国的‘革命先锋队’不是无产阶级而是‘贫农’。他深信中国的革命必须依靠农民”[③]。

毋庸讳言，在新民主主义革命阶段，究竟应该如何估价农民在中国革命中的地位和作用，中国共产党内对此是有过严重分歧的。当年为了回应党内外对于农民运动的责难和反对，毛泽东在 1927 年初，用一个多月的时间，到湖南的湘潭、湘乡、衡山、醴陵、长沙等五县进行实地调查，写出了《湖南农民运

① 斯诺．旅华岁月：海伦·斯诺回忆录．华谊，译．北京：世界知识出版社，1985：259.

② 林茂生．对陈独秀评价的几个问题//中共党史教学参考资料（特辑）．南京：南京大学出版社，1979：57.

③ 费正清．美国与中国．张理京，译．北京：世界知识出版社，2000：268.

动考察报告》，其中指出：推翻农村封建统治势力，“乃是国民革命的真正目标”①。毛泽东甚至强调说：“没有贫农，便没有革命。若否认他们，便是否认革命。若打击他们，便是打击革命。”② 从1930年开始的五次反“围剿”，虽然前四次都取得了胜利，但1933年的最后一次反“围剿”，由于执行了王明的“左”倾冒险主义错误路线，使得中央红军严重受挫，不得不进行战略性的大转移，开始两万五千里长征。中国革命正反两个方面的经验教训，使得全党不得不承认毛泽东的权威和农民革命的正当性。

中国共产党在同国民党展开的历史性博弈中，之所以能够战胜后者，其原因固然是多方面的，但也不能不承认，国民党所采取的政策取向从总体上说严重脱离了中国国情，这无疑是其中的一个重要方面。诚如李约瑟所说：“中国的知识分子和大学教授……他们绝对不相信国民党的资本主义是代表中国文化演进的必然道路。”③ 按照这一资本主义道路的选择，“国民党暗示的等级排列次序是‘商士工农’”。而问题是，“谁都能看出来这样的排列是不合乎中国国情的”。中国共产党人之所以历史性地胜出，在很大程度上乃是因为“共产党正规的排列

---

① 毛泽东．湖南农民运动考察报告（1927年3月）//毛泽东．毛泽东选集：第1卷．2版．北京：人民出版社，1991：15.

② 同①21.

③ 李约瑟．现代中国的古代传统//李约瑟．四海之内：东方和西方的对话．劳陇，译．北京：生活·读书·新知三联书店，1987：38.

次序显然是‘工农士商’，而毛泽东领导的党很早就看出这样的排法也是行不通的。暂时采取的解决办法是‘农工士商’”[①]。另有学者也指出：在中国革命的过程中，“共产主义运动以及中共所建立的制度能够顺利实施，是因为得到了广大农民的广泛参与和支持。根据地政府满足了那些饱受战祸的农民大众的要求：军事方面的安全保障、降低地主和高利贷主的租息、建立公平合理的税制等。生活于新的政治制度中的农民大众，破天荒第一次自豪地谈论‘我们的政府’，而不是像以往那样将政府视为与自己无关或令人恐怖的东西”[②]。

所以，我们不得不正视这样一个基本的历史事实，即在中国“20 世纪共产主义的崛起，首先发生在农村社会中”。无论人们对此作怎样的解释，这个事实本身是毋庸置疑的。“20 世纪共产党政权在中国的出现，本质上是一场由城市知识分子精英发起和领导的农民运动。”因此，“对农村社会和经济的了解能够使我们更好地理解，共产主义最初为什么和怎样在农村而不是在城市中产生”[③]。尽管我们回首历史不难发现，这一“路径依赖”既是马克思主义在中国革命和建设实践中取得成

① 李约瑟．现代中国的古代传统//李约瑟．四海之内：东方和西方的对话．劳陇，译．北京：生活·读书·新知三联书店，1987：38.

② 赛尔登．革命中的中国：延安道路．魏晓明，冯崇义，译．北京：社会科学文献出版社，2002：201.

③ 马若孟．中国农民经济：河北和山东的农民发展，1890—1949. 史建云，译．南京：江苏人民出版社，1999：2.

功的条件，同时也隐含着出现历史曲折和陷入某种局限的风险。

这一特定的国情，决定了马克思主义来到中国后必须做出相应的变通。中国社会所发生的这种以农民为主要力量的革命，内在地要求儒家文化相配合。由此决定了马克思主义在中国化的过程中，必然面临着如何同作为中国传统文化主流的儒学相兼容的问题。

当然，马克思主义在中国的传播过程中同儒学之间的关系是极其错综复杂的，其中既有冲突，也有内在的融会贯通。蒋介石当年曾拿儒学来抵制和对抗共产主义，这最典型地体现在他的《中国之命运》（1943 年）一书中。正如施拉姆所说："蒋及其御用文人开始宣传中国传统文化之优越和西方现代革新之无益，这必然使毛怀疑五四时期他热心支持陈独秀提倡'德先生'和'赛先生'的斗争，是否真正最后获得了胜利。蒋的这些倾向在 1943 年底出版的蒋介石著《中国之命运》一书[①]中，有了最显著的表现。蒋在书中斥责共产主义和自由主义同样有害，断言孔子对一切事物几乎都有过定论。"[②]

---

① 该书出版时间应为 1943 年 3 月 10 日［中共中央文献研究室．毛泽东年谱（一八九三—一九四九）（修订本）：中卷．北京：中央文献出版社，2013：428.］。

② 施拉姆．毛泽东．中共中央文献研究室《国外研究毛泽东思想资料选辑》编辑组，译．北京：红旗出版社，1987：193.

据侯外庐回忆，在 20 世纪 30 年代，“随着形势的发展，国民党反动派愈热衷于思想史上沉滓的利用，以售其欺蔽。在中国本位文化谬说的鼓倡下，他们崇王阳明立诚之教，倡‘复兴礼学’等等，喧嚣鼓噪，洋洋盈耳。究其实际，乃在堵塞马克思主义占领思想学术阵地的通道”[①]。正因此，在延安时期，毛泽东强调当时尚不宜高扬传统。譬如在 20 世纪 40 年代初，毛泽东就明确强调反对“复古读经”，主张以马克思主义来清算经学，并称赞范文澜的工作。他在一封致范文澜的信中说：“用马克思主义清算经学这是头一次（指范氏 1940 年在延安新哲学会年会上关于中国经学简史的讲演提纲——引者注），因为目前大地主大资产阶级的复古反动十分猖獗，目前思想斗争的第一任务就是反对这种反动。”[②] 另据匡亚明回忆，1942 年，他在延安曾当面向毛泽东请教，认为对孔夫子应该采取“否定之否定”态度，毛泽东答复他说：孔子确是中国历史上一个非常伟大的人物。但他毕竟是两千多年前的人物，他思想中有消极的东西，也有积极的东西，只能当作历史遗产，批判地加以继承和发扬。对当前革命运动来说，它是属于第二位的东西。第一位的用以指导革命运动的是马克思主义理论。特别是当时

---

① 侯外庐．撰著《中国思想通史》（回忆录之八）//中国哲学：第 10 辑．北京：生活·读书·新知三联书店，1983：448－449.

② 毛泽东．致范文澜（1940 年 9 月 5 日）//毛泽东．毛泽东书信选集．北京：人民出版社，1983：163.

重庆（国民党政府所在地）方面正在大搞什么“尊孔读经”，他们靠孔夫子，我们靠马克思，要划清界限，旗帜鲜明。所以毛泽东认为当时对孔夫子最好是暂时保持沉默，既不大搞批判，也不大搞赞扬[①]。

可见，对于传统文化的排斥，既有一般的时代性原因，也有特殊历史语境中的策略上的原因。在自觉的层面上，毛泽东对待孔子及其代表的儒家的态度，是受到特定政治情境的影响的。我们在考察马克思主义与儒学的关系时，不能不考虑到这一点。

从“西学中源”说到“马克思主义中源”说

一般认为，“西学中源”的缘起可以追溯到明清之际。西学开始传入中国，自然会遇到一个如何看待中学与西学关系的问题。清儒黄宗羲就曾认为，“勾股之术，乃周公、商高之遗，而后人失之，使西人得以窃其传”[②]。“西学中源”说，其含义究竟是事实上的还是心理上的，抑或二者兼而有之，这个问题值得深入考察。但从深层文化心理看，“西学中源”说无疑折

---

① 匡亚明．孔子评传．济南：齐鲁书社，1985：473－474.

② 全祖望．黎洲先生神道碑文//沈善洪．黄宗羲全集：第12册．杭州：浙江古籍出版社，1994：11.

射着华夏中心论的自圣情结。但即使是文化心理意义上的含义，也可以进一步区分为不同的维度：一是迎合文化保守主义者的“阿Q”式的自大和自恋；二是被激进主义者暂时用来抵消来自保守主义的阻力，不过是一种策略上的选择和需要。正如有学者所指出的：“几乎每一个主张变法之士，多少具有与西方接触的经验。但他们仍然出身传统中国，深知‘用夷’必须先要克服心理上的障碍。所谓‘西学源出中国’之说，就是针对此一心理的产品。”[①] 在这个意义上提出“西学中源”，无异于一种手段性的文化策略。

即使是在事实层面上，不同文明之间互惠互鉴的交流和对话，也的确是不同民族在其历史发展中的一种并不罕见的现象。从这个意义上说，“西学”也不可能是一种完全绝缘于“中学”的孤立自足系统。

李约瑟指出：“现代中国的知识分子所以会共同接受共产主义的思想，其中一个很重要的因素是因为新儒学家（指宋代儒学——引者注）和辩证唯物主义在思想上是密切连系的。换句话说，新儒学家这一思想体系代表着中国哲学思想发展的最高峰，它本身是唯物主义的，但不是机械的唯物主义。实际上，它是对自然的一种有机的认识，一种综合层次的理论，一

① 汪荣祖．康章合论．北京：新星出版社，2006：26－27.

种有机的自然主义。”[①] 他进一步强调说：“现代中国人如此热情地接受辩证唯物主义，有很多西方人觉得是不可思议的。他们想不明白，为什么这样一个古老的东方民族竟会如此毫不犹豫、满怀信心地接受一种初看起来完全是欧洲的思想体系。但是，在我想象中，中国的学者们自己却可能会这样说的，‘真是妙极了！这不就象我们自己的永恒哲学和现代科学的结合吗？它终于回到我们身边来了。’”[②] 中国传统文化中的有机主义自然观，同西方文化中的辩证法的整体观，的确有着某种契合之处。生命原则是其同构的基础。李约瑟更明白地说道：“中国的知识分子之所以更愿意接受辩证唯物主义，是因为，从某种意义上说，这种哲学思想正是他们自己所产生的。”[③] 在援引了李约瑟这种“马克思主义中源”说之后，窦宗仪指出：“这一论题可能具有挑战性，但无容置疑的是，辩证唯物主义和儒家哲学体系之间的类同远甚于其他任何哲学体系间的类同。”[④]

李约瑟认为，马克思主义哲学追根溯源，应该追究到黑格尔和莱布尼茨那里去；而莱布尼茨同中国文化有着很深的渊源。李约瑟说：“即使他（指莱布尼茨——引者注）本人的哲

① 李约瑟．现代中国的古代传统//李约瑟．四海之内：东方和西方的对话．劳陇，译．北京：生活·读书·新知三联书店，1987：61.

② 同①63.

③ 同①67.

④ 窦宗仪．儒-道的阴-阳辩证一元观新探．哲学译丛，1991（1）：65.

学体系并非来源于新儒学家（指宋代儒学——引者注），至少他从新儒学家的有机主义中得到不少宝贵的资料和论证。”①在李约瑟看来，在有机的世界观方面，莱布尼茨与中国新儒家之间存在着亲和性，而且这种亲和性是建立在莱布尼茨对于中国文化资源的借鉴和利用这一基础之上的。诚然，作为汉学家的李约瑟，更容易以温情与敬意的态度去看待并理解中国传统文化，他试图从中找出中国能够接受马克思主义的深层文化原因。其实，马克思主义与儒学的会通，更多的是在“东圣西圣，心同理同”的意义上（亦即在纯学理层面）成立的。但李约瑟有一种试图寻找到这种会通之所以可能的历史“证据”的尝试和努力。

的确，“莱布尼茨比培尔、费内伦或马勒伯朗士……更受中国思想的激励”②。“德国哲学家莱布尼茨是当时欧洲最关心中国的哲学家，而且他和来华传教士有着直接的接触和联系。他见过闵明我，与白晋（Joachim Bouvet，1656—1730 年，法国人，来华传教士。——引者注）保持了长期的通信，还出版了德国历史上第一本关于中国的著作，即《中国近事》。”③ 正如本书前面曾经提到过的，莱布尼茨在与闵明我的通信中，表

---

① 李约瑟．现代中国的古代传统//李约瑟．四海之内：东方和西方的对话．劳陇，译．北京：生活·读书·新知三联书店，1987：67.

② 安田朴．中国文化西传欧洲史．耿昇，译．北京：商务印书馆，2000：382.

③ 张西平．儒学西传欧洲研究导论．北京：北京大学出版社，2016：152.

达了对于东西方文化交流的强烈愿望[①]。莱布尼茨对西方文化和中国文化作了初步比较，指出："如果说我们在手工艺技能上与之相比不分上下，而在思辨科学方面要略胜一筹的话，那么在实践哲学方面，即在生活与人类实际方面的伦理以及治国学说方面，我们实在是相形见绌了。"[②] 莱布尼茨所作的比较，并未带有欧洲中心论的偏见。

有学者指出："白晋和莱布尼茨的通信创造了中西文化相撞中最引人注目的发现。"[③] 那么，这个"发现"是什么呢？白晋对于中国文化典籍的了解，带有一种近乎原教旨主义的情结，甚至不太信任"四书"而更信任"五经"，尤其是对于作为五经之首的《易经》多有钻研。当莱布尼茨提出"二进制"之后，白晋写信给他告之一幅《易经》卦序排列图，以印证莱布尼茨的发现。有趣的是，莱布尼茨的"二进制"系统，同《易经》的卦序图之间存在着"惊人的对应关系"。因此，"白晋相信莱布尼茨已经再现了中国人在古代发现的这套体系。那个时代欧洲最伟大的思想家重新创造了中国古代的体系，这不仅证实了这一体系的早期实质，还证明了白晋对中国经典的索

① 莱布尼茨．致闵明我的两封信//夏瑞春．德国思想家论中国．陈爱政，等译．南京：江苏人民出版社，1995：21.

② 莱布尼茨．《中国近事》序言：以中国最近情况阐释我们时代的历史//夏瑞春．德国思想家论中国．陈爱政，等译．南京：江苏人民出版社，1995：3.

③ 孟德卫．1500—1800：中西方的伟大相遇．江文君，姚霏，等译．北京：新星出版社，2007：133.

隐阐释是正确的"[①]。尽管这更像是偶合，而非莱布尼茨直接依据《易经》的卦序排列图"发明"了"二进制"，但它毕竟意味着中国古典文化同德国近代思想之间的某种一致性。美国学家孟德卫把莱布尼茨"相信西方文化和中国文化之间存在着一致"的假设归纳为十二个方面，其中第一个方面就是"《易经》和莱布尼兹的二进制数学之间存在着一致"[②]。

据考证，莱布尼茨在他的《论中国人的自然神学》中曾经援引过中国的七种经典，即《易经》《尚书》《诗经》《论语》《中庸》《性理大全书》和《资治通鉴》等。因此，"莱布尼兹表现了对中国远古和老的或说古典儒家的偏爱"[③]。如果说，莱布尼茨曾援引过中国文化资源，这一事实有助于我们理解中国人何以能够更容易接受马克思，那么又怎么解释同马克思在思想上更具有亲缘联系的黑格尔却贬低中国思想这一事实呢？如果贬低中国文化资源的黑格尔构成马克思思想的一个重要来源，是否会因此造成马克思学说东传的障碍呢？黑格尔在其哲学史著作中承认："孔子的教训在莱布尼兹的时代曾轰动一时。"但他紧接着又认为："孔子只是一个实际的世间智者，在他那里思辨的哲学是一点也没有的——只有一些善良的、老练

① 孟德卫．1500—1800：中西方的伟大相遇．江文君，姚霏，等译．北京：新星出版社，2007：136.

② 孟德卫．莱布尼兹和儒学．张学智，译．南京：江苏人民出版社，1998：104.

③ 同②67.

的、道德的教训，从里面我们不能获得什么特殊的东西。”[①]对于《周易》的看法，也是如此。黑格尔一方面承认“易经包含着中国人的智慧”，中国人“也达到了对于纯粹思想的意识”；另一方面又认为它只是“停留在感性的或象征的阶段”，亦即“只停留在最浅薄的思想里面。这些规定诚然也是具体的，但是这种具体没有概念化，没有被思辨地思考，而只是从通常的观念中取来，按照直观的形式和通常感觉的形式表现出来的”[②]。相对地说，黑格尔对于老子所代表的道家，评价要稍高一些，认为“这派是以思辨作为它的特性”[③]。但在总体上，黑格尔把中国的思想叫做“散文式的理智”[④]。这种明显带有贬低色彩的估价，大概同黑格尔对于中国文化的隔膜有关。同莱布尼茨相比，无论是在情感上还是在事实上，黑格尔对于中国文化的了解显然要陌生得多，这种距离可能在很大程度上妨碍了他对中国文化的认同。所以，在黑格尔那里因信息的不对称而造成的对于中国文化价值的遮蔽，在事实上并不会构成马克思主义中国化的障碍。

---

① 黑格尔．哲学史讲演录：第1卷．贺麟，王太庆，译．北京：商务印书馆，1959：119.

② 同①120－121.

③ 同①125.

④ 同①132.

四、运思方式上的一致："圣之时者"与历史地思

儒家思想有其强烈的时间意识和历史感，这是它同马克思主义能够相契合的一个重要缘由。因为马克思所特有的运思方式，就在于在西方哲学史上恢复了对时间性的信赖，开辟了"历史地思"的独特路径。

"圣之时者"：儒家对历史感的捕捉

《周易·彖传》释随卦曰："大亨，贞，无咎，而天下随时，随时之义大矣哉！"王弼注曰："得时则天下随之矣。随之所施，唯在于时也，时异而不随，否之道也，故随时之义大矣哉！"[①] 王弼均以"时"来释《易经》的卦爻，例如他说："夫

① 王弼．周易注·上经·随//王弼．王弼集校释：上册．楼宇烈，校释．北京：中华书局，1980：303.

卦者，时也；爻者，适时之变者也。”[①] 又曰：“夫爻者，何也？言乎变者也。”[②] 顺天而应时，乃是儒学的基本取向。孟子说：“孔子，圣之时者也。”（《孟子·万章下》）有学者认为：“孟子提出这个时字，真正抓住了孔子思想中一个本质特点。”[③] 那么，对于孔子来说，“时”字何以如此重要呢？

孔子曰：“殷因于夏礼，所损益，可知也；周因于殷礼，所损益，可知也。其或继周者，虽百世，可知也。”（《论语·为政》）这段话很鲜明地表达出孔子的自觉的历史意识。钱穆认为：“其言因言继，即言其传统。其言损益，即其当时之现代化。”[④] 这也就是说，孔子在他所属的那个时代，也有一个由传统到现代的转变问题。对此一转变的自觉把握，无疑是历史感觉醒的表现。所以，正如《礼记》所说：“礼，时为大。……尧授舜、舜授禹、汤放桀、武王伐纣，时也。”（《礼记·礼器》）程颐亦曰：“礼，时为大，须当损益。”[⑤]

据《论语》记载：“子在川上，曰：‘逝者如斯夫！不舍昼

---

① 王弼．周易略例·明卦适变通爻//王弼．王弼集校释：下册．楼宇烈，校释．北京：中华书局，1980：604．

② 王弼．周易略例·明爻通变//王弼．王弼集校释：下册．楼宇烈，校释．北京：中华书局，1980：597．

③ 金景芳．孔子思想述略//金景芳．古史论集．济南：齐鲁书社，1981：292．

④ 钱穆．中国现代学术论衡．北京：生活·读书·新知三联书店，2001：157．

⑤ 河南程氏遗书：卷第十五//程颢，程颐．二程集：上册．王孝鱼，点校．北京：中华书局，2004：146．

夜。'"（《论语·子罕》）孔子有着自觉而强烈的时间意识和历史感。李泽厚认为："儒家哲学重实践重行动，以动为体，并及宇宙。"正是基于此种判断，他认为："'逝者如斯夫'正在于'动'。其中，特别涉及时间在情感中才能与本体相关涉。这是对时间的咏叹调，是人的内时间。"① 孔子的这句话，反映了儒家的历史感及其自觉。这种时间意识和历史感，在马克思那里，是以反思的形式被捕捉到并体现出来的；在孔子那里，则是以情感的方式实现的。按照李泽厚的解释，在孔子的有关说法中，"作为时间现象的历史，只有在情感体验中才成为本体。这亦是情感本体不同于工具本体的所在：工具本体以历史进展的外在时间为尺度，因为工具本体是人类群体实践所制造、所规范、所制约"②。真正的时间性（它是历史性而非历时性的）从始源的和本然的意义上，植根于人的实践活动之中，亦即人的"亲在"中。这一点，无论是在马克思的哲学那里，还是在孔子的思想那里，都不例外。另据《论语》记载，子曰："予欲无言。"子贡曰："子如不言，则小子何述焉？"子曰："天何言哉？四时行焉，百物生焉，天何言哉？"（《论语·阳货》）朱熹注曰："四时行，百物生，莫非天理发见流行之实，不待言而可见。圣人一动一静，莫非妙道精义之发，亦天

---

① 李泽厚．论语今读．北京：生活·读书·新知三联书店，2004：259.

② 同①260.

而已，岂待言而显哉？”[①] 这段话，既可解作对自然而然的推崇，亦可解作对时间性的敏感。

《易传》曰：“‘蒙亨’，以亨行时中也。”（《周易·彖传》）一般认为，所谓“时中”有两层含义：一是合乎时宜，一是随时变通。《易传》又曰：“小过，小者过而亨也。过以利贞，与时行也。”（《周易·彖传》）“与时行”意味着不是在任何情况下都可以这样做的，只有在小有所过而矫其过的时候才是合适的[②]。《周易·彖传》曰：“艮，止也。时止则止，时行则行，动静不失时，其道光明。”《周易·系辞下》曰：“夫《易》，彰往而察来”；还曰：“《易》之为书也，原始要终，以为质也”。所谓的“彰往而察来”或“原始要终”，也就是对本然性和始源性的追溯，以及对未来可能性的预期，这无疑透显出强烈的时间意识和历史感。《易传》特别强调“变通”，而“变通”需要“趋时”。关于变通，《周易·系辞上》曰：“化而裁之谓之变，推而行之谓之通”；“化而裁之存乎变，推而行之存乎通”；“一阖一辟谓之变，往来不穷谓之通”。而《周易·系辞下》曰：“变通者，趣时者也。”所谓“趣时”，亦即“趋时”。

《中庸》曰：“君子之中庸也，君子而时中。”荀子说：“与时屈伸，柔从若蒲苇，非慑怯也。”（《荀子·不苟》）他还认

---

① 朱熹．四书章句集注．北京：中华书局，1983：180.

② 徐志锐．周易大传新注．济南：齐鲁书社，1986：534.

为："与时迁徙，与世偃仰，千举万变，其道一也。"（《荀子·儒效》）《中庸》曰："成己，仁也；成物，知也。性之德也，合外内之道也。故时措之宜也。"郑玄注曰："时措，言得其时而用也。"孔颖达疏曰："措，犹用也。言至诚者成万物之性，合天地之道，故得时而用之，则无往而不宜。"① 由此可见，所谓"时措"，就是要因时制宜。

宋儒程颐曰："推革之道，极乎天地变易，时运终始也。天地阴阳推迁改易而成四时，万物于是生长成终，各得其宜，革而后四时成也。时运既终，必有革而新之者。"② 他认为："时极道穷，理当必变也"③；"君子之道，随时而动，从宜适变"④。他还指出："易，变易也，随时变易以从道也。"⑤ 朱熹重申并引申道："'易，变易也，随时变易以从道也。'易也，时也，道也，皆一也。自其流行不息而言之，则谓之易；自其推迁无常而言之，则谓之时；而其所以然之理，则谓之道。时之古今，乃道之古今；时之盛衰，乃道之盛衰。人徒见其变动

① 孔颖达．礼记正义：卷五十三·中庸//阮元．十三经注疏：下册．北京：中华书局，1980：1633.

② 周易程氏传：卷第四//程颢，程颐．二程集：下册．王孝鱼，点校．北京：中华书局，2004：952.

③ 同②1018.

④ 周易程氏传：卷第二//程颢，程颐．二程集：下册．王孝鱼，点校．北京：中华书局，2004：784.

⑤ 周易程氏传·易传序//程颢，程颐．二程集：下册．王孝鱼，点校．北京：中华书局，2004：689.

之无穷也，而不知其时之运也；徒见其时之运也，而不知其道之为也。”① 而王阳明同样注重“变”，他认为：“义理无定在，无穷尽。”② 关于持“中”，他强调道：“中只有天理，只是易；随时变易，如何执得？须是因时制宜”，而不可拘泥并执着于“一”③。所谓“因时制宜”，凸显了“时”的本质意义。

明清之际的王夫之则提出了“知时”“因时”“趣时”“乘时”“随时”“治时”“先时”等措辞，他强调说：“时者，圣人之所不能违也。”④ 王夫之还认为：“难得而易失者，时也”；故需“知时以审势，因势而求合于理”⑤。在他看来，“得天之时则不逆，应人以其时则志定”⑥。王夫之还说过：“夫天下之万变，时而已矣。君子之贞一，时而已矣。变以万，与变俱万而要之以时，故曰‘随时之义大矣哉’，大无不括，斯一也。”⑦ 这种“时”的观念，在很大程度上规定了王夫之的历史观。例如，王夫之认为：“天下有定理而无定法……无定法

---

① 曾枣庄，刘琳．全宋文：第二百四十六册·卷五五零九·朱熹八二·答范伯崇．上海：上海辞书出版社，2006：87.

② 王阳明．传习录：上//王阳明．阳明传习录．上海：上海古籍出版社，1992：12.

③ 同②18.

④⑥ 王夫之．读通鉴论：卷二十．北京：中华书局，1975：1505.

⑤ 王夫之．宋论：卷四．舒士彦，点校．北京：中华书局，1964：106.

⑦ 王夫之．诗广传：卷三·小雅·二一．北京：中华书局，1964：85.

者，一兴一废一繁一简之间，因乎时而不可执也。”[①]

明末清初的儒学思潮，有一种历史意识的回归趋向。黄宗羲主张：“不为迂儒，必兼读史。读史不多，无以证理之变化；多而不求于心，则为俗学。”[②] 他还指出：“学必原本于经术，而后不为蹈虚；必证明于史籍，而后足以应务。”[③] 顾炎武认为：“舍经学无理学。”他批评道：“古之所谓理学，经学也”；而“今之所谓理学，禅学也”[④]。儒学的历史意识的重兴，无疑是对宋明儒学过于强调玄理之偏向所作的矫正。章学诚也提出了“六经皆史”的观点，他说：“六经皆史也。古人不著书，古人未尝离事而言理，六经皆先王之政典也。”[⑤] 在章学诚看来：“事有实据，而理无定形。故夫子之述六经，皆取先王典章，未尝离事而著理。”[⑥] 历代典章制度的革故鼎新，历代王朝的兴替代谢，其本身即表征为实际的历史。孔子有言：“我欲载之空言，不如见之于行事之深切著明也。”[⑦] 章氏引孔子

---

① 王夫之．读通鉴论：卷六．北京：中华书局，1975：368－369.

② 赵尔巽，等．清史稿：列传二百六十七・儒林一・黄宗羲．北京：中华书局，1977：13105.

③ 全祖望．鲒埼亭集外编：卷十六・甬上证人书院记．刻本．1811（清嘉庆十六年）．

④ 顾炎武．与施愚山书//顾炎武．顾亭林诗文集．北京：中华书局，1959：62.

⑤ 章学诚．文史通义：内篇・易教上．李春伶，校点．沈阳：辽宁教育出版社，1998：1.

⑥ 章学诚．文史通义：内篇・经解中．李春伶，校点．沈阳：辽宁教育出版社，1998：27－28.

⑦ 太史公自序//司马迁．史记：第10册．北京：中华书局，1982：3297.

此言，指出："故善言天人性命，未有不切于人事者。"他批评宋儒说："儒者欲尊德性，而空言义理以为功，此宋学之所以见讥于大雅也。"[①] 诚然，宋儒内部也有"尊德性"与"道问学"之别，理学侧重于"道问学"，心学侧重于"尊德性"。但从总体上说，宋儒终究偏于心性一途。正如余英时所言，"朱、陆之间的一个主要分野自来便有'道问学'与'尊德性'而判……但在宋、明时期，儒学的基调是'尊德性'，所以朱子的'道问学'仍然是'尊德性'中的'道问学'"[②]。因此，由宋明儒向清儒的过渡，在总体上可以说意味着从"尊德性"到"道问学"的历史性转折。这一转变，本质上仍然应被视作儒学的一种内部调整。

其实，特别强调知行合一的王阳明，已经提出了"经"与"史"的内在一致性的问题。例如，王阳明同弟子徐爱的讨论："爱曰：先儒论六经，以春秋为史。史专记事，恐与五经事体终或稍异。先生曰：以事言谓之史，以道言谓之经。事即道，道即事。春秋亦经。五经亦史。易是包牺氏之史。书是尧舜下史，礼乐是三代史。其事同。其道同。安有

① 章学诚．文史通义：内篇·浙东学术．李春伶，校点．沈阳：辽宁教育出版社，1998：48.

② 余英时．章实斋的"六经皆史"说与"朱、陆异同"论//余英时．论戴震与章学诚：清代中期学术思想史研究．北京：生活·读书·新知三联书店，2000：74-75.

所谓异?”[1] 事不离道，道不离事；道寓于事，事彰显道。所以，就作为反思性把握的学术本身而言，经学既是理学，又是史学，只是角度不同罢了。顾炎武所谓的“经学即理学”，与章学诚所谓的“六经皆史”，是正相反对的两个命题，体现了各自的研究范式的分野[2]。但对于经学与史学二者关系的辨析，无疑有助于把逻辑的东西同历史的东西统一起来。这种统一，其实是融摄了内在的历史意识和历史感。这是就清儒内部的紧张而言的。事实上，从更为宏大的视野着眼，我们不难看出，明清之际发生的儒学的内部调整和转向，乃是对于宋明儒学所作的某种意义上的反拨，即不满意于宋儒的空疏学风，即只谈玄虚的义理而缺乏经世功夫的偏颇。从历史的长时段看，这些都应被视作儒学通过自身在历史上的辩证展开所体现出来的运思方式上的突出特征。

章学诚所谓的“六经皆史”说，不是一个偶然的说法，而是带有某种纲领性。正如日本学者岛田虔次所言：“章学诚的‘六经皆史’可与孔子的‘仁’、孟子的‘性善’、老子的‘自然’、庄子的‘齐物’、墨子的‘兼爱’、董仲舒的‘天人之际’、朱子的‘性即理’、王阳明的‘心即理’和清朝考证学的

---

① 王阳明．传习录：上//王阳明．阳明传习录．上海：上海古籍出版社，1992：10－11.

② 余英时．“六经皆史”说发微//余英时．论戴震与章学诚：清代中期学术思想史研究．北京：生活·读书·新知三联书店，2000：49－61.

‘实事求是’相提并论，称之为中国学术史上最著名的口号之一也不为过。”[①] 当然，“六经皆史”所传达的历史意识及其优先性，并非自章学诚始，而是儒家传统中的一以贯之的重要观念，只是由章学诚在一种游离历史感的特定语境下自觉地把它重新揭橥出来罢了。章学诚在《文史通义》中一上来就开宗明义地强调说：“古人未尝离事而言理。”他的这个说法，其实隐含着一个否定的判断，即若“离事而言理”，则“理”必因空疏而无益。应该承认，这同马克思所谓的“抽象本身离开了现实的历史就没有任何价值”[②]，是有着某种显著相似性的。王阳明也说过：“五经亦只是史。”[③] 日本学者岛田虔次据此认为：“‘六经皆史’可以推断为‘道即事’。”[④]

到了晚清，康有为则提出所谓的“通变因时”的见解，他强调说：“礼以时为大”；因为它是“因时因地而制，非能永定”[⑤]。在康有为看来：“孔子之道有三统三世焉，其统异，其世异，则其道亦异。固君子当因其所处之时，观其会通，以行

---

① 岛田虔次．六经皆史说//刘俊文．日本学者研究中国史论著选译：第7卷 思想宗教．许洋主，等译．北京：中华书局，1993：183-184.

② 马克思，恩格斯．德意志意识形态（节选）//马克思，恩格斯．马克思恩格斯选集：第1卷．3版．北京：人民出版社，2012：153.

③ 王阳明．传习录：上//王阳明．阳明传习录．上海：上海古籍出版社，1992：11.

④ 同①184.

⑤ 康有为．礼运注．北京：中华书局，1987：263.

其典礼。上下无常，惟变所适。”[①] 他批评道：“后进承流守旧，画地自甘，不知孔子三重之道，通变因时，并行不悖之妙。”[②] 之所以要“因时通变”，归根到底乃是因为“万理无定，而在与时消息”[③]。

中国文化具有悠久的重史的传统。毋宁说，史学的兴盛乃是“通古今之变”的历史意识发达的学术表现。梁启超指出：“中国于各种学问中，惟史学为最发达；史学在世界各国中，惟中国为最发达。”[④] 他强调说：“于今日泰西通行诸学科中，为中国所固有者，惟史学。”[⑤] 在中国，史学的发达必赖历史意识的自觉和强化；反过来说也一样，历史意识的自觉和强化也必然促成史学的发达。儒学在其中无疑扮演着非常重要的角色。

历史地思：马克思的独特运思方式

与儒家的这种格外重视“时”与“变”的致思取向相类似，马克思主义也同样高度重视历史感，并把它作为运思方式

---

① 康有为．中庸注．北京：中华书局，1987：192.

② 同①188.

③ 康有为．论语注：卷之三·八佾第三．北京：中华书局，1984：34.

④ 梁启超．中国历史研究法．上海：上海古籍出版社，2003：10.

⑤ 梁启超．新史学//梁启超．梁启超史学论著三种．香港：生活·读书·新知三联书店，1980：3.

的基本特征予以肯定和确认。在思想上自觉地实现从永恒必然性到暂时必然性的过渡，使马克思不仅发现了古典政治经济学和庸俗政治经济学在立场和视野上的狭隘性和历史局限性，而且揭示了他的哲学的独特立场和视野，成就了他所特有的批判方式。正因此，马克思才能够超越资产阶级的狭隘眼界的束缚，从而以一种超然的态度去看待人类社会及其历史发展。这也正是马克思的学说所固有的彻底的批判性之所在。到了马克思哲学那里，“历史感”不再像在黑格尔哲学那里仅仅是一种从属于逻辑的附庸和工具，而是变成了基于哲学的原初基础而确立起来的具有根本性意义的固有属性。在马克思哲学视野中，人是一种历史性的存在。人的存在是要由他自己的活动建构起来的，人是宇宙中唯一的一种自己把自己“在”出来的存在者。因此，对于人而言，“存在”是动词性的，而不是名词性的。真正的时间性唯一地属于人及其特有的存在方式。

马克思是坚决反对那种超历史的看待方式的，正如我们前面曾经引述过的，他强调指出：“从对人类历史发展的考察中抽象出来的最一般的结果的概括……离开了现实的历史就没有任何价值。”[①] 从一定意义上说，正是马克思所特有的这种

① 马克思，恩格斯．德意志意识形态（节选）//马克思，恩格斯．马克思恩格斯选集：第1卷．3版．北京：人民出版社，2012：153.

“历史地思”的运思方式，才使他获得了对于资本主义制度安排及其辩护士的批判能力。马克思在《资本论》第1卷第2版跋中写道：资产阶级政治经济学“把资本主义制度不是看作历史上过渡的发展阶段，而是看作社会生产的绝对的最后的形式”[①]。而早在《哲学的贫困》中，马克思就已经尖锐地揭露道：“经济学家所以说现存的关系（资产阶级生产关系）是天然的，是想以此说明，这些关系正是使生产财富和发展生产力得以按照自然规律进行的那些关系。因此，这些关系是不受时间影响的自然规律。这是应当永远支配社会的永恒规律。”[②]从思维方式上看，资产阶级政治经济学的这种保守性立场，恰恰是源自其非历史的看待方式。

马克思在《资本论》第1卷的一个重要脚注中，曾援引意大利近代思想家维柯的话说：“人类史是我们自己创造的，而自然史不是我们自己创造的。”[③] 马克思指出：“一旦人已经存在，人，作为人类历史的经常前提，也是人类历史的经常的产物和结果，而人只有作为自己本身的产物和结果才成为前提。”[④] 斯

① 马克思．资本论：第1卷//马克思，恩格斯．马克思恩格斯全集：第23卷．北京：人民出版社，1972：16.

② 马克思．哲学的贫困（节选）//马克思，恩格斯．马克思恩格斯选集：第1卷．3版．北京：人民出版社，2012：232.

③ 同①410.

④ 马克思．剩余价值理论：第3册·附录//马克思，恩格斯．马克思恩格斯全集：第26卷第3分册．北京：人民出版社，1974：545.

宾诺莎曾说："凡是仅仅由自身本性的必然性而存在、其行为仅仅由它自身决定的东西叫做自由（libera）。反之，凡一物的存在及其行为均按一定的方式为他物所决定，便叫做必然（necessaria）或受制（coata）。"① 在马克思的意义上，人的存在只有作为自己的产物时才是可能的，这种存在方式属于斯宾诺莎所谓的"自由"状态。按照马克思的观点，人的历史无非是人通过自己的感性活动实现的自我建构的过程。正因此，它才是创造性的亦即生成性的。这也就从人的存在方式的独特性角度，规定了历史性的真实内涵。而这也正是辩证法的历史表征。自我决定作为辩证法的突出特征，构成生命原则的实质。正是在此意义上，我们才可以理解，马克思何以从来不谈什么"自然辩证法"。恰恰是人的存在的这种特质，才使得"历时性"变成了"历史性"，它赋予时间性不可逆的性质。这一切构成马克思"历史地思"的运思方式的存在论基础。

马克思为什么要把政治经济学批判作为自己终其一生的事业？归根到底就是因为"政治经济学的一切论断都以**私有制**为前提"②，所以它看不到私有制的历史暂时性，而是将其视作生产资料所有制的永远无法被超越的最后形式。按照恩格斯的

---

① 斯宾诺莎．伦理学．贺麟，译．北京：商务印书馆，1983：4.

② 马克思，恩格斯．神圣家族//马克思，恩格斯．马克思恩格斯全集：第2卷．北京：人民出版社，1957：38.

说法，就是现代私有制被这些“经济学家们当做最高的历史成就”[1]。这显然是一种僵化的非历史的观点，其致命缺陷在于它把暂时的必然性误当作永恒的必然性，从而不能不陷入极端的保守立场。

马克思主义与儒学在运思方式上的一致，才是两者实现其会通的根本前提。因为它从哲学意义上保证了会通双方在元（meta）层面上的契合。

---

① 恩格斯．自然辩证法（节选）//马克思，恩格斯．马克思恩格斯选集：第3卷．3版．北京：人民出版社，2012：860.

五、“诚”与历史本真性的开显

儒家有一个重要的概念，即“诚”。所谓“诚”，一般是指天道的澄明，亦即天道的无蔽之状态。它同马克思所提示的通过意识形态[①]批判而达成的历史之本真性的复活和显现，在理路上存在着某种相互发明的可能性。

“诚”：儒家的“回到事情本身”

先让我们来看儒家意义上的“诚”。依照《说文解字》的诠解：“诚，信也，从言成声”；“信，诚也，从人从言”。可

① 从一定意义上说，马克思在哲学上的历史使命就是从事意识形态批判，所以就此而言，意识形态在马克思语境中是一个带有贬义色彩的术语。但正如俞吾金所作的考证，“列宁把意识形态理解为一个描述性的概念”（俞吾金．意识形态论．上海：上海人民出版社，1993：208.）。列宁甚至提出了“科学的意识形态”概念（列宁．列宁选集：第 2 卷．3 版修订版．北京：人民出版社，2012：96.）。从此之后，“意识形态”一词也在正面的意义上被使用，甚至被用于马克思主义哲学本身。

见，诚、信互训，而信即是真。《老子》就说："信言不美，美言不信。"（《老子·第八十一章》）此之所谓的"信"，即含有"真"之义。关于"诚"与"真"的勾连，《庄子·渔父》曰："真者，精诚之至也。不精不诚，不能动人。"《荀子·乐论》亦曰："著诚去伪，礼之经也。"按荀子的说法，诚与伪相对称，故诚即真，"著诚"方能"去伪"。朱熹《中庸章句集注》曰："诚者，真实无妄之谓，天理之本然也；诚之者，未能真实无妄，而欲其真实无妄之谓，人事之当然也。"需要注意这里的"本然"和"当然"之别。《中庸》曰："诚者，天之道也；诚之者，人之道也。诚者，不勉而中，不思而得，从容中道，圣人也。诚之者，择善而固执之者也。"（《礼记·中庸》）张岱年把这段话诠解为：天有一根本性征，即诚。天是真实无妄的，天之所以为天在此。人则未能诚而求诚，由求诚亦可达到诚的境界。在人言之，诚的境界，即是与道合一，不待思勉而无不合道。求诚则需思勉，要思以择善，勉以固执之。用力久久，则无待思勉而自然合道了①。

《中庸》又曰："唯天下至诚，为能尽其性；能尽其性，则能尽人之性；能尽人之性，则能尽物之性；能尽物之性，则可以赞天地之化育，则可以与天地参矣。"孟子说："万物皆备于我矣。反身而诚，乐莫大焉。"（《孟子·尽心上》）朱熹

① 张岱年．中国哲学大纲．南京：江苏教育出版社，2005：308.

认为："孟子言'万物皆备于我'，便是'诚'。"[①] 孟子谓"万物皆备于我"，实际上也就是《中庸》所说的"可以赞天地之化育""可以与天地参"。"诚"的境界，能够"回到事情本身"，从而使一切都向我敞开，都向我涌现，都向我澄明。这不正是"万物皆备于我"吗？这不正是"与天地参"吗？

人既未能诚，又如何求诚呢？对此，宋儒程颢说得好："以物待物，不可以己待物。"[②] 所谓"以物待物"，也就是"回到事情本身"，此乃"公"的态度。若"以己待物"，则是以"己"之尺度去揣摩"物"之对象，得到的不再是"物"的本然之理，而是自我一己之私意罢了。正如马克思所说的那样："只要这样按照事物的真实面目及其产生情况来理解事物，任何深奥的哲学问题……都可以十分简单地归结为某种经验的事实。"[③] 可以说，这也就是马克思意义上的"回到事情本身"。所以，马克思说："在思辨终止的地方，在现实生活面前，正是描述人们实践活动和实际发展过程的真正的实证科学开始的地方。"如此一来，"关于意识的空话将终止，它们一定

---

① 黎靖德．朱子语类：卷第六十四．王星贤，点校．北京：中华书局，1994：1563.

② 河南程氏遗书：卷第十五//程颢，程颐．二程集：上册．王孝鱼，点校．北京：中华书局，2004：165.

③ 马克思，恩格斯．德意志意识形态（节选）//马克思，恩格斯．马克思恩格斯选集：第1卷．3版．北京：人民出版社，2012：153.

会被真正的知识所代替”[1]。用儒家的话说，所谓“真正的实证科学”或“真正的知识”，就是“天道”或“天理”的如其所是般的“开显”，亦即马克思意义上的那种解除了“思辨哲学”或“关于意识的空话”之类的意识形态蒙蔽之后的澄明。

孟子也有同《中庸》的那段话相类似的说法，例如他说：“诚者，天之道也。思诚者，人之道也。”（《孟子·离娄上》）“诚者”与“诚之者”的分野在于，前者意味着天理非人为，本来如此这般，所以天道无欺，故曰“本然”；后者则意味着人事有伪，故应该归之于本然，此曰“当然”。可见，无论天道抑或人事，“诚”之意涵皆在“真”，它同虚妄相对而言。本真状态的自然显化（在天）和勉然[2]显化（在人），此即谓之“诚”。朱熹《中庸章句集注》又曰：“诚则无不明矣，明则可以至于诚矣。”明者，彰显之义，即无蔽之状态。诚即明，它意味着祛除遮蔽之后本真性的显现。本然之理在天即为实然，在人即为当然。正如王夫之所言：“诚者，天理之实然，无人为之伪也。”[3] 他又说：“夫诚者实有者也，前有所始、后有所

① 马克思，恩格斯．德意志意识形态（节选）//马克思，恩格斯．马克思恩格斯选集：第1卷．3版．北京：人民出版社，2012：153.

② 这里借用王阳明的说法。他说：“‘何思何虑’正是工夫，在圣人分上便是自然的，在学者分上便是勉然的。”（王阳明．传习录：中//王阳明．阳明传习录．上海：上海古籍出版社，1992：53.）

③ 王夫之．张子正蒙注：卷三·诚明篇．北京：中华书局，1975：116.

终也。实有者，天下之公有也，有目所共见，有耳所共闻也。”① 他还说：“诚者天下之所共见共闻者也。”② 此所谓的“公有”“共见”“共闻”，强调的是无私无偏即为诚。显然，在王夫之看来，诚与不诚，乃在公私、真伪之别。

真理之开显：人的存在的祛蔽

在马克思哲学的语境中，意识形态作为一种遮蔽的力量，它使得人的存在之本真性以扭曲的方式显现，亦即历史陷入被蒙蔽的状态或曰历史的失真，这便是大写的真理丧失的状态。意识形态所造成的遮蔽，在于它根本颠倒了派生者与被派生者的关系，把被派生者视作根源，认为它是决定派生者的基础。而事实上却恰恰相反。如此一来，就将真实的关系掩盖起来，从而形成“虚假意识”。所以，马克思把意识形态批判，即从理论上澄清意识形态根源，并在哲学上为实践地解构意识形态蒙蔽提供原初理由，作为自己终其一生的事业。他首先做一种哲学上的工作，即揭露意识形态的根源，使人的历史存在的真相理论地显现出来；然后通过作为自为阶级的无产阶级即共产

① 王夫之．尚书引义：卷三·说命上．北京：中华书局，1962：60．
② 王夫之．尚书引义：卷五·召告无逸．北京：中华书局，1962：123．

主义者或者说实践的唯物主义者，诉诸自己的感性活动，实际地解构掉派生意识形态的社会根源和历史基础，从而使历史恢复其本真状态。这也就是马克思主义意义上的真理的发生。这也正是马克思所主张的实践唯物主义的初衷和归宿。

在归根到底的意义上，意识形态所造成的颠倒，不过是人的现实关系的颠倒在社会意识层面的反映而已。正如马克思和恩格斯在《德意志意识形态》“费尔巴哈”章中所强调指出的那样：“如果在全部意识形态中，人们和他们的关系就像在照相机中一样是倒立成像的，那么这种现象也是从人们生活的历史过程中产生的，正如物体在视网膜上的倒影是直接从人们生活的生理过程中产生的一样。”[①] 恩格斯又说过：“意识形态是由所谓的思想家通过意识、但是通过虚假的意识完成的过程。推动他的真正动力始终是他所不知道的，否则这就不是意识形态的过程了。因此，他想象出虚假的或表面的动力。”[②] 在此意义上，可以说，意识形态就是一种颠倒和遮蔽了真实根源的“虚假意识”。这种虚假性掩盖了本真性，从而使真理变得晦暗不明。真理的晦暗不明，是意识形态遮蔽所导致的必然结果，它意味着人的存在及其“在”出来的历史离开了自身的本真

---

① 马克思，恩格斯．德意志意识形态（节选）//马克思，恩格斯．马克思恩格斯选集：第1卷．3版．北京：人民出版社，2012：152.

② 恩格斯．恩格斯致弗兰茨·梅林（1893年7月14日）//马克思，恩格斯．马克思恩格斯选集：第4卷．3版．北京：人民出版社，2012：642.

性，不再以本来的面目表征自身，而是以异己化的他者的方式表征自身。意识形态作为“虚假意识”所造成的这种遮蔽，也就是儒家所谓的“妄”，即虚妄不真之状态。人的存在之本真性的遮蔽和丧失，即是“妄”。而人的存在之本真性的开显，亦即“无蔽”之状态，就是马克思意义上的“真理”之展现。要使真理重新得以澄明，就必须解除意识形态的遮蔽，进行一番解蔽的工作。

马克思和恩格斯意义上的“意识形态”概念，特别强调其遮蔽性及其所导致的虚假性。例如，马克思和恩格斯说：“人们迄今总是为自己造出关于自己本身、关于自己是何物或应当成为何物的种种虚假观念。他们按照自己关于神、关于模范人等等观念来建立自己的关系。他们头脑的产物就统治他们。他们这些创造者就屈从于自己的创造物。”[①] 他们打了一个比方，“在全部意识形态中，人们和他们的关系就像在照相机中一样是倒立成像的”[②]。这也就是说，意识形态就像照相机镜头的小孔成像那样，颠倒地反映事物及其关系。这种“颠倒”，正是造成意识形态之遮蔽的根本原因。在马克思和恩格斯看来，意识形态的秘密，就在于它作为特定社会存在的产物，本来是

① 马克思，恩格斯．德意志意识形态//马克思，恩格斯．马克思恩格斯全集：第3卷．北京：人民出版社，1960：15.

② 马克思，恩格斯．德意志意识形态（节选）//马克思，恩格斯．马克思恩格斯选集：第1卷．3版．北京：人民出版社，2012：152.

被派生者，但它一经产生，就把自身打扮成派生者，从而把真实的根源掩盖和遮蔽起来。正因此，他们把意识形态称为“虚假观念”和“虚假意识”。马克思主义所从事的意识形态批判，就是要在实践层面上解构派生意识形态的社会基础和历史根源，从而恢复人的存在的本来面目，使得人类历史以其本真的状态得以显现，从而“回到事情本身”。这便是历史之本真性的澄明，亦即儒家所谓的“诚”之境界的历史性的开显。

诚如有学者所指出的，“在马克思那里，这一概念（指意识形态——引者注）仅仅具有否定的涵义”[①]。在马克思的语境中，“意识形态”范畴具有十分重要的意义，尽管它是一个负面的贬义词，但却是马克思终其一生批判和揭露的对象。从某种意义上说，马克思一生所从事的事业，就是理论的和实践的双重“解蔽”活动，亦即逻辑地和历史地祛除意识形态之蔽的工作，以达到人的存在及其“在”出来的历史之澄明。

意识形态在其本质上不过是人的异化的最高的、也是最抽象的形式。正因此，正如杰姆逊所说：“意识形态理论是马克思对异化的认识中一个不可缺少的组成部分。”[②] 唯物史观深刻地揭示了人的异化的历史生成和历史消解的内在逻辑。在思辨的意义上，人的异化也就是人的实存同其本质之间的分裂和

---

① 俞吾金．意识形态论．上海：上海人民出版社，1993：63.

② 杰姆逊．后现代主义与文化理论：弗·杰姆逊教授讲演录．唐小兵，译．西安：陕西师范大学出版社，1986：225.

乖戾。正是这种分裂和乖戾，使人的实存不再反映人的本质，而是遮蔽人的本质。用西方哲学术语来说，儒家所谓的“诚”，也就是实存与本质的统一，即事物之本真性的开显。在这里，实存乃是本质的敞显，而不是遮蔽。在唯物史观看来，人的异化的历史地扬弃，亦即达成人的实存与人的本质的内在统一，它意味着意识形态被人的历史实践所彻底解构，人的存在因此重新获得其本真性，这也就是人性的彰显，即马克思所说的“人性的复归”。意识形态的解构具有理论的和实践的双重含义：在反思层面上揭穿意识形态的秘密——这是马克思为自己规定的理论任务；在实践层面上通过人们的感性活动实际地解构意识形态赖以产生并存在的社会根源——这是无产阶级作为自为阶级所肩负的历史任务。从某种意义上说，马克思主义所主张的对意识形态之遮蔽的揭露、批判和解构，正是回到儒家所谓的“诚”的一种历史性的努力。因为人的存在被意识形态这一异化的最典型的形式所遮蔽，正是儒家所谓的“不诚”之状态。

《中庸》强调说：“诚者，自成也；而道，自道也。诚者，物之终始，不诚无物。”诚者自成，强调的是内在必然性决定的状态，也就是自然而然而非他然之义，在物是自然，在人则是自由。这种状态不是由一个外在的他者作为异己之规定支配的，而是出于自身的本然之性的内在要求。这也就是所谓“诚”的境界，即无蔽之状态的来临。在唯物史观看来，人的历史解放的实现，即马克思所谓的自由王国的建立，也就是那个大写的“真理”的发生，是人的存在本身的澄明。马克思所说的“真理”是在存在论意义上成立的，它区别于小写的真理，亦即区别于知识论意义上的真理。

在马克思那里，存在论建构不再是那种与人的存在无关的抽象的逻辑推演，而毋宁说就是关于人的存在本身的现象学。所以，在马克思的语境中，存在论意义上的真理就被赋予了人的存在之遮蔽的历史性地解除之含义。既然“诚”就是事物进入其本真状态，或者说是事物之本真性的敞开，那么，唯其如此，方能成就事物。所以《中庸》又说：“不诚无物。”此之所谓“物”，不能作与人及其存在无关的外物解，而应作“格物致知”之“物”解。成己与成物，原本就不分彼此，何必言合？它是一而二或二而一的。张载说得好：“天人异用，不足以言诚；天人异知，不足以尽明。”[①] 所以二程曰：“诚便合内外之道。”[②] 从马克思的实践本体论或曰人的存在的现象学的角度说，这个属人的世界正是由于人的实践并通过人的实践的建构而得以绽放和开显的。

《中庸》还强调：“至诚之道，可以前知。”何以故？因为

① 张载．正蒙·诚明篇第六//张载．张载集．章锡琛，点校．北京：中华书局，1978：20.

② 河南程氏遗书：卷第二//程颢，程颐．二程集：上册．王孝鱼，点校．北京：中华书局，2004：33.

至诚之道，即事物的无蔽之状态，故一切道理都本真地显现，正因此才能够“前知”。马克思主义之所以具有理论的彻底性，就在于它摆脱了资产阶级狭隘眼界的束缚和局限，而使历史的本真性得以呈现，因而能够对未来做出前瞻性的“筹划”，此正是所谓的“前知”。而资本主义辩护士何以不能“前知”？因为他们总是囿于“资产阶级法权的狭隘眼界”而难以自拔，所以其根本原因就在于他们的理论之“不诚”，因为他们受到了意识形态的蒙蔽而不自知。例如，阶级利益的局限、认识方法及其哲学立场的偏狭等，都决定了他们无以为“诚”，所以就得出了把资本主义制度安排当作“最高的历史成就”[①] 的结论，从而把资产阶级生产方式这一“暂时的必然性”看成“永恒的必然性”。如此一来，又何以能够“前知”？他们的这种“不诚”，决定了他们不可能“在对现存事物的肯定的理解中同时包含对现存事物的否定的理解，即对现存事物的必然灭亡的理解”，不可能“对每一种既成的形式都是从不断的运动中，因而也是从它的暂时性方面去理解”[②]。既然如此，他们又如何能够做到“前知”呢？

从社会根源看，意识形态总是历史上的统治阶级之狭隘利

---

① 恩格斯．自然辩证法（节选）//马克思，恩格斯．马克思恩格斯选集：第 3 卷．3 版．北京：人民出版社，2012：860.

② 马克思．资本论：第 1 卷（节选）·1872 年第 2 版跋//马克思，恩格斯．马克思恩格斯选集：第 2 卷．3 版．北京：人民出版社，2012：94.

益的反映，毋宁说是它所代表的特定阶级利益的修辞。这就决定了特定意识形态所代表的那个阶级，总是从其阶级的一己之私利出发去看待问题，从而不可避免地陷入狭隘视野的限囿。马克思之所以能够对未来具有足够的筹划能力和预期能力，一个重要的原因就在于马克思哲学超越了意识形态这一“虚假意识”之遮蔽，从而实现了马克思意义上的“回到事情本身”。因为只要“按照事物的真实面目及其产生情况来理解事物”，如此这般，一切附着其上的意识形态蒙蔽都将烟消云散。拿儒家的话说，此乃“至诚之道”，故“可以前知”；非诚无以至此。如果说，在黑格尔那里，哲学是“密纳发的猫头鹰”，那么，在马克思那里，哲学就是“高卢的雄鸡”。马克思在《黑格尔法哲学批判》“导言”中说过：“一切内在条件一旦成熟，**德国的复活日**就会由**高卢雄鸡的高鸣**来宣布。”[①] 马克思的哲学当然固有其反思的层面，它因此也必须扮演“密纳发的猫头鹰”的角色，但这种反思却昭示着未来，即为未来社会的筹划提供可能的预期。这正是马克思主义哲学的特点所在，也是其优点所在。

在儒家那里，不能“尽天之性”，便是“伪”。用马克思的话说，这便是意识形态所造成的遮蔽，亦即真理的晦暗不明之

① 马克思.《黑格尔法哲学批判》导言//马克思，恩格斯.马克思恩格斯选集：第1卷.3版.北京：人民出版社，2012：16.

状态，从而陷入“伪”。这个时候，人的实存不仅不再反映人的本质，相反是以扭曲的方式遮蔽人的本质，从而出现了实存与本质的乖戾，这便是人的异己化状态。在马克思看来，当意识形态这一颠倒了的虚假意识被逻辑地揭穿并历史地解构之后，人类社会演变的脉络才能得以彰显和澄明。马克思主义的产生本身，正是这种澄明在理论上的实现；人类的历史解放和理想社会的来临，则是这种澄明在实践层面上的实现。如此一来，便可达成“赞天地之化育”“与天地参”之境界。这一境界的逻辑的和历史的显现，恰恰表征为儒家所谓的“尽人之性”，同时也是“尽物之性”，或者说是成己成物，归根到底则是尽天之性。

六、“天人合一”与自然界的人化和人的自然化

一般认为，中国传统文化的一个最突出的特征，就在于它内在地蕴含着“天人合一”的基本理念，儒、道、释概莫能外。诚如梁启超所说：“中国古代思想，敬天畏天，其第一著也。……故人之于天也，敬而畏之，一切思想，皆以此为基焉。”[①] 钱穆也说过：“中国文化的特质，可以‘一天人，合内外’六字尽之。”[②] 这个判断是准确的和真实的，对于儒家来说尤其如此。在中国文化语境中，马克思主义中国化了的事实，迫使我们不得不追问：究竟什么才是马克思主义意义上的“天人合一”？

---

① 梁启超．论中国学术思想变迁之大势．上海：上海古籍出版社，2001：11.

② 钱穆．中国文化特质//汤一介．中国文化与中国哲学 1987. 北京：生活·读书·新知三联书店，1988：29.

“天人合一”：实体与境界两层意涵

一般地说，“天人合一”观念的意蕴很丰富。张君劢认为：“天人合一者，一方面天能生人生物，故以天为万物万有之本，如《诗经》所谓‘天生蒸民’之谓也。他方面则以为天有自然之法则，如《诗经》所谓‘天生蒸民，有物有则’之谓也。”① 其实，这一解析把“天人合一”划分为发生学的和逻辑学的两个层面。从发生学的角度说，“天”构成“人”赖以产生的前提和条件；从逻辑学的角度说，“天”之理赋予“人”之理亦即性理终极的合法性依据，天理给予人之成其为人的内在理由。张君劢认为：“吾国人之论天也，常不离人；其论人也，常不离天。”② 正因此，汉儒董仲舒曰：“天人之际，合而为一，同而通理，动而相益，顺而相受，谓之德道。”（《春秋繁露·深察名号》）他又说：“以类合之，天人一也。”（《春秋繁露·阴阳义》）二程则强调说：“天人本无二，不必言合。”③ 因为所谓“合天人，已是为不知者引而致

---

①② 张君劢．明日之中国文化．济南：山东人民出版社，1998：80.

③ 河南程氏遗书：卷第六//程颢，程颐．二程集．王孝鱼，点校．北京：中华书局，2004：81.

之。天人无间”①。

在儒家那里，“天人合一”之义首先可以从实体和境界这样两个不同层面给予诠释。“天”和“人”作为两个实体，可以理解为自然界与人类的关系。在此意义上，儒家的确主张人类应该同大自然保持和谐与统一。因为“天人合一”首先是最直观地表征为人对大自然的顺应。譬如，孟子说：“不违农时，谷不可胜食也。”（《孟子·梁惠王上》）荀子也说：“春耕、夏耘、秋收、冬藏，四者不失时，故五谷不绝，而百姓有余食也。”（《荀子·王制》）诸如此类。其次，它还进一步表征为境界意义上的天人和合。人们通常认为，道家是消极无为的，而儒家是积极进取的，所以后者强调并鼓励人为性。这其实是一种误解。据《庄子》记载，河伯曰：“何谓天？何谓人？”北海若曰：“牛马四足，是谓天；落马首，穿牛鼻，是谓人。”（《庄子·秋水》）这是境界意义上的“天”和“人”，“天”就是自然而然的、非人为的，“人”是非天然的、人为性的。道家据此以为儒家所提倡的纲常伦理，属于“落马首，穿牛鼻”，是人为的繁文缛节，从而违背人的天性。但儒家并不以为然，而是认为伦理规范和秩序乃出于人的本然之性、固然之理、当然之则的内在要求，所以对人而言，它恰恰是自然而然的规定。朱熹有言：“如

① 河南程氏遗书：卷第二//程颢，程颐．二程集．王孝鱼，点校．北京：中华书局，2004：33.

穿牛鼻，络马首，这也是天理合当如此。若络牛首，穿马鼻，定是不得。”[1] 在他看来，“穿牛鼻”“络马首”乃是该当如此者。

最后，“天人合一”还体现为对“天道”的敬畏和遵循。孔子说君子有“三畏”，其中首要的就是敬畏“天命”。孔子曰：“君子有三畏：畏天命，畏大人，畏圣人之言。小人不知天命而不畏也，狎大人，侮圣人之言。”（《论语·季氏》）在孔子看来，君子与小人之别就取决于对天命的态度。《中庸》亦曰：“思知人，不可以不知天。”人归根到底源自天，故曰知人必须知天。《易传》曰：“天垂象，见吉凶，圣人象之。河出图，洛出书，圣人则之。”（《易传·系辞上》）例如，所谓的“天行健，君子以自强不息”，看似是刚健进取，积极有为，体现的是主体性，应该是对天的超越和征服，实则不过是“天”的刚健之象在人格意义上的贯彻和体现，归根到底依然是人道顺应天道的结果。君子的刚健进取品格之合法性，恰恰来自天的“刚健”之意象，其中依然隐含着“天人合一”的文化原型。《易传》还曰：“先天而天弗违，后天而奉天时。”（《周易·文言传》）按照朱熹的解释：“先天不违，谓意之所为，默与道契；后天奉天，谓知理如是，奉而行之。”[2]

孔子在回顾自己的一生时曾说：“七十而从心所欲不逾

---

① 黎靖德．朱子语类：卷第九．王星贤，点校．北京：中华书局，1994：156.

② 朱熹．周易本义：卷一·上经·乾//宋元人．四书五经：上册．北京：中国书店，1985：4.

矩。”（《论语·为政》）倘若臻此境界，“欲”与“矩”便会泯然无间、圆融无碍。人的任何所思所想，都不外乎人性的内在要求。这无疑是人生的大自由、大自在。表面看来，这只是局限于个人的德性修养的范畴。它当然首先是针对个体的人的道德修养而言的，但在儒家文化语境中它又不仅仅是狭义的，还具有广义的蕴含。倘若只把这句话理解为人的个体修养问题，就把它看小了。须知，在儒家那里，个体与类之间从来就不曾存有隔膜。按照个体与类的同构关系，如果放大开来看，“从心所欲不逾矩”就不仅是指个人的最高人格境界，还应被视作一种人类社会发展所达到的理想状态。在儒家那里，所谓的“从心所欲不逾矩”，也就是“天人合一”“知行合一”“情景合一”在人格意义上集于一身，在社会中达到“三位一体”。

人与自然的双重解放：两者互化

“从心所欲不逾矩”所昭示的，是一种既自然而然又自觉自愿的状态，即他律与自律的内在贯通。唯物史观认为，在旧式分工支配下，人们的共同活动还只是出于“自然”，而非出于“自愿”。马克思指出：“受分工制约的不同个人的共同活动产生了一种社会力量，即成倍增长的生产力。因为共同活动本身不是自愿地而是自然形成的，所以这种社会力量在这些个人看来就不是他们自身的联合力量，而是某种异己的、在他们之外的强制力量。”[①] 这时人们尚不得不受到一种作为他者的外在于人的异己力量的奴役和支配。但随着旧式分工的“消灭”，这种外在必然性就不可避免地让位于内在必然性，这意味着人的历史解放和自由的来临。黑格尔说：“内在的必然性就是自由”，因为“自由本质上是具体的，它永远是自己决定自己，因此同时又是必然的”[②]。于是，人们的共同活动不再仅仅是出于“自然”，而且是出于“自愿”。这就是马克思所提示的既自然而然又自觉自愿的历史愿景。此时的人，其自由自觉的活动这一本质规定才获得充分的意义。

“从心所欲不逾矩”的蕴涵，同马克思主义哲学所追求的合规律性与合目的性的统一相一致。马克思承认人类历史有其自身的内在逻辑，承认历史规律的客观性。例如，他在《资本论》第1卷第1版序言中明确指出：“一个社会即使探索到了本身运动的自然规律……它还是既不能跳过也不能用法令取消自然的发展阶段。”[③] 因为这种规律是“以铁的必然性发生作

① 马克思，恩格斯．德意志意识形态（节选）//马克思，恩格斯．马克思恩格斯选集：第1卷．3版．北京：人民出版社，2012：165.

② 黑格尔．小逻辑．贺麟，译．北京：商务印书馆，1980：105.

③ 马克思．资本论：第1卷（节选）·1867年第1版序言//马克思，恩格斯．马克思恩格斯选集：第2卷．3版．北京：人民出版社，2012：83.

用”[1] 的。马克思由此得出自己的结论：“我的观点是把经济的社会形态的发展理解为一种自然史的过程。”[2] 但另一方面，马克思并不认为这些规律是游离人的感性活动及其所建构的现实的历史过程的，毋宁说它就是人的存在本身的逻辑。马克思进而把“一切自发性的消除”[3] 作为走向理想社会的一个步骤和标志，这正是合目的性的历史形式。“一切自发性的消除”，意味着社会发展的自觉状态。目的性的介入，使社会的发展不再表征为似自然性的状态，而是通过人的自由自觉的活动得以呈现。这也正是马克思所谓的“自由人的联合体”“自由王国”或“共产主义”的基本特征。

此时的人不再受到异己力量的外在支配，而是既自然而然又自觉自愿。随着人的异化的历史扬弃，人的自由自觉的本质能够在整个社会层面得以彰显和实现。无产阶级由自在阶级到自为阶级的转变，以及由此所产生的历史后果即人类社会由自发状态到自觉状态的转变，意味着合规律性与合目的性的内在统一的实现。其实，这也正是唯物史观所孜孜以求的“自由王国”之理想境界。毋宁说，马克思所谓的人的存在与本质、能动与受动、主体与客体、个体与类等一系列矛盾得到彻底解决

---

① 马克思．资本论：第1卷（节选）·1867年第1版序言//马克思，恩格斯．马克思恩格斯选集：第2卷．3版．北京：人民出版社，2012：82.

② 同①84.

③ 马克思，恩格斯．德意志意识形态（节选）//马克思，恩格斯．马克思恩格斯选集：第1卷．3版．北京：人民出版社，2012：210.

之时，也就是“从心所欲不逾矩”在社会层面的达成之日。在马克思那里，孔子的“从心所欲不逾矩”则可以被广义化地领会为人的存在的自我展现及其历史地完成。因为人的个体与类之间存在着某种同构性，在一定意义上类不过是对个体的重演，个体则是类的演化的全息元。毋宁说，这乃是马克思主义意义上的“天人合一”。

当然，从更为辩证的意义上说，“天人合一”若被置于马克思语境中加以理解，就意味着自然界的人化与人的自然化的统一、“彻底的自然主义”与“彻底的人道主义”的统一、自然科学与人的科学的统一之最后达成。马克思的《1844年经济学哲学手稿》在谈到作为理想社会的共产主义时，曾指出：“这种共产主义，作为完成了的自然主义＝人道主义，而作为完成了的人道主义＝自然主义，它是人和自然界之间、人和人之间的矛盾的**真正**解决，是存在和本质、对象化和自我确证、自由和必然、个体和类之间的斗争的真正解决。它是历史之谜的解答，而且知道自己就是这种解答。”① 马克思还说：“彻底的自然主义或人道主义，既不同于唯心主义，也不同于唯物主义，同时又是把这二者结合起来的真理。”② 所谓“完成了的自然主义”或“彻底的自然主义”，乃是指人的自然化的历史

① 马克思．1844年经济学哲学手稿．北京：人民出版社，2000：81.
② 同①105.

地实现。马克思说："历史是人的真正的自然史。"[1] 这意味着人只有作为历史性的存在才能获得其本真性；换言之，只有历史才是彰显人自身的本真性的唯一可能的方式。

吊诡的是，人在其历史性的存在中所形成的异化状态，又遮蔽和剥夺了人的存在的这种历史性质，使人自身陷入抽象化的命运。对人而言，此时的他便失去了自身的自然性，走向了他然状态，即由自律走向了他律，陷入被奴役和被宰制的状态，人的自由因此而丧失殆尽。在马克思看来，人的自然化是相对于人的非自然化而言的，人的非自然化也就是人的异己化，它意味着作为异己之规定的他者外在地支配和奴役人的状态，这当然不是"自然"，而是"他然"。它标志着人的异化的历史地生成。这种异化的人就是马克思所谓的"偶然的个人"，即那种为外在必然性所宰制的个人。只有把外在必然性内化为内在必然性，才能扬弃人的异化，从而实现人的历史解放，进入"自由王国"。"彻底的自然主义"不过是历史的完成状态，因为"历史是人的真正的自然史"。对人而言，历史才是其真实的和本然的状态，唯有人的存在才是历史性的在。

但马克思学说的辩证性恰恰在于，人的这种"自然史"又是通过人的"不自然"亦即人的异己化来完成的。人的异己化状态是对人的本然之性的自否性的剥夺，它虽然表征为人的

---

① 马克思．1844年经济学哲学手稿．北京：人民出版社，2000：107.

“不自然”，但却是人实现其“自然史”的必要步骤。在此意义上，它又不过是人的更高意义上的自然赖以实现的一个内在环节和历史准备罢了。马克思还说过：“我们同时也看到，只有自然主义能够理解世界历史的行动。”[①] 何以故？因为只有从彻底的自然主义出发，也就是“从后思索”，一切“世界历史的行动”才是可以理解的，它们都不过是为了人的存在的历史展现的完成所做的一种准备罢了。正因此，它们才能找到各自的历史位置，进而被赋予其特定历史内涵。“彻底的人道主义”则意味着“**人化的**自然界”[②] 之建构的最后完成。因为在马克思看来，“历史本身是**自然史**的即自然界生成为人这一过程的一个**现实**部分”[③]。所谓“完成了的人道主义”或“彻底的人道主义”，乃是指自然界的人化的历史地实现。它是通过人的本质力量的对象化来完成的。按照马克思的观点，自然界的人化，其结果就是“人本学的自然界”之建构。它通过物质生产力而生成为属人的世界。马克思进一步指出：“自然科学往后将包括关于人的科学，正像关于人的科学包括自然科学一样：这将是**一门**科学。”[④] 自然科学与人的科学的这种统一，正是彻底的自然主义和彻底的人道主义相统一的体现。它从“科学”的角度揭示出人的自然化和自然界的人化的彻底完成，毋

① 马克思．1844年经济学哲学手稿．北京：人民出版社，2000：105.
② 同①87.
③④ 同①90.

宁说是这种完成在“科学”上的反映。

从马克思主义的角度说，“天人合一”并不是一个抽象的判断或描述，而是有其丰富的历史内涵和历史积淀，它应被作为历史生成的过程来理解，因为它是在历史的不断展开和实践的不断建构中逐步达成的，是历史地完成的。自然界的人化和人的自然化在人的存在的历史展现中又是内在统一的，它以浓缩了的方式被积淀在这种展现的全部历史结果之中。在揭示了人与自然的关系和人与人的关系之互为中介之后，马克思指出：“**社会**是人同自然界的完成了的本质的统一，是自然界的真正复活，是人的实现了的自然主义和自然界的实现了的人道主义。”① 人的异化得以积极地扬弃之后所达到的那种只遵循自身内在必然性而展现的状态，即人的自然化，就是“人的实现了的自然主义”；“人本学的自然界”的建构之充分实现，亦即自然界的人化彻底完成的状态，就是“自然界的实现了的人道主义”。这两个方面历史地统一于“社会”。马克思在这里所说的“社会”，是指他在《关于费尔巴哈的提纲》中所谓的作为“新唯物主义的立脚点”的那个“人类社会或社会的人类”②，亦即马克思意义上的那个将来时的理想社会。

因此，对于马克思主义来说，所谓“天人合一”，也就是

---

① 马克思．1844年经济学哲学手稿．北京：人民出版社，2000：83.

② 马克思．关于费尔巴哈的提纲//马克思，恩格斯．马克思恩格斯选集：第1卷．3版．北京：人民出版社，2012：136.

人的自然化（天）和自然界的人化（人）的历史地统一。在马克思看来，这两个方面乃是历史地统一的，人的自然化的充分实现，恰恰就是自然界的人化的证成；反之亦然。当然，在马克思那里，这种内在统一的达成，只有作为历史的结果才是可能的。

七、人性论预设：对人的超越性的正视和确认

马克思主义同儒学在人性论问题上也有相通之处。无论是儒家还是马克思主义，其人性论预设都是强调人的超越性的一面，亦即人的社会性对作为肉体存在物的人及其自然属性的超越。这也是马克思主义与儒学之会通成为可能的重要原因之一。

人性之凸显：人对肉体存在的超越

在儒家那里，人的社会性被引申为伦理和道德之维。所谓“伦理”，顾名思义，就是人伦之理，它只能体现在人与人之间的社会关系中。儒学的主流观点是主张性善论的，它特别强调道德之于人所具有的本质意义。孟子说：“人之所以异于禽兽者几希”（《孟子·离娄下》）。这里所谓的那个“异于禽兽者”，

即是人性之所在。在孟子看来，唯人才有“良知”和“良能”，所谓“人之所不学而能者，其良能也；所不虑而知者，其良知也”（《孟子·尽心上》）。

同样地，马克思主义也特别强调人的“社会特质”。例如，马克思在《黑格尔法哲学批判》（1843 年夏）中指出：人的本质“不是人的胡子、血液、抽象的肉体的本性，而是人的**社会特质**”[①]。在被恩格斯称作“包含着新世界观的天才萌芽的第一个文件”的《关于费尔巴哈的提纲》（1845 年春）中，马克思给出了关于人的本质的经典的说法：“人的本质不是单个人所固有的抽象物，在其现实性上，它是一切社会关系的总和。”[②] 他后来在《资本论》第 1 卷（1867 年）中又写道：“人即使不象亚里士多德所说的那样，天生是政治动物，无论如何也天生是社会动物。”[③] 可见，马克思总是从人的社会性角度着眼，去揭示人性或人的本质的。当然，这里要注意，人的社会性、人的本质，在其历史的展现中，并非一成不变。因为在马克思看来，当人尚处在异化状态时，他的本质是不具有“真正的现实性”的。例如马克思说过，宗教所造成的“人的本质

---

① 马克思．黑格尔法哲学批判//马克思，恩格斯．马克思恩格斯全集：第 1 卷．北京：人民出版社，1956：270.

② 马克思．关于费尔巴哈的提纲//马克思，恩格斯．马克思恩格斯选集：第 1 卷．3 版．北京：人民出版社，2012：135.

③ 马克思．资本论：第 1 卷//马克思，恩格斯．马克思恩格斯全集：第 23 卷．北京：人民出版社，1972：363.

在幻想中的实现”，使得“**人的本质**不具有真正的现实性”[①]。所以，人的社会性的本质，亦即马克思意义上的人性之规定，在历史上是有一个辩证地展现过程的。

毛泽东在《在延安文艺座谈会上的讲话》（1942年5月）中指出：“有没有人性这种东西？当然有的。但是只有具体的人性，没有抽象的人性。在阶级社会里就是只有带着阶级性的人性，而没有什么超阶级的人性。”[②] 显然，毛泽东着眼于人性的具体性，这种具体性又落脚于人的阶级性，而人在阶级社会作为阶级的存在物，正是其社会性的具体表现。1943年12月17日，毛泽东在刘少奇关于人性、是非、善恶等问题给续范亭复信上写的批语强调指出：人同动物的“最基本区别是人的社会性，人是制造工具的动物，人是从事社会生产的动物，人是阶级斗争的动物（一定历史时期），一句话，人是社会的动物，不是有无思想。一切动物都有精神现象，高等动物有感情、记忆，还有推理能力，人不过有高级精神现象，故不是最基本特征”[③]。他还进一步认为：“当作人的特点、特性、特征，只是一个人的社会性——人是社会的动物，自然性、动物

① 马克思．《黑格尔法哲学批判》导言//马克思，恩格斯．马克思恩格斯选集：第1卷．3版．北京：人民出版社，2012：2.

② 毛泽东．在延安文艺座谈会上的讲话（1942年5月）//毛泽东．毛泽东选集：第3卷．2版．北京：人民出版社，1991：870.

③ 毛泽东．关于人的基本特性及其他（1943年12月17日）//毛泽东．毛泽东文集：第3卷．北京：人民出版社，1996：81.

性等等不是人的特性。”因为在他看来，“即说人，它只有一种基本特性——社会性，不应说它有两种基本特性：一是动物性，一是社会性，这样说就不好了，就是二元论，实际就是唯心论”①。就其强调人的社会性对动物性的超越而言，毛泽东的观点既可以引申出马克思主义关于人的本质的立场，同时也可以与儒家关于人的性善论预设相兼容。

预成与生成：人性论的内在张力

另外，无论是儒家还是马克思主义，在人性论问题上都存在着预成与生成的张力和统一。现代新儒家牟宗三当年就曾纠结并困惑于萨特存在主义的生成论人性观同儒家的预成论人性观之间的紧张。他认为，萨特立足于“实存先于本质”的立场，否认人有先验的规定，所以强调的是人的不可定义性；而儒家关于人之为人的理解则往往是取一个先验的定义，事先规定人应该是什么，这种生成与预成之间的不相侔构成一个难以解开的悖论，究竟何去何从呢？② 其实，无论是对于儒家还是

① 毛泽东．关于人的基本特性及其他（1943 年 12 月 17 日）//毛泽东．毛泽东文集：第 3 卷．北京：人民出版社，1996：83.

② 牟宗三．论无人性与人无定义//牟宗三．道德的理想主义．台北：台湾学生书局，1985：115－134.

对于马克思主义来说，这个所谓的难题都不具有真实性，而是一个“假问题”。因为无论是在儒家还是在马克思主义的语境中，对这种“预成”和“生成”之间的紧张，都不能作一种知性的了解，而应作一种辩证的了解。换言之，它们之间的关系不是“非此即彼”的，而是既“非此即彼”又“亦此亦彼”的。

尽管萨特作为存在主义思想家否认人的先验本质，但他也不得不在另外的地方又悄悄地肯定这种本质的可能性。譬如，萨特一方面明确地认为：“对我来说，不存在 a priori 的本性；所以，人是什么还没有得到确定。”[①] 因此，“人性是没有的，因为没有一个上帝提供一个人的概念”[②]。在萨特看来，“如果存在确实先于本质，人就永远不能参照一个已知的或特定的人性来解释自己的行动”[③]。但另一方面，他又不得不暧昧地承认有一种“我们以及我们的后代应该或者将来应该成为的人”[④]。这种应然性归根到底是无法逃避先验性纠缠的。对此，萨特在其《存在与虚无》一书中说得尤为清晰：“上帝这超越性的最高价值和目的，表象了一种永恒的限制，人从之出发使自己显示出自己是什么。是人，就是想成为上帝，或者可以说，人从根本上说就是要成为上帝的欲望。”而“人们能够称

---

① 萨特．存在主义是一种人道主义．周煦良，汤永宽，译．上海：上海译文出版社，1988：47－48.

② 同①8.

③ 同①12.

④ 同①50.

之为上帝的正是这个理想的东西。……人是谋划成为上帝的存在”。萨特不得不承认，这个“‘决定’人的上帝的这种最初谋划似乎相当类似于人的‘本性’或一种‘本质’”[①]。显然，在萨特那里，那种作为先验规定的本质被从前门赶走之后，却又悄悄地从后窗溜了进来。这不能不说是一种颇具讽刺意味的尴尬。它表明，人性的生成与预成之间的紧张，只有在辩证的否定中才能真正被克服并被恰当地理解，而不能通过拒绝其中的任何一个方面来试图逃避。

孔子说：“性相近也，习相远也。”（《论语·阳货》）就其“相近”的一面而言，人性总是有一个先验的同一性在；但就其“相远”的一面而言，人性之后天表征又有着具体形式上的差别和分野[②]。孟子说：“人皆可以为尧、舜。”（《孟子·告子下》）其实，孟子的说法既包含着预成论的先验断言，也包含

---

① 萨特．存在与虚无．陈宣良，等译．北京：生活·读书·新知三联书店，1987：725.

② 据《朱子语类》记载，有人问朱熹：孟子言“性善”，伊川谓是“极本穷原之性”；孔子言“性相近”，伊川谓是“气质之性”；固已晓然。《中庸》谓“天命之谓性”，不知是极本穷原之性，是气质之性？朱熹答曰：性也只是一般。天之所命，何尝有异？正缘气质不同，便有不相似处，故孔子谓之“相近”。孟子恐人谓性元来不相似，遂于气质内挑出天之所命者说与人，道性无有不善，即子思所谓“天命之谓性”也。（黎靖德．朱子语类：卷第四．王星贤，点校．北京：中华书局，1994：69.）孔子说的是“性相近”，而非“性相同”。这是引起歧义的所在。但正如朱熹所认为的，无论是孔子谓“性相近”，还是孟子道“性善”，归根到底都说的是那个一般意义上的人性，所不同者只在于孔子侧重性理通过气质之性的表现，故曰“相近”；孟子则重在甄别善与不善，故落脚于性理之纯粹。朱熹之说为是。

着后天努力的生成论意义。因为从可能性上说，每个人都固有其成为尧、舜的内在依据（所谓的“善端”）；但从事实层面看，能否成为尧、舜，则取决于人的后天修养功夫。所以，孔孟的这类说法，应该在辩证的意义上被领会。《三字经》一上来就开宗明义地说：“人之初，性本善；性相近，习相远。”这显然是秉承了孔子的说法。它既承认先天的人性善，同时又承认后天条件对人性之表征加以改变的可能性。在这里，同样明显地存在着先天与后天、预成与生成之间的张力关系或结构。

人们往往认为，儒家对于人性总是作一先验的判定。其实，如上所言，儒家也有其关于人性论的生成论理解。这里再让我们以清儒王夫之的有关说法为例。王夫之对此是有着明确论述的，例如他说过：“惟命之不穷也而靡常，故性屡移而异。抑惟理之本正也而无固有之疵，故善来复而无难。未成可成，已成可革。性也者，岂一受成侀，不受损益也哉?”① 因此，“夫性者生理也，日生则日成也”②。显然，在王夫之那里，人性并非“一受成侀”，而是“屡移而异”的，此乃所谓性“日生则日成”；“未成可成，已成可革”。他还指出：“生之初，人未有权也，不能自取而自用也。惟天所授，则皆其纯粹以精者

① 王夫之．尚书引义：卷三·太甲二．北京：中华书局，1962：56.

② 同①55.

矣。……已生以后，人既有权也，能自取而自用也。”[①]

在马克思主义那里，其人性论思想同样存在着预成与生成的张力结构。作为反思之规定，人性当然有其预成性，它看上去好像是先验地成立并有效；但在人的历史性的实存中，人性又是在不断地生成中逐渐被建构起来的。所以，对于马克思主义人性论中的这种紧张，同样应该作一种辩证的理解。譬如，马克思一方面承认“整个历史也无非是人类本性的不断改变而已”[②]；另一方面又说“首先要研究人的一般本性，然后要研究在每个时代历史地发生了变化的人的本性”[③]。这种看似相互矛盾的说法，恰恰是辩证地把握人性之规定的方便法门。马克思所谓的“人的一般本性”，是指人的“社会特质”。他说过：“凡是有关人与人的相互关系问题都是社会问题。”[④] 他还指出：“社会——不管其形式如何——是什么呢？是人们交互活动的产物。”[⑤] 正是在人与人的关系维度上，儒家关注的是伦理关系的建构。儒家强调的是人性对人的肉体存在这一自然

---

① 王夫之．尚书引义：卷三·太甲二．北京：中华书局，1962：56.

② 马克思．哲学的贫困（节选）//马克思，恩格斯．马克思恩格斯选集：第1卷．3版．北京：人民出版社，2012：252.

③ 马克思．资本论：第1卷//马克思，恩格斯．马克思恩格斯全集：第23卷．北京：人民出版社，1972：669.

④ 马克思．道德化的批评和批评化的道德//马克思，恩格斯．马克思恩格斯全集：第4卷．北京：人民出版社，1958：334.

⑤ 马克思．马克思致帕维尔·瓦西里耶维奇·安年科夫（1846年12月28日）//马克思，恩格斯．马克思恩格斯选集：第4卷．3版．北京：人民出版社，2012：408.

属性的超越关系。

人性论从原初性的意义上规定了理想社会的愿景。人性作为应然的预设，它的充实在社会层面上的表达就是理想社会的实现，亦即人性由应然到实然的历史性的展现及其完成。这样的状态在儒家那里就是所谓的“大同社会”，在马克思主义那里则是“自由人的联合体”或者“自由王国”。在马克思的语境中，它乃是超越善恶之后所达到的“至善”。《大学》也说：“大学之道，在明明德，在亲民，在止于至善。”马克思主义所谓的社会性，其中的一个维度就可以展开为伦理道德。毛泽东所提倡的“革命的人道主义”，在一定意义上就是人的社会性维度上的道德同情心的体现。马克思的唯物史观则引申出阶级斗争。但在马克思那里，阶级斗争从来都不是目的，而仅仅是为了最终超越并克服阶级斗争，亦即为实现阶级赖以存在的条件之解构的手段和路径而已。从某种意义上说，马克思主义关于阶级斗争的学说，不过是对阶级斗争这一客观的历史现象和历史事实的正视罢了。

阶级斗争是阶级社会中人与人的社会关系的最主要的建构形式，以至于马克思和恩格斯在《共产党宣言》中写道：“至今一切社会的历史都是阶级斗争的历史。”① 当然，恩格斯在

① 马克思，恩格斯．共产党宣言//马克思，恩格斯．马克思恩格斯选集：第1卷．3版．北京：人民出版社，2012：400.

1888 年《共产党宣言》英文版上对此加注作了限制："这是指有**文字**记载的全部历史。"马克思在致魏德迈的信（1852 年 3 月 5 日）中总结自己在阶级斗争问题上的独特贡献时，这样写道："（1）**阶级的存在**仅仅同**生产发展的一定历史阶段**相联系；（2）阶级斗争必然导致**无产阶级专政**；（3）这个专政不过是达到**消灭一切阶级**和进入**无阶级社会**的过渡……"①

显然，马克思是以历史的态度去看待和审视阶级斗争的，他试图通过阶级斗争来历史地超越阶级斗争，而所谓"无产阶级专政"只是构成这一过程的过渡环节和必要的中介罢了。正是在这一过程历史展现及其完成中，才能达到"人的本质"的"真正的现实性"，亦即"人类社会或社会化的人类"。马克思主义无疑具有现实主义的一面，有其强烈的现实感。就此而言，它决不同于那种道德感伤主义。例如，马克思在《1844 年经济学哲学手稿》中针对资本主义制度所带来的尖锐的阶级对立，写道："浪漫主义者为此流下的感伤的眼泪，我们可没有。"② 马克思认为，处于异化状态的人，其本质是没有"现实性"的。他在《黑格尔法哲学批判》导言中就认为：在宗教这一意识形态的支配下，人的本质不过是"**在幻想中的实现**"。

---

① 马克思．马克思致约瑟夫·魏德迈（1852 年 3 月 5 日）//马克思，恩格斯．马克思恩格斯选集：第 4 卷．3 版．北京：人民出版社，2012：426.

② 马克思．1844 年经济学哲学手稿．北京：人民出版社，2000：44.

因此，当异化尚未被扬弃时，“**人的本质**不具有真正的现实性”[①]。只有当人的异化被历史地扬弃之后，人的本质的现实性才能真正地来临并得以完成。

诚如有学者所言：“马克思主义者和儒家在其相信人能达到完美的境地这一点上是一致的。”[②] 正是这一信念，使孔子有其强烈的忧患意识和拯救情结，如曾子所言：“士不可以不弘毅，任重而道远。仁以为己任，不亦重乎？死而后已，不亦远乎？”（《论语·泰伯》）马克思则秉持人类社会由必然王国走向自由王国的理想，并认为它只有通过人的历史解放才能实现。所谓自由王国，也就是马克思所说的“自由人的联合体”“真实的共同体”“共产主义”。毋宁说，它就是人的个体的本性的充实在类的层面上的展开和完成。

马克思在历史观上之所以具有向善的信心，从逻辑理由说，就在于他所立足其上的人性论立场。马克思说过，“**共产主义**是**私有财产**即**人的自我异化**的**积极的**扬弃，因而是通过人并且为了人而对人的本质的真正占有；因此，它是人向自身、向**社会的**即合乎人性的人的复归”[③]。他还强调：“人以一种全面的方式，就是说，作为一个总体的人，占有自己的全面的本

① 马克思．《黑格尔法哲学批判》导言//马克思，恩格斯．马克思恩格斯选集：第1卷．3版．北京：人民出版社，2012：2.

② 窦宗仪．马克思主义与儒家论人性及其实践．哲学译丛，1981（2）：47.

③ 马克思．1844年经济学哲学手稿．北京：人民出版社，2000：81.

质。”[1] 这些论断充分表明，在哲学上，马克思一方面有着一个先行有效的人性论预设，一方面这一预设又内在地规定了朝向未来的可能性。正是基于这一立场，马克思从青年时代起就立志扮演“普罗米修斯式”的拯救者角色。这一角色，同孔子的那种“知其不可而为之”的情怀又是何其相似。

① 马克思．1844年经济学哲学手稿．北京：人民出版社，2000：85.

八、“生生之谓易”与实践辩证法

儒家所主张的“日新之谓盛德，生生之谓易”（《易传·系辞上》）的朴素辩证法，同马克思主义所坚持的实践辩证法，具有某种异曲同工之妙。这种在辩证法观念上的一致性，无疑也构成儒学同马克思主义相会通的一个重要方面。

“易”之观念：变化的永恒性

儒家的辩证法观念，可以一直追溯到《周易》。从某种意义上说，儒源于易。《周易》被称作“六经之首”。孔子说：“文王既没，文不在兹乎?”（《论语·子罕》）而汉司马迁曰：西伯（文王）拘而演周易（《报任安书》）。钱基博认为，“以斯文未丧为己任，则孔子固自承为继文王者者也，故儒家之学出于周易”[①]。按照孔颖达的说法，“易”正是变化之称谓，而

① 钱基博．周易题解及其读法．上海：上海书店，1991：5.

"变化运行，在阴阳二气"①。显然，变易及其矛盾推动之原因，在这里已经包含着了。《系辞》曰："刚柔相推而生变化。"（《周易·系辞上》）《易传》曰："一阴一阳之谓道，继之者善也，成之者性也。"（《周易·系辞上》）张岱年认为："'一阴一阳之谓道'可以说是中国哲学史中关于对立统一原理的最早的表述。"②

其实，"易"之为名，即与"变"内在相关。《易传》特别强调"变"，其中曰："《易》之为书也不可远，为道也屡迁。变动不居，周流六虚。上下无常，刚柔相易。不可为典要，唯变所适。"（《周易·系辞下》）《易传》又曰："知变化之道者，其知神之所为乎！"（《周易·系辞上》）此之所谓"变化之道"，乃暗合辩证法的逻辑。唐孔颖达曰："夫易者，变易之总名，改换之殊称。……谓之为易，取变化之义。"③所以，清儒焦循说："易，谓变而通之也。"④ 诚如钱基博所言："所谓'易'者何也？曰：'易'之为言，'变'也。……非明'变'，不足以尽'易'。"⑤

《易传》曰："天地之大德曰生。"（《易传·系辞下》）当

---

①③ 孔颖达．周易正义·序//阮元．十三经注疏：上册．北京：中华书局，1980：7.

② 张岱年．论《易大传》的著作年代与哲学思想//中国哲学：第1辑．北京：生活·读书·新知三联书店，1979：138.

④ 焦循．易章句：卷七·系辞上传．南京：凤凰出版社，2012：175.

⑤ 钱基博．周易题解及其读法．上海：上海书店，1991：6.

然，有学者认为《易传》所谓的“生”，并非指人的生命[1]。《说文解字》曰：“生，进也。像草木生出土上。”显然，所谓的“生”，是与有机的生命现象内在相关的。这里的“生”虽然不必一定是指人的生命，但一定同有机的生命现象内在相关，也是毫无疑义的。儒家的学问总是灌注到生命中，在某种意义上可谓生命之学。对此，梁漱溟有着深刻的体认。按照他的说法，儒家“始终是从生命的流行变化来说的”[2]。其实，儒家的生命观是广义的。它以人的生命意蕴去观照天地万物，方得到对于宇宙万物的辩证理解。这种有机性是儒家思想的最本质的特征。这大概也正是张载所谓“为天地立心”之意义所在。董仲舒认为：“仁，天心。”（《春秋繁露·俞序》）。而“仁者人也，亲亲为大”（《礼记·中庸》）。故《礼记·礼运》曰：“人者，天地之心也。”倘若对此作过于狭隘的拘泥理解，这显然是讲不通的。

钱钟书认为，“《系辞》：‘生生之为易’、即‘不息’也”[3]。《中庸》曰：“故至诚无息。不息则久，久则征，征则悠远，悠远则博厚，博厚则高明。……如此者，不见而章，不

① 台湾有学者曾经对此进行过讨论［项退结．儒家哲学中的生命观．新动力杂志，1986（3）；傅佩荣．对《儒家哲学中的生命观》一文之评论与补充．哲学与文化，1986（4）.］。

② 梁漱溟，艾恺．这个世界会好吗?：梁漱溟晚年口述（增订本）．北京：生活·读书·新知三联书店，2015：103.

③ 钱钟书．管锥编：第1册．北京：中华书局，1986：7.

动而变，无为而成。”《易经》之“易”，乃变易与不易的统一，两者不可偏废。这正是辩证法的真谛所在。辩证法在肯定“变”的绝对性的同时，又承认“不变”的一面。关于辩证法，恩格斯说：“诚然，它也有保守的方面：它承认认识和社会的一定阶段对它那个时代和那种环境来说都有存在的理由，但也不过如此而已。这种观察方法的保守性是相对的，它的革命性质是绝对的——这就是辩证哲学所承认的唯一绝对的东西。”① 此正所谓“易者不易也”。

郭沫若认为：“《易传》本来是传《易》的，《易》的出发点原是一种辩证观。”② 高亨也认为：“矛盾对立与动则变化是六十四卦的两个特征。”因此，在“我国，以现存文献而论，产生在三千年以前的《周易》六十四卦卦象，就相当集中地反映了那个时代及其以前的朴素的辩证观点”③。东汉许慎《说文解字》引《祕书》曰：“日月为易，象阴阳也。”④ 清代学者陈梦雷认为：“易之为字，从日从月、阴阳具矣。”⑤ 尽管关于“易”字之来源的解释很多，但真正有哲学意蕴的乃是郭沫若

---

① 恩格斯．路德维希·费尔巴哈和德国古典哲学的终结//马克思，恩格斯．马克思恩格斯选集：第 4 卷．3 版．北京：人民出版社，2012：223.

② 郭沫若．中国古代社会研究//郭沫若．郭沫若全集（历史编）：第 1 卷．北京：人民出版社，1982：70.

③ 高亨．周易杂论．济南：齐鲁书社，1979：2.

④ 许慎．说文解字．北京：中华书局，1963：198.

⑤ 陈梦雷．周易浅述．北京：九州出版社，2004：1.

所作的解释。按照他的诠释：“八卦的基础本来是建立在男女两性的象征……所以《易经》的观念就根本是阴阳两性的对立。一切万事万物都是由这样的对立而成，所以我们在《易经》中可以找出不少的相对立的文字……就这样宇宙是充满了矛盾。但这些矛盾是相反相成的，结果是得出一个公式，就是‘小往大来，大往小来，无平不陂，无往不复’，就这样便生出变化。”“宇宙整个是一个变化，是一个运动，所以统名之曰‘易’。——‘易者变易也。’”他总结说：“这就是《周易》的作者从自然的观察所得出来的一个辩证的宇宙观，虽然很幼稚，但是，是很合乎正轨的。”① 显然，《周易》的辩证法观念，在其发生学的意义上，是同人的“近取诸身”有内在关联的。这种自我观照使得《周易》的辩证法自始就有其十分明显的人本学立场，它是以人的在场性为其基本特征的。

当然，阴阳的观念究竟来自哪里，历来就有不同的解释。郭沫若认为：“八卦的根柢我们很鲜明地可以看出是古代生殖器崇拜的孑遗。画一以象男根，分而为二以象女阴，所以由此而演出男女、父母、阴阳、刚柔、天地的观念。”② 郭氏的解释是有道理的。按照意大利思想家维柯的说法，在人类文明的早期阶段，“每逢堕在无知的场合，人就把他自己当作权衡一

---

① 郭沫若．中国古代社会研究//郭沫若．郭沫若全集（历史编）：第1卷．北京：人民出版社，1982：65-66.

② 同①33.

切事物的标准”[1]。他还说：“人对辽远的未知的事物，都根据已熟悉的近在手边的事物去进行判断。”[2] 具体而言，就是“人们在认识不到产生事物的自然原因，而且也不能拿同类事物进行类比来说明这些原因时，人们就把自己的本性移加到那些事物上去”[3]。这其实是人的自我中心化在尚未被解除阶段所存在的必然现象。一种文化形式产生得越久远，就越带有这个特征。

由“八卦”上溯至“阴阳”，进而上溯至生殖器崇拜，这一解释思路是符合人的生命意识的觉醒和投射的发生学关系的。《周易》的“取象”方法，正是所谓的“观物取象”，即“近取诸身，远取诸物”（《易传·系辞下》）。“近取诸身”优先于“远取诸物”，这一顺序不容颠倒。这是因为早期人类的自我意识，总是先于对象意识而先行地有效，前者构成后者的依据。这一点，也为文化人类学所揭橥出来的早期人类的“图腾崇拜”现象所印证。瑞士心理学家皮亚杰从他所创立的发生认识论的角度出发，揭示了个体的人在其心智成长的过程中，最初存在着一个“自我中心化”的阶段。所有这些，都佐证了由人及物的认知顺序。

---

① 维柯．新科学．朱光潜，译．北京：人民文学出版社，1986：82.

② 同①83.

③ 同①97.

辩证法：从暂时性角度看问题

马克思在《资本论》第 1 卷 1872 年德文版跋中强调说："辩证法在对现存事物的肯定的理解中同时包含对现存事物的否定的理解，即对现存事物的必然灭亡的理解；辩证法对每一种既成的形式都是从不断的运动中，因而也是从它的暂时性方面去理解；辩证法不崇拜任何东西，按其本质来说，它是批判的和革命的。"[①] 从儒家的角度来说，这种看待事物的方式，恰恰可以被看作"生生不息"的变易之观念及其基础上的方法论原则。《易传》有所谓"圣人以顺动"的说法，曰："天地以顺动，故日月不过，而四时不忒。圣人以顺动，则刑罚清而民服。"（《周易·彖传》）张载亦曰："明终而复始，通变不穷也。"[②] 在某种意义上，马克思主义的历史观在逻辑上正是所谓的"明终而复始"，而现实的历史作为经验存在的领域，则表征为"通变不穷"的过程。

从西方思想史的演变看，辩证法大致经历了三大历史形

① 马克思．资本论：第 1 卷（节选）·1872 年第 2 版跋//马克思，恩格斯．马克思恩格斯选集：第 2 卷．3 版．北京：人民出版社，2012：94.

② 张载．横渠易说·上经·蛊//张载．张载集．章锡琛，点校．北京：中华书局，1978：104.

态，即苏格拉底的语言层面的辩证法（对话导致真理的发生）、黑格尔的逻辑层面的辩证法（由先验的逻辑预设出发，推演出否定性的关系，继而达到绝对之规定，形成一个思辨的逻辑圆圈）、马克思的实践层面的辩证法（由人的存在出发，通过人的实践活动的能动建构，内在地生成人的生存悖论进而克服悖论，并通过历史的自我展现得以完成）。马克思的实践辩证法，其最大特点也是其优点，就在于它意识到了人的在场性，并把人所特有的存在方式即实践作为辩证法的内在基础加以先行地确认。

黑格尔逻辑学的最原初的“三一式”是：“有”（das Sein）→“无”（das Nichts）→“变”（das Werden，英译为 becoming，即生成）。这个“三一式”本身，既是辩证法意义上的矛盾的开显，又是矛盾展开的原初根据。贺麟在论述黑格尔辩证法时指出：“矛盾是由同一到差别、到对立诸范畴的逻辑发展过程所逐渐达到的、最深刻的和最高的阶段。”而“矛盾”又是什么呢？“矛盾就是统一体分裂为二（Selbstentzweiung）和对立物之合而为一（Coincidentia oppositorum）。”[①] 在黑格尔那里，逻辑的东西与历史的东西是相统一的。因此，矛盾的生成和消解不仅是在逻辑的意义上完成的，同时也是在历史的意义上完

① 贺麟．黑格尔的同一、差别和矛盾诸逻辑范畴的辩证发展．哲学研究，1979（12）：42.

成的。

对于马克思来说，辩证法的重要性是不言而喻的。正如库诺所指出的："可以毫不夸张地说，没有辩证法，马克思就写不出《资本论》。"[①] 因为按照列宁的说法，"马克思把黑格尔辩证法的合理形式运用于政治经济学"[②]。正因此，列宁说："不钻研和不理解黑格尔的全部逻辑学，就不能完全理解马克思的《资本论》，特别是它的第1章。"[③] 这是因为"马克思在第1章中摹仿黑格尔"[④]。马克思以其思想家的诚实从不讳言这一点。例如，他在《资本论》第1卷1872年德文版跋中写道："我公开承认我是这位大思想家的学生，并且在关于价值理论的一章中，有些地方我甚至卖弄起黑格尔特有的表达方式。"[⑤] 而众所周知，《资本论》则是马克思终其一生的最重要的代表作，可以说它全息性地浓缩了马克思整个思想的全部精华，是马克思主义最具有代表性的经典文献。辩证法虽然重要，但马克思认为："在他（指黑格尔——引者注）那里，辩证法是倒立着的。必须把它倒过来，以便发现神秘外壳中的合理

---

① 库诺．马克思的历史、社会和国家学说：马克思的社会学的基本要点．袁志英，译．上海：上海译文出版社，2006：696.

② 列宁．哲学笔记．3版．北京：人民出版社，1974：190.

③ 同②191.

④ 同②189.

⑤ 马克思．资本论：第1卷（节选）·1872年第2版跋//马克思，恩格斯．马克思恩格斯选集：第2卷．3版．北京：人民出版社，2012：94.

内核。”[①] 马克思所做的这种颠倒工作，正是他对黑格尔辩证法的根本扬弃。

如果说黑格尔的辩证法是绝对精神的辩证法，那么马克思则为辩证法重新奠基，把辩证法置于人的存在这一基础之上，从而确立了实践的辩证法。可是，辩证法的方法论原则却被马克思以扬弃的形式保留了下来。如果说，辩证法的“三一式”在黑格尔那里不过是逻辑的演绎，那么在马克思那里则被理解为人的存在的历史展现及其完成的内在结构，辩证的展开不过是人的实践活动能动地建构过程。马克思强调说：“我的辩证方法，从根本上来说，不仅和黑格尔的辩证方法不同，而且和它截然相反。”[②] 马克思把黑格尔“头足倒置”的辩证法重新颠倒过来，把黑格尔的绝对精神的辩证法改造成了实践的辩证法。但马克思却把作为方法论的辩证法保留了下来。正是在此意义上，马克思公开申明自己的《资本论》第1卷的写作，乃是批判地吸收了黑格尔“辩证法的一般运动形式”的叙述方式[③]。在这个意义上，黑格尔关于辩证法意义上的“矛盾”的阐释，同样也适用于马克思的辩证法思想。

贺麟曾经认为：“辩证法是不能颠倒的，因为辩证法是整

①③ 马克思．资本论：第1卷（节选）·1872年第2版跋//马克思，恩格斯．马克思恩格斯选集：第2卷．3版．北京：人民出版社，2012：94.

② 同①93.

个的东西，其本身是一定的。马克思以之研究物质，黑格尔以之研究心灵，一个注重经济生活，一个注重精神生活，两人只是应用不同，而不是根本的不同……若把辩证法看成一把刀，那么黑格尔用之剖解脏腑，马克思用之割治外症。所以马克思并没有把黑格尔的辩证法颠倒过来。”① 贺麟的这个观点，意在强调辩证法的整体性和抽象的方法论特征。在他看来，辩证法可谓“一是皆是，一非皆非”。这在一定意义上无疑是对的，但问题是，马克思所谓的“颠倒”，不是指辩证法本身的逻辑结构的颠倒，而仅仅是指辩证法的初始前提的重建，也就是说辩证法究竟应该在怎样的原初基础上被建构起来。就此而言，它当然有一个“颠倒”与“被颠倒”的问题。辩证法固然是方法论的，但它首先是存在论的。既然如此，就不可避免地有一个存在论的原初基础是否恰当的问题。贺麟在其晚年的反省中就自己原有的观点作了自我批评，不过他并未从存在论和方法论及其内在关联的角度去予以澄清②。

如果说形而上学是敌视生命的，那么辩证法则是人的生命意识的反思形式。就此而言，毋宁说它就是生命原则本身。辩证法从根本上拒绝和反对僵死的看待方式。列宁在黑格尔《逻

① 贺麟．五十年来的中国哲学．北京：商务印书馆，2002：69－70.

② 贺麟．康德、黑格尔哲学在中国的传播：兼论我对介绍康德、黑格尔哲学的回顾//贺麟．五十年来的中国哲学．北京：商务印书馆，2002：126－127.

辑学》一书摘要中写道："'永恒的生命'＝辩证法。"[①] 因此，只有从生命意识的角度去领会，才能够真正把握辩证法的实质和精髓。辩证法所固有的有机整体性原则、内在否定性原则、自我创造性原则，归根到底都不外是生命原则的要求和体现，是生命现象的本质特点之所在。

作为生命原则的辩证法，其基本特征在于：一是内在性。只有生命才是以内在必然性自我展现的。二是有机性。黑格尔曾经有过一个有机体的比喻，所谓离开人体的手不再是人手。三是创造性。机械的否定是非创造的，辩证的否定则是创造性的体现。因此，马克思在《1844年经济学哲学手稿》中清算黑格尔辩证法遗产时，曾特别强调黑格尔《精神现象学》对作为生命原则的否定性的揭示，指出："黑格尔的《**现象学**》及其最后成果——辩证法，作为推动原则和创造原则的否定性——的伟大之处首先在于，黑格尔把人的自我产生看作一个过程，把对象化看作非对象化，看作外化和这种外化的扬弃；可见，他抓住了**劳动**的本质，把对象性的人、现实的因而是真正的人理解为他**自己的劳动**的结果。"[②] 在一定意义上，辩证法所揭示的这种内在的自我否定性，正是生命现象的基本特点。在马克思那里，辩证法不仅仅是一种批判的武器或工具，

---

① 列宁．哲学笔记．3版．北京：人民出版社，1974：214.

② 马克思．1844年经济学哲学手稿．北京：人民出版社，2000：101.

它首先是一种存在论的规定，因为他是把辩证法作为人的存在方式本身的固有性质来理解的。

辩证法之作为“生命原则”，应该说在黑格尔那里就已经自觉地确立起来了。黑格尔把斯宾诺莎的“实体”改造为“主体”，就是赋予它生命的创造性和向未来敞开着的可能性。黑格尔在有关通信中写道：“我的方法不过是从概念自身发展出来的必然过程，除此之外再去寻找更好的理由、含义都是徒劳的。”① 这种“自己构成自己”的自组织性质，就集中体现着生命的特征。在黑格尔那里，“真理”作为一个存在论概念，不过是绝对精神的自我展现及其完成。而黑格尔认为：“真理”恰恰是“生成”的，而不是“预成”的，所以“真理不是静止的，永远在那里现成存在着，而是自我运动着，活生生的。它是一个永远有差别的东西，然而又不断地把这种差别转化为无差别”②。这种真理观，无疑也蕴含着生命的原则。恩格斯说：黑格尔的哲学是以“巨大的历史感”为基础的。黑格尔传记作家古留加也说：“历史感、历史方法是黑格尔的最大成就。”③

这种“历史感”本身，首先是人的生命的性质。只有人的

---

① 苗力田．黑格尔通信百封．上海：上海人民出版社，1981：242.

② 同①241.

③ 古留加．黑格尔小传．卞伊始，桑植，译．北京：商务印书馆，1978：201.

存在在本质上才是“历史的”。非人的存在尽管具有“历时性”，却并不具有“历史性”。这归根到底是由人的存在的生成性所决定的。对于人的存在而言，是“实存先于本质”的。其实，黑格尔明确承认：“辩证法是现实世界中一切运动、一切生命、一切事业的推动原则。”① 所以，马克思称黑格尔的《精神现象学》及其最后成果体现的是“作为推动原则和创造原则的否定性”的辩证法。但也必须指出，这种生命原则在黑格尔体系中最后仍然被其冷冰冰的客观逻辑所窒息。尽管恩格斯称其思维具有“巨大的历史感”，但历史在黑格尔那里归根到底是从属于逻辑的。这是一种十分悖谬的思想现象。为了避免这一思想悲剧重演，马克思不得不从根本上改造黑格尔辩证法，亦即把思辨的辩证法改造成实践的辩证法，从而为辩证法寻找到了全新的原初基础。

儒家的辩证法观念，内蕴着“一分为二”和“合二而一”构成的基本脉络。在纯粹学术的意义上，20 世纪 60 年代中期在中国发生的那场“一分为二”和“合二而一”的争论，或许原本就是一个假问题。这不仅是因为这场讨论把学术问题直接同政治问题混为一谈，而且更深刻的在于把“一分为二”同“合二而一”对立起来，变成彼此割裂的两个互为外在的规定。其实，就其学术含义而言，“一分为二”和“合

① 黑格尔．小逻辑．贺麟，译．北京：商务印书馆，1980：177.

二而一”恰恰构成矛盾的生成和消解的完整结构。在一定意义上，它可以被看作对立统一这一矛盾规律的中国式的表达。朱熹在《中庸章句集注》中一上来就指出：《中庸》“其书始言一理，中散为万事，末复合为一理”。这里实则在更为宽泛的意义上隐含着存在论的基本结构，也可谓中国式辩证法的“三一式”的表征形式。马克思曾经指出：“两个相互矛盾方面的共存、斗争以及融合成一个新范畴，就是辩证运动。”① 恩格斯也说过：“一切差异都在中间阶段融合，一切对立都经过中间环节而互相转移。”② 列宁同样认为：“辩证法是一种学说，它研究对立面怎样才能够同一，是怎样（怎样成为）同一的——在什么条件下它们是同一的、是相互转化的。”③ 所以，矛盾的对立面，不仅有一个生成的过程，而且有一个消解的过程。它的完整表述，应该是“一分为二”和“合二而一”的互补。

董仲舒说：“天地之气，合而为一，分为阴阳，判为四时，列为五行。”（《春秋繁露·五行相生》）他还说：“天之常道，相反之物也不得两起，故谓之一。一而不二者，天之行也。”（《春秋繁露·天道无二》）张载曰：“两不立则一不可见，一不

① 马克思．哲学的贫困（节选）//马克思，恩格斯．马克思恩格斯选集：第1卷．3版．北京：人民出版社，2012：225.

② 恩格斯．自然辩证法（节选）//马克思，恩格斯．马克思恩格斯选集：第3卷．3版．北京：人民出版社，2012：909.

③ 列宁．哲学笔记．3版．北京：人民出版社，1974：111.

可见则两之用息。两体者，虚实也，动静也，聚散也，清浊也，其究一而已。”又曰：“感而后有通，不有两则无一。”[①]还曰：“有象斯有对，对必反其为；有反斯有仇，仇必和而解。”[②] 方以智认为：“虚实也，动静也，阴阳也，形气也，道器也，昼夜也，幽明也，生死也，尽天地古今皆二也。两间无不交，则无不二而一者，相反相因，因二以济，而实无二而一也。”[③] 因为“交也者，合二而一也”[④]。所以，在他看来，合无不分，分无不合。王夫之也认为：“盈天地之间皆器矣。器有其表者，有其里者。成表里之各用，以合用而底于成……故合二以一者，既分一为二之所固有矣。……表里相待，而二二异致。”[⑤] 关于张载所谓的“有象斯有对，对必反其为；有反斯有仇，仇必和而解”，冯友兰指出：“这四句中的前三句是马克思主义辩证法思想也同意的，但第四句马克思主义就不会这样说了。……照我的推测，它可能会说：‘仇必仇到底。’”[⑥] 其实不然。因为即使是第四句，马克思主义的辩证法同样也可

① 张载．正蒙·太和篇第一//张载．张载集．章锡琛，点校．北京：中华书局，1978：9.

② 同①10.

③ 方以智．东西均·三征（节录）//北京大学哲学系中国哲学史教研室．中国哲学史教学资料选辑：下册．北京：中华书局，1982：281.

④ 同③284.

⑤ 王夫之．周易外传：卷五·系辞上传第十二章．北京：中华书局，1977：201－202.

⑥ 冯友兰．中国现代哲学史．广州：广东人民出版社，1999：251.

以接受。正是马克思本人明确地把他所孜孜以求的“共产主义”，看作“是人和自然界之间、人和人之间的矛盾的**真正**解决，是存在和本质、对象化和自我确证、自由和必然、个体和类之间的斗争的真正解决”[①]。此所谓“真正解决”，亦即这一系列矛盾的对立双方所达成的最后“和解”。

儒家的辩证思维内蕴着一个人本学的立场和视角。我国春秋时期的子产曰：“天道远，人道迩。”（《左传·昭公十八年》）而孔子对于子产是相当推崇的。据《中庸》记载，孔子曰：“道不远人，人之为道而远人，不可以为道。”康有为当年曾批评宋儒“存天理，灭人欲”之说，认为“宋儒言理最深，然深之至则入于佛，绝欲则远人也”[②]。康氏的批评诚然是基于对宋儒有关说法的某种误解，但他强调“远人”不可以“为道”却是正确的。相对于西方文化中的“逻各斯”，中国文化中的天道，并无那样强烈的割裂同经验世界联系的彼岸性。尽管《易传》有所谓的“形而上者之谓道，形而下者之谓器”的说法，《老子》亦有“道可道，非常道；名可名，非常名”的划分，但在中国文化中，道器之间仍无知性意义上的分裂。强调人的在场性，始终是中国文化特别是儒家学说的一个很突出的

---

① 马克思．1844年经济学哲学手稿．北京：人民出版社，2000：81.

② 康有为．万木草堂口说·中庸（一）．北京：中华书局，1988：149.

特点。诚如章学诚所说的那样：“《易》以天道而切人事。”[①]

儒家的中庸观念，一般被认为是反辩证法的、是保守的、是折中主义的，等等。其实，这是一种误解。1939 年 2 月，毛泽东在给张闻天的一封信中说：“‘过犹不及’是两条战线斗争的方法，是重要思想方法之一。一切哲学、一切思想、一切日常生活，都要作两条战线斗争，去肯定事物与概念的相对安定的质。”[②] 他还认为：“这个思想……是孔子的一大发现，一大功绩，是哲学的重要范畴，值得很好地解释一番。”[③] 然而，1939 年 5 月以后，毛泽东在《读艾思奇编〈哲学选辑〉一书的批注》中又对中庸观念提出了批评，他这样写道：“中庸思想本来有折衷主义的成分，它是反对废止剥削又反对过分剥削的折衷主义，是孔子主义即儒家思想的基础。不是‘被人曲解’，他［它］本来是这样的。”[④] 毛泽东还批评说：“中庸思想是反辩证［法］的。他［它］知道量变质，但畏惧其变，用两条战线斗争方法来维持旧质不使变化，这是维持封建制度的方法论。他［它］只是辩证法的一要素，如同形式论理之同一

① 章学诚．文史通义：内篇·易教下．李春伶，校点．沈阳：辽宁教育出版社，1998：6.

② 毛泽东．关于《孔子的哲学思想》一文给张闻天的信（1939 年 2 月 20 日、22 日）//毛泽东．毛泽东文集：第 2 卷．北京：人民出版社，1993：161.

③ 同②162.

④ 毛泽东．读艾思奇编《哲学选辑》一书的批注（1939 年 5 月以后）//中共中央文献研究室．毛泽东哲学批注集．北京：中央文献出版社，1988：364.

律只是辩证法一要素一样，而不是辩证法。”毛泽东进一步指出：“中庸主义包括了死硬派和折衷派两种思想。当其肯定质的绝对安定性，这是同一律，也就是死硬派思想。当其畏首畏尾于过程正反之间成为排中律的反面之唯中律，代表两端间的过渡形态时，他［它］是折衷主义。当新势力与旧势力斗争激烈而胜负未分时，往往出现这种折衷主义。”① 当然，毛泽东的这一批评，主要是从静态角度去理解“中庸”范畴的。但从辩证否定的角度看，中庸也可以作出动态的阐释，并同正、反、合构成的“三一式”联系起来。在这个意义上，它就关系到中国革命道路的历史选择及其合法性问题了。

中庸观念看似是静态的，实则不然，它是在动态中把握事物的“度”，而且是对一切变易的内在制约，变易的观念恰恰蕴含着“中庸”的规定。从辩证法的否定之否定所构成的“三一式”看，由正题到反题再到合题，恰恰是走了一条中庸之道。这种中庸方法甚至在一定意义上成为中国选择马克思主义的方法论原则，左右了我们对马克思主义的择取。当年李大钊在《“第三”》一文中就把“第三之文明”称为“中庸之境”。他写道：“第三者，理想之境，复活之境，日新之境，向上之境，中庸之境，独立之境也。”他进一步认为：“盖‘第三’之

① 毛泽东．读艾思奇编《哲学选辑》一书的批注（1939 年 5 月以后）//中共中央文献研究室．毛泽东哲学批注集．北京：中央文献出版社，1988：380.

说，乃刚柔适宜之说，中庸之说，独立之说也。”[1] 从某种意义上说，正是李大钊所谓的“第三之文明”的诉求，孕育了中国的志士仁人们对俄国十月革命代表的马克思主义所作的历史性选择。

瞿秋白在《赤都心史》中曾批评梁漱溟在文化选择上的中庸之道。梁漱溟在《东西文化及其哲学》（1921 年）中说：“……数千年中国人的生活，除孔家外都没有走到其恰好的线上。所谓第二路向固是不向前不向后，然并非没有自己积极的精神，而只为容忍与敷衍者。中国人殆不免于容忍敷衍而已，惟孔子的态度全然不是什么容忍敷衍，他是无入不自得。惟其自得而后第二条路乃有其积极的面目。亦惟此自得是第二条（路——引者注）的唯一的恰好路线。我们说第二条路是意欲自为调和持中，一切容让忍耐敷衍也算自为调和，但惟自得乃真调和耳。”[2] 瞿秋白把这段话所表达的文化态度，讽刺地称作“二十世纪的《新中庸》”[3]。

梁漱溟的确是推崇中庸之道的，他说：“调和折衷是宇宙的法则，你不遵守，其实已竟无时不遵守了。”[4] 问题在于，

---

① 中国李大钊研究会．李大钊全集：第 1 卷（最新注释本）．北京：人民出版社，2006：173.

② 梁漱溟．东西文化及其哲学．上海：商务印书馆，1922：153－154.

③ 瞿秋白．文艺杂著//瞿秋白．瞿秋白文集（文学编）：第 1 卷．北京：人民文学出版社，1985：303.

④ 同②124.

瞿秋白自己的文化态度又何尝不取中庸之道呢？其实，瞿秋白同梁漱溟在文化选择上的分歧，归根到底不在于中庸与否，而在于具体选择内容上的不相侔。因为梁漱溟明确宣称："我们政治上的第一个不通的路——欧洲近代民主政治的路；我们政治上的第二个不通的路——俄国共产党发明的路；我们经济上的第一个不通的路——欧洲近代资本主义的路；我们经济上的第二个不通的路——俄国共产党要走的路。"① 显然，拒绝走俄国人的路，是为马克思主义者的瞿秋白所不能同意和接受的。因此，究其实质，瞿秋白同梁漱溟之争，并非方法上的，而仅仅是具体内容上的。

儒家的生命意识甚为强烈，以至于决定了它的自我体认方式。这一点，特别明显地体现在现代新儒家对待儒学及其所代表的中国古典文化的态度上。现代新儒家反对那种对中国传统文化作身外之物观的态度，倡导对儒学作生命观。譬如，他们坚决拒绝对本土文化持一种欣赏古董或知识论建构的旁观者姿态，而是主张把本土文化及其传统看成生命本身。他们之所以认为对本土文化须持"同情与敬意的了解"之态度，从根本上说就取决于这种自觉的生命意识。1958 年，张君劢、唐君毅、牟宗三和徐复观联名发表《为中国文化敬告世界人士宣言：我

① 梁漱溟．中国民族自救运动之最后觉悟．北京：中华书局，1935：107－108.

们对中国学术研究及中国文化与世界文化前途之共同认识》，作者申明："我们首先要恳求：中国与世界人士研究中国学术文化者，须肯定承认中国文化之活的生命之存在。"[1] 他们断然拒绝那种对中国文化持"一堆无生命精神之文物，如同死的化石"的"凭吊古迹"的态度，认为中国的"这种学问，不容许人只先取一冷静的求知一对象，由知此一对象后，再定我们行为的态度。此种态度，可用以对外在之自然与外在之社会，乃至对超越之上帝。然不能以之对吾人自己之道德实践，与实践中所觉悟到之心性"[2]。

总之，在辩证法的内涵、基础及实质等诸多方面，马克思主义的立场与儒学的观念，都有其不可忽略的相近或相似之处。我们讨论两者会通之可能性时，不可无视这个思想史事实。

---

① 张君劢，唐君毅，牟宗三，等．为中国文化敬告世界人士宣言：我们对中国学术研究及中国文化与世界文化前途之共同认识//张君劢．新儒家思想史．台北：弘文馆出版社，1986：627.

② 同①640.

九、推崇“践履”与实践唯物主义

如果说马克思主义强调理论与实践的内在统一，那么儒学则强调“知行合一”。确立“做”（实践或践履）的绝对原初性，乃是马克思主义与儒学的共同取向，也是它们的基本姿态。这一原初基础，分别把它们引向了人本学立场。

“践履”：儒家的“亲在”状态

儒家特别强调和推崇“践履”和“躬行”。“践履”是实践情境中的规定，其名词性弱化，动词性凸显。“践履”可谓儒家意义上的“亲在”[①] 状态。值得注意的是，孔子从未对“仁”这个核心概念下过确切的定义，“仁”只是在实践的具体情境中获得其自身的界限和确定性的。定义的办法不过是一种知识论的要求，是一种旁观者的姿态。而我们在《论语》中难

① 这里暂且借用海德格尔哲学的一个关键词“Dasein”。

以找到一个关于何谓“仁”的定义性的表述，真可谓“瞻之在前，忽焉在后”，人们只能是在实践的特定语境中去体认“仁”的含义。《中庸》和《孔子家语·哀公问政第十七》都记载，孔子曰：好学近乎知，力行近乎仁，知耻近乎勇。在孔子那里，“仁”显然是实践性的。《易传》曰：“履，德之基也。”（《周易·系辞下》）孔颖达《周易正义》释曰：“为德之时，先须履践其礼……故履为德之初基也。”[①] 李光地《周易折中》引陆九渊语云：“‘履德之基’，谓以行为德之基也。基，始也。德，自行而进也。不行则德何由而积。”[②] 牟宗三认为，“广义地说，东方的形而上学都是实践的形而上学（practical metaphysics）”。其中尤以儒家为然，因为“儒家是道德的实践”，而“道德的实践是平常所谓实践一词之本义”[③]。

作为孔子学说的核心范畴，“仁”决定了“践履”这一实践品格构成儒家思想的基本特征。朱熹评论道：“论语不说心，只说实事。孟子说心，后来遂有求心之病。”[④] 其实，《论语》也不说仁，只说实事，在实事中显现仁。儒家非常重视“行”。“知行合一”的落脚点依然是“行”。孔子说：“君子欲讷于言而敏于行。”（《论语·里仁》）他还说：“君子以行言，小人以

---

① 孔颖达．周易正义//阮元．十三经注疏：上册．北京：中华书局，1980：89.

② 李光地．周易折中．成都：巴蜀书社，1998：938.

③ 牟宗三．中国哲学十九讲．上海：上海古籍出版社，1997：109.

④ 黎靖德．朱子语类：卷第十九．王星贤，点校．北京：中华书局，1994：429.

舌言。”（《孔子家语·颜回第十八》）“子贡问君子。子曰：‘先行其言而后从之。’”（《论语·为政》）孔子说：“文，莫吾犹人也。躬行君子，则吾未之有得。”（《论语·述而》）他还说：“古者言之不出，耻躬之不逮也。”（《论语·里仁》）如此等等。在“言”“行”之间，孔子更看重并信任“行”，例如他说：“始吾于人也，听其言而信其行；今吾于人也，听其言而观其行。”（《论语·公冶长》）荀子亦曰：“不闻不若闻之，闻之不若见之，见之不若知之，知之不若行之”；而“学至于行之而止矣”（《荀子·儒效》）。他还说：“故坐而言之，起而可设，张而可施行。”（《荀子·性恶》）

牟宗三认为：“宋明儒学问，讲本体必讲工夫，本体、工夫一定两面讲。”同西方哲学相比，中国思想特别是儒学的这方面表现得尤为突出。而这一特点“在西方哲学中就差了”，因为“西方哲学只是当哲学看，重视理论的分解，而不重视工夫”，而“工夫就是所谓的‘实践’”①。在西方哲学中，理论与实践往往是被撅为两截，这正是马克思当年的焦虑之所在。马克思一生都在试图扭转这一方向，致力于反对那种理论关系优先于实践关系的知识论态度，正因此他才宣布：“哲学家们只是用不同的方式**解释**世界，问题在于**改变**世界。”② 当然，

---

① 牟宗三．中国哲学十九讲．上海：上海古籍出版社，1997：373．

② 马克思．关于费尔巴哈的提纲//马克思，恩格斯．马克思恩格斯选集：第1卷．3版．北京：人民出版社，2012：136．

宋明儒学重视工夫，也并非他们自己的发明，而是沿袭了先秦儒学的传统。孔子就特别重视“六艺”，所谓“礼乐射御书数”的工夫。他说：“志于道，据于德，依于仁，游于艺。”（《论语·述而》）在“六艺”中，理论与实践完全是打成一片的。孔子的高足颜渊为什么说老师的学问“瞻之在前，忽焉在后”呢？这是因为“仁”归根到底是个实践的问题，而不是理论的问题，它是无法通过“下定义”的知识论规训可以把握住的。在这个意义上，梁漱溟把孔子的学问归结为生活，可谓真正搔到了痒处。梁漱溟强调说：“从孔子的幼年以至于老年，无论不惑、知天命等，都是说他的生活。他所谓学问就是他的生活。他一生用力之所在，不在旁处，只在他生活上。”[①] 用海德格尔的话说，儒学是“当下上手状态”的，而不是“现成在手状态”的；换言之，它是“亲在”式的“参与”，而非外在式的“旁观”。

关于知与行的关系，儒家是强调行的优先性的，当然是更侧重于道德践履的含义。朱熹曰：“知、行常相须”；“论先后，当以致知为先；论轻重，当以力行为重”[②]。其实，即使是心学一系的王阳明，也特别强调“知行合一”，认为没有先于行

① 李渊庭，阎秉华．梁漱溟先生讲孔孟．桂林：广西师范大学出版社，2003：14.

② 黎靖德．朱子语类：卷九．王星贤，点校．北京：中华书局，1994：148.

的知。他说："未有知而不行者。知而不行，只是未知。"[①] 他还认为："人须在事上磨，方立得住，方能静亦定，动亦定。"[②] 应该说，这些思想都是很深刻的。明儒王廷相甚至提出了"实践"一词，他批评说："近世学者之弊有二：一则徒为泛然讲说，一则务为虚静以守其心，皆不于实践处用功，人事上体验。"[③] 对于这种时弊，他痛心疾首于"求之伦理，昧于躬行；稽诸圣谟，疏于体验"[④]。显然，王廷相所强调的是实践中的"体认"和"亲知"。他主张："讲得一事即行一事，行得一事即知一事，所谓真知矣。"[⑤]

王夫之也表达过类似的观点，例如他说："君子之学，未尝离行以为知也必矣。"而"行可兼知，而知不可兼行"[⑥]；或者说，因为"凡知者或未能行，而行者则无不知"，故"知有不统行，而行必统知也"[⑦]。他还说："知也者，固以行为功者也。行也者，不以知为功者也。行焉可以得知之效也，知焉未可以得行之效也。"[⑧] 显然，在王夫之看来，知与行固然相辅

---

① 王阳明．传习录：上//王阳明．阳明传习录．上海：上海古籍出版社，1992：5.

② 同①13.

③⑤ 王廷相．王氏家藏集：卷二十七·与薛君采二首//王廷相．王廷相集（二）．王孝鱼，点校．北京：中华书局，1989：478.

④ 王廷相．浚川公移集：卷之三·督学四川条约//王廷相．王廷相集（四）．王孝鱼，点校．北京：中华书局，1989：1167.

⑥ 王夫之．尚书引义：卷三·说命中二．北京：中华书局，1962：68.

⑦ 王夫之．读四书大全说：卷六．北京：中华书局，1975：422.

⑧ 同⑥67.

相成，所谓“知行相资以为用”[1]，但两者仍然存在着不对等的关系；两相比较，行最终仍优先于知。因此，王夫之认为：“知而不行，犹无知也。”[2] 又曰：“故知先行后之说，非所敢信也。”[3] 他还强调：学，“必以践履为主，不徒讲习讨论而可云学也”[4]。从一定意义上说，这种对宋儒理学所作的拨乱反正，无疑是向早期儒家实践精神的复归。清代颜元特别强调：“读书无他道，只须在‘行’字著力。”[5]

以儒家为代表的中国传统文化采取的是“体认”的姿态。毛泽东在《实践论》中说：“你要有知识，你就得参加变革现实的实践。你要知道梨子的滋味，你就得变革梨子，亲口吃一吃。”[6] 它的意涵远远超出了狭义认识论的范畴，实际上体现的是把握世界的“亲在”方式。其实，儒家也有类似的主张。譬如，《礼记》即曰：“虽有嘉肴，弗食，不知其旨也；虽有至道，弗学，不知其善也。”（《礼记·学记》）这不应仅仅在狭隘的认识论意义上被领会。宋代诗人陆游有诗云：“纸上得来终觉浅，绝知此事要躬行。”（《冬夜读书示子聿》）“躬行”和

① 王夫之．礼记章句：卷三十一·中庸篇．长沙：岳麓书社，2011：1256.

② 王夫之．四书训义：卷九·论语五．长沙：岳麓书社，2011：408.

③ 王夫之．思问录：内篇．北京：中华书局，2009：20.

④ 王夫之．读四书大全说：卷四．北京：中华书局，1975：217.

⑤ 颜元．颜习斋先生言行录：卷上·理欲第二//颜元．颜元集：下册．王星贤，等点校．北京：中华书局，1987：623.

⑥ 毛泽东．实践论（1937 年 7 月）//毛泽东．毛泽东选集：第 1 卷．2 版．北京：人民出版社，1991：287.

"践履"就是"亲在"，由"亲在"方能达到"亲知"（体认）。孔子说："学而时习之，不亦说乎？"（《论语·学而》）在孔子看来，"学"与"习"密切相关，不可割裂。前者属于认知，后者属于实践。而且，与"学"相比较，孔子显然是把"习"作为落脚点的。钱穆指出："学，效也，觉也。须知与行合一并进始是学。"① 儒家的这一取向，同马克思主义的哲学旨趣存在着某种显著的相似之处。马克思的《关于费尔巴哈的提纲》最后一条就说过："哲学家们只是用不同的方式**解释**世界，问题在于**改变**世界。"② 这充分凸显了马克思主义哲学的特质，即格外重视实践，反对人在与世界打交道时采取理论的态度，而是主张采取实践的态度。这正是马克思所宣示的实践的唯物主义所特有的立场和真谛。

关于儒学的现世性，钱穆指出："孔子思想，是最为近人而务实的。"③ 梁漱溟同样强调："孔子、儒家他总是站在人的立场说话，他说来说去还是归结到人身上。"④ "儒家它站在人的立场，儒家说的话，说来说去不离开人，它从来不离开人，

---

① 钱穆．中国思想通俗讲话．北京：生活·读书·新知三联书店，2005：63.

② 马克思．关于费尔巴哈的提纲//马克思，恩格斯．马克思恩格斯选集：第1卷．3版．北京：人民出版社，2012：136.

③ 钱穆．新亚遗铎．北京：生活·读书·新知三联书店，2004：122.

④ 梁漱溟，艾恺．这个世界会好吗？：梁漱溟晚年口述（增订本）．北京：生活·读书·新知三联书店，2015：121.

连鬼神它都不大谈。”[①]“天道远，人道迩。”（《左传·昭公十八年》）这固然标志着中国古典人本主义的历史性转向，但还不尽然。诚如荀子所言：“道虽迩，不行不至。”（《荀子·修身》）这就在人本立场的基础上更进一步，强调人的实践对道的证成和表征。

从总体上说，中国儒家是颇为看重和强调人的在场性的。庞朴认为，就中国文化在总体上不重对外部自然界的探究，而重人间世和日用伦常这一点来说，带有明显的人文主义色彩。他得出结论说：“在这个意义上，与西方相比而言，中国的文化，从古至今都用‘人文主义’四个字去概括，也许可以抓住一点特征。”[②] 因此，他“倾向于用‘人文主义’四个字来概括中国文化，或者叫做中国文化传统的核心精神”[③]；抑或干脆说“中华文化的核心是人本主义”[④]。其实，对于儒家来说，这一特征尤其鲜明。儒家不注重对外部自然界的探究，又是非出世的，而是把目光收回，反观人的自身，强调人的此在性。就如章太炎所说的，这一传统养成的“国民常性，所察在政事

① 梁漱溟，艾恺．这个世界会好吗?：梁漱溟晚年口述（增订本）．北京：生活·读书·新知三联书店，2015：14.

② 庞朴．文化概念及其他//庞朴．文化的民族性与时代性．北京：中国和平出版社，1988：74.

③ 庞朴．中国传统文化与现代化断想//庞朴．文化的民族性与时代性．北京：中国和平出版社，1988：20.

④ 庞朴．创造有中国特色的现代化文化//庞朴．文化的民族性与时代性．北京：中国和平出版社，1988：27.

日用，所务在工商耕稼。志尽于有生，语绝于无验”[①]。

从这个意义上说，儒学带有显著的人的在场性的特征。譬如《礼记·礼运》曰：“人者，天地之心也。”孟子曰：“万物皆备于我矣。”（《孟子·尽心上》）张载亦有言：“为天地立心。”[②] 王阳明则说，“人者，天地万物之心也；心者，天地万物之主也。心即天，言心则天地万物皆举之矣”[③]。人们一般把这些话当作唯心主义加以指责和拒绝，实则是一种莫大的误解。这些论述，其用意并非在于否定世界的客观实在性，而仅仅是试图说明只有人才能追问并给出存在者之存在何以可能的内在理由。作为“亲在”，人乃构成一切可能的存在者之存在的开窍处。这实与马克思的哲学立场有相近或相通之处。马克思从哲学上对于那种与人相脱离开来的孤立的抽象的自然界的拒绝和否定，就凸显出马克思对人的在场性的先行确认。

儒家倡“躬行”、崇“践履”的取向，决定了它必然注重“现世”。《庄子·齐物论》说：“六合之外，圣人存而不论。”孔子看重的是现世，是人的亲在性。这同马克思在《1844 年经济学哲学手稿》中所说的“被抽象地理解的，自为的，被确

① 章太炎．驳建立孔教议//章太炎．章太炎全集：第4卷．上海：上海人民出版社，1985：195.

② 张载．近思录拾遗//张载．张载集．章锡琛，点校．北京：中华书局，1978：376.

③ 王守仁．王文成公全书：卷之六·答季明德．北京：中华书局，2015：259.

定为与人分隔开来的**自然界**，对人来说也是**无**”[①]，存在着某种义理上的关联。这并非简单的比附，而是深层意涵上的贯通，它显示出“东圣西圣，心同理同”的旨趣和归宿。据《论语》记载：“季路问事鬼神。子曰：‘未能事人，焉能事鬼？’曰：‘敢问死。’曰：‘未知生，焉知死？’”（《论语·先进》）孔子说：“未知生，焉知死？”很明显，孔子在这里强调的是人的当下的生活。这种亲在性只能源自人的“践履”功夫。《礼记·祭义》曰：“众生必死，死必归土，此之谓鬼。”鬼者，归也。对“死”的回避，不能不说是中国文化没有出现西方式的宗教的一个重要原因。

我实践故我在：马克思哲学的真谛

孔子有所谓“敬鬼神而远之”（《论语·雍也》）的说法。“子不语怪、力、乱、神。”（《论语·述而》）正如韦伯所观察到的，“儒教所关注的只是此世的事物”[②]。马克思同样也不关注来世而是关注现世。恩格斯曾经做过一个有趣的类比，他说：“基督教和工人的社会主义都宣传将来会从奴役和贫困中

① 马克思.1844年经济学哲学手稿.北京：人民出版社，2000：116.
② 韦伯.儒教与道教.洪天富，译.南京：江苏人民出版社，1995：181.

得救；基督教是在死后的彼岸生活中，在天国里寻求这种得救，而社会主义则是在现世里，在社会改造中寻求。”① 马克思寻求的这种“现世性”归根到底是通过人的亲在得到的人的在场性来保障的。他拒绝“在天国里”“在死后的彼岸生活中”寻求“得救”。这一取向，显然同孔子的旨趣有其深刻的一致性。在《黑格尔法哲学批判》导言中，马克思通过“虚幻幸福”与“现实幸福”、“虚构的花朵”与“新鲜的花朵”、“虚幻的太阳”与“现实的太阳”等一系列深刻的比喻，给出了一个基本的结论，那就是：“**真理的彼岸世界**消逝以后，**历史的任务**就是确立**此岸世界的真理**。”② 而要实现“确立**此岸世界的真理**”这一目标，就必须先行地确立实践这一初始立场。

黑格尔说过，“人的真正的存在是他的行为”③。黑格尔的这一空洞宣示，在马克思主义那里却获得了真实内涵。马克思特别强调“实践关系”对于“理论关系”的优先性，他写道：“人们决不是首先‘处在这种对**外界物**的理论关系中’。正如任何动物一样，他们首先是要**吃**、**喝**等等，也就是说，并不‘处在’某一种关系中，而是**积极地活动**，通过活动来取得一定的

---

① 恩格斯．论原始基督教的历史//马克思，恩格斯．马克思恩格斯选集：第4卷．3版．北京：人民出版社，2012：327.

② 马克思．《黑格尔法哲学批判》导言//马克思，恩格斯．马克思恩格斯选集：第1卷．3版．北京：人民出版社，2012：2.

③ 黑格尔．精神现象学：上卷．贺麟，王玖兴，译．北京：商务印书馆，1979：213.

外界物，从而满足自己的需要。”[①] 在马克思那里，千言万语无非都是让人回归到自己的“亲在”状态罢了。这一用心最典型地浓缩并体现在马克思《关于费尔巴哈的提纲》的最后一条当中[②]。因此，马克思才把自己的新哲学命名为“实践的唯物主义”，亦即那种“把感性理解为实践活动的唯物主义”[③]。这种新哲学要求信奉它的人必须“实际地反对并改变现存的事物”，因为“全部问题都在于使现存世界革命化”[④]。在更深刻的意义上，马克思推崇实践的立场直接决定了他的哲学观。

在马克思那里，难以找到那种以哲学为对象的“谈论”，有的只是关于哲学式的实践的主张；换言之，马克思不是“说”哲学，而是“做”哲学。马克思当年曾经批评德国的意识形态家们说：“这些哲学家没有一个想到要提出关于德国哲学和德国现实之间的联系问题，关于他们所作的批判和他们自身的物质环境之间的联系问题。”[⑤] 其实，对于思辨哲学的厌倦，在当时的德国已经成为一种相当普遍的社会情绪。譬如歌

---

① 马克思．评阿·瓦格纳的“政治经济学教科书”//马克思，恩格斯．马克思恩格斯全集：第19卷．北京：人民出版社，1963：405.

②③ 马克思．关于费尔巴哈的提纲//马克思，恩格斯．马克思恩格斯选集：第1卷．3版．北京：人民出版社，2012：136.

④ 马克思，恩格斯．德意志意识形态（节选）//马克思，恩格斯．马克思恩格斯选集：第1卷．3版．北京：人民出版社，2012：155.

⑤ 同④145－146.

德就曾说过：“如果我们能够按照英国人的模子来改造一下德国人，少一点哲学，多一点行动的力量，少一点理论，多一点实践，我们就可以得到一些拯救，用不着等到第二个基督出现了。”① 问题在于，试图回到实践是一回事，是否回到了实践则是另一回事。关键是只有马克思才在哲学的本根处给出了回到实践的内在必然性，而这才是马克思在哲学上作出的最伟大的贡献所在。正是这种逻辑的必然性，为我们真正回到实践提供了学理上的可靠保障。因为马克思建构了“把感性理解为实践活动的唯物主义”②，亦即所谓的“实践的唯物主义”。

毛泽东同样强调“哲学”通过回到实践所获得的“解放”。他说：“让哲学从哲学家的课堂上和书本里解放出来，变为群众手里的尖锐武器。”③ 在毛泽东那里，哲学的解放究竟指向什么呢？1964 年 8 月，毛泽东在召集党内人士谈哲学问题时指出：哲学界的缺点，是没有搞实际的哲学，而是搞书本的哲学④。同年更早些时候，在与吴冷西谈《人民日报》宣传问题

---

① 爱克曼．歌德谈话录．朱光潜，译．北京：人民文学出版社，1978：172.

② 马克思．关于费尔巴哈的提纲//马克思，恩格斯．马克思恩格斯选集：第 1 卷．3 版．北京：人民出版社，2012：136.

③ 毛泽东．学习马克思主义的认识论和辩证法（1963 年—1965 年）//毛泽东．毛泽东文集：第 8 卷．北京：人民出版社，1999：323.

④ 中共中央文献研究室．毛泽东年谱（一九四九——一九七六）：第 5 卷．北京：中央文献出版社，2013：389.

时，毛泽东指出：抓哲学，要抓活哲学[①]。什么才是“活哲学”？就是那种同现实生活打成一片的哲学，而不是那种同生活撅为两截的哲学，不是哲学家书房里或书本上的哲学。如前所述，马克思和恩格斯当年就曾尖锐地批判过德意志意识形态家们所持的思辨哲学与现实生活相剥离的抽象性。毛泽东同样反对那种脱离实践和现实生活的本本主义态度，他强调说：“从书本到书本，从概念到概念，书本里怎能出哲学？”[②] 早在延安时期，毛泽东就在哲学批注中指出，“书斋中不能发展理论”[③]。马克思同样主张哲学的解放。在马克思那里，哲学不再是哲学家书房里的思辨游戏，而是变成了对人的存在的自我展现及其完成本身的反思形式或把握方式，从而把哲学真正地广义化了。这与中国传统文化对思想的理解相吻合。

众所周知，强调实践性乃是马克思主义哲学的最鲜明、最突出，也是最本质的特征。这是它区别于一切旧哲学的最根本的标志。马克思正是以“实践”性来命名自己所创立的新哲学，他把自己的哲学叫做“实践的唯物主义”，或曰“把感性

① 中共中央文献研究室．毛泽东年谱（一九四九—一九七六）：第5卷．北京：中央文献出版社，2013：303.

② 同①388.

③ 毛泽东．读西洛可夫、爱森堡等著李达、雷仲坚译《辩证法唯物论教程》（中译本第四版）一书的批注（1941年3月以后）//中共中央文献研究室．毛泽东哲学批注集．北京：中央文献出版社，1988：421-422.

理解为实践活动的唯物主义”①。马克思主义哲学在其本质上和基本性格上都具有强烈的实践性。正如恩格斯在《在马克思墓前的讲话》中所说的那样，“马克思首先是一个革命家”②。马克思的这一角色，同马克思的哲学立场和信念是内在地一致的。一位俄国学者在马克思逝世时写的纪念文章中说：“有些思想家坐在书桌旁声称要摧毁世界，但在街头踩到一个鞭炮就会吓得缩成一团。马克思不属于这一类思想家。”③ 的确，马克思绝对不是那种坐而论道的思辨哲学家，而是起而实行的实践家。当然，作为实践家的马克思是通过他的深刻反思把握住了何以必须回到实践的内在理由的，因此，他又绝不是那种盲目自在的实践家，而是自觉自为的实践家。

马克思主义及其哲学的真正力量，归根到底就在于马克思所谓的“实践能力的明证”，而不在于“理论”本身的“高雅”和“完美”。毛泽东同样秉持了这种精神，他在回顾中国共产党的历史时指出：“他们（指党内的教条主义者——引者注）说我一点马克思主义都没有，而他们是百分之百的布尔什维

---

① 马克思．关于费尔巴哈的提纲//马克思，恩格斯．马克思恩格斯选集：第1卷．3版．北京：人民出版社，2012：136.

② 恩格斯．在马克思墓前的讲话//马克思，恩格斯．马克思恩格斯选集：第3卷．3版．北京：人民出版社，2012：1003.

③ 舍维奇．马克思与俄国社会主义者//丰纳．马克思逝世之际：1883年世界对他的评论．王兴斌，译．北京：北京出版社，1983：198.

克。可是这些百分之百的布尔什维克却使白区损失百分之百，苏区损失百分之九十。”① 毛泽东基于历史上的经验教训，明确肯定：“实践高于认识。”②

以梁漱溟为参照，我们可以更清晰地看出毛泽东的某些特点。梁漱溟曾自况：“就中国的学问说吧，中国的学问、中国的文化，论底子我是很差的，我已经说过了，我没念古书，可是中国的古书里头好的、精髓的，帮助我很多，我还是能领会。比如像中国最大的学问家——孔子，我觉得我对孔子的了解、懂得，比那个宋朝的朱子——朱熹，懂得要多一些。”梁氏认为：“我是创造性多过学习。……好像我从外边所得的都是一些资料，资料到我手里头，我把它运用、创造。我是一个创造性比较大的人。”③ 梁漱溟反复强调说，“我不是一个学者”④，这是他的自我定位。早年的梁漱溟就认为自己不是“学问中人”，而是“问题中人”。例如，他在《自述》（1934 年）中就曾反思道：“我省思再四，我自己认识我，我实在不是学问中人，我可算

---

① 毛泽东．关于人的认识问题（1964 年 8 月 24 日）//毛泽东．毛泽东文集：第 8 卷．北京：人民出版社，1999：393.

② 毛泽东．读米丁等著沈志远译《辩证唯物论与历史唯物论》（上册）一书的批注（1937 年 7 月以前）//中共中央文献研究室．毛泽东哲学批注集．北京：中央文献出版社，1988：142.

③ 梁漱溟，艾恺．这个世界会好吗?：梁漱溟晚年口述（增订本）．北京：生活·读书·新知三联书店，2015：101.

④ 同③86.

是‘问题中人’。”[①] 梁漱溟说：“我承认自己是一个有思想的人，并且是本着自己思想而去实行、实践的人，我就是这么一个人。我对学术啊、学者啊，对中国的老学问不行。……小时候没有念过‘四书五经’，‘四书五经’的书里面有些个生字，我现在还不会认。”[②] 耐人寻味的是，即使如此，也丝毫未曾妨碍梁漱溟成为“最后一个儒家”。

1964 年 2 月 13 日，毛泽东在一次座谈会上说：书不一定读得很多。马克思主义的书要读，读了要消化。读多了，又不能消化，也可能走向反面，成为书呆子，成为教条主义者、修正主义者[③]。毛泽东曾批评马克思主义经学化的倾向及其危险。同年 3 月 17 日，在会见智利共产党左派—斯巴达克派代表团时，毛泽东曾谈到读马列主义经典著作，他又坦率地承认：马列主义的经典著作有很多我还没有看过，只看过少数。马列主义经典著作读个几十本也就差不多了，要注意拿书本作为观点来研究事情。书不可不读，但不可多读。读多了，就成为书呆子，不会工作[④]。在读经典著作方面，毛泽东认为也是

---

① 梁漱溟．自述//中国文化书院学术委员会．梁漱溟全集：第 2 卷．济南：山东人民出版社，1990：3.

② 梁漱溟，艾恺．这个世界会好吗?：梁漱溟晚年口述（增订本）．北京：生活·读书·新知三联书店，2015：86－87.

③ 中共中央文献研究室．毛泽东年谱（一九四九—一九七六）：第 5 卷．北京：中央文献出版社，2013：315.

④ 同③324.

“过犹不及”。其关键在于能否在实践中创造性地运用。毛泽东的成功之处，也是高明之处，也正在于此。其实，早在1943年，毛泽东就曾指出：“我常常觉得，马克思主义这种东西，是少了不行，多了也不行的。中国自从有那么一批专门贩卖马克思的先生们出现以来，把整个共产党闹得乌烟瘴气，白区的共产党为之闹光，苏区与红军为之闹掉百分之九十以上……全都是吃了马克思主义太多的亏。”[①] 少了，容易犯经验主义的错误；多了，则容易犯教条主义的错误，可谓“过犹不及”。因此，毛泽东是不太信任学院派哲学的。他指出：单从学院中出来的哲学家大都不行，必须务点实。马克思因为是搞革命的，才能有马克思主义的理论[②]。

青年毛泽东确立的教育理念和教育理想，就是学习应该同生活打成一片，教育不能同生活撅为两截。毛泽东在《学生之工作》（1919年12月1日）中说：“工作须为生产的，与实际生活的。”他还强调说：“学生在学校所习，与社会之实际不相一致，结果则学生不熟谙社会内情，社会也嫌恶学生。”[③] 他

---

① 高新民，张树军．延安整风实录．杭州：浙江人民出版社，2000：101.

② 中共中央文献研究室．毛泽东年谱（一九四九——一九七六）：第3卷．北京：中央文献出版社，2013：366.

③ 中共中央文献研究室，中共湖南省委《毛泽东早期文稿》编辑组．毛泽东早期文稿（一九一二年六月——一九二〇年十一月）．长沙：湖南人民出版社，2008：407.

总结道："旧日读书人不预农圃事，今一边读书，一边工作，以神圣视工作焉，则为新生活矣。"[1] 毛泽东提倡教育的工读模式。这些观点，说到底都是旨在凸显实践的重要性和优先地位。

中华人民共和国成立之后，毛泽东在谈到医学教育改革时指出，医学教育主要应该是在实践中提高。他甚至强调，书读得越多越蠢[2]。有人批评毛泽东的这个说法带有某种"反智主义"色彩，其实这种批评未曾真正读懂并理解毛泽东的深刻用心。毛泽东实际上是试图强调实践相对于书本知识这一理论态度所具有的至上性。这一立场，既体现了中国传统文化特别是儒家文化的偏好，也契合了马克思主义及其哲学的实践特质。它的实质不在于作为工具的知识论建构是否重要的问题，而是关乎整个哲学的基本取向是否回到实践的终极原初性上来的问题。

毛泽东在延安时期读苏联学者写的各种马克思主义哲学教科书时所作的批注，既受到教科书内容的启发，也深刻地渗透着中国传统文化的优秀因子。譬如，他认为事物"只有在实践

---

① 中共中央文献研究室，中共湖南省委《毛泽东早期文稿》编辑组．毛泽东早期文稿（一九一二年六月——九二〇年十一月）．长沙：湖南人民出版社，2008：411.

② 中共中央文献研究室．毛泽东年谱（一九四九——九七六）：第5卷．北京：中央文献出版社，2013：505.

过程中才能暴露其本质而理解他［它］”[①]，“认识以实践始以实践终”[②]；特别强调“实践高于认识”，“实践是真理的标准”[③]。毛泽东强调说：检验真理的唯一标准是实践[④]。他还写道：“哲学的研究不是为着满足好奇心，而是为改造世界。”[⑤]在毛泽东看来，哲学研究的目的说到底在于实践本身。1965年，毛泽东在同斯诺谈话时曾表示：“自己认为《实践论》是比《矛盾论》更重要的一篇文章。”[⑥]这大概不仅仅是一种写作质量上的评价，更是实践与辩证法在理论重要性或优先性上的比较。

---

① 毛泽东．读西洛可夫、爱森堡等著李达、雷仲坚译《辩证法唯物论教程》（中译本第三版）一书的批注（1936年11月—1937年4月）//中共中央文献研究室．毛泽东哲学批注集．北京：中央文献出版社，1988：30.

② 同①37.

③ 毛泽东．读米丁等著沈志远译《辩证唯物论与历史唯物论》（上册）一书的批注（1937年7月以前）//中共中央文献研究室．毛泽东哲学批注集．北京：中央文献出版社，1988：142.

④ 中共中央文献研究室．毛泽东年谱（一九四九——九七六）：第5卷．北京：中央文献出版社，2013：512.

⑤ 同③152.

⑥ 斯诺．漫长的革命．伍协力，译．上海：上海人民出版社，1975：210.《毛泽东年谱》的记载是，1965年1月9日，毛泽东在会见斯诺时曾说过：其实，《矛盾论》不如《实践论》那篇文章好［中共中央文献研究室．毛泽东年谱（一九四九——九七六）：第5卷．北京：中央文献出版社，2013：466.］。另据《毛泽东年谱》记载，1965年1月23日，毛泽东在另外的场合谈到自己的著作时又说过：我的那些东西还有用？那些是历史资料了，只能参考参考。……我只有一篇好的——《实践论》，还有点用［中共中央文献研究室．毛泽东年谱（一九四九——九七六）：第5卷．北京：中央文献出版社，472.］。由此不难看出《实践论》在毛泽东心目中的分量。这种重要性在很大程度上取决于实践在整个毛泽东思想中的地位和意义。

《实践论》和《矛盾论》是毛泽东由为讲授马克思主义哲学而做的讲义中的两节改写而成的。据温济泽回忆，毛泽东1937年在红军大学（抗日军政大学的前身）讲授过马克思主义哲学课，为此写过一本《辩证法唯物论（讲授提纲）》；而后来编入《毛泽东选集》的《实践论》就是该提纲第二章中的一节，《矛盾论》就是该提纲第三章中的一节[①]。值得注意的是，《实践论》作为创造性地阐释马克思主义认识论的著作，其副标题就被冠以“论认识和实践的关系——知和行的关系”，其中用了典型的中国式的措辞。《实践论》的标题本身就带有浓厚的象征意味，它表明毛泽东所阐释的马克思主义哲学，不仅采取了中国式的语言，而且利用了中国思想的形式（这种形式不只是一种外在形式，更是一种内在形式）。毛泽东试图用中国思想所特有的语汇来表征马克思主义哲学的意蕴，这在思想上实践了他自己所提出的“中国作风和中国气派”的要求。

关于“知行合一”，毛泽东通过对马克思主义认识论的阐释所作的创造性发挥，融入了中国传统哲学思想和理念。对此，贺麟认为，在“知行合一”问题上，从朱熹、王阳明、王夫之、孙中山到毛泽东的《实践论》是一脉相承的。当然，毛

① 温济泽．毛泽东同志在延安是怎样教导我们学哲学的．学习与思考，1982（4）：1.

泽东是从马克思主义哲学的角度重新阐释了儒家的“知行合一”思想，但不能否认其中对传统思想资源的利用和继承。正如贺麟所指出的：“他文（指毛泽东的《实践论》——引者注）中虽未提到他们（指朱熹、王阳明、王夫之、孙中山等思想家——引者注），然而他又没有把他们的贡献完全抛开，他对于知行问题的重点提出，对于知行结合的注重和把实践提到最前面，以及在他的文章所包含的许多中国优秀哲学遗产的思想和结论，都足以证明是尽量吸收了前人优良的成果的，这就使他的《实践论》于发展马列主义的认识论时，复具有新颖的与中国革命实践相结合的哲学理论。”①

在《实践论》中，毛泽东强调“行”构成“知”的来源、动力、标准和目的。正如毛泽东在《整顿党的作风》（1942 年 2 月 1 日）中指出的那样：“对于马克思主义的理论，要能够精通它、应用它，精通的目的全在于应用。”② 需要说明的是，毛泽东对于实践的强调，既是中国传统文化特别是儒家文化的体现，同时也是马克思的实践唯物主义的内在要求；既是认识论的立场，更是存在论意义上的原初基础的奠定。

儒家重践履、重效验、重实际的基本取向，无疑为中国选

---

① 贺麟．五十年来的中国哲学．北京：商务印书馆，2002：209.

② 毛泽东．整顿党的作风（1942 年 2 月 1 日）//毛泽东．毛泽东选集：第 3 卷．2 版．北京：人民出版社，1991：815.

择马克思主义提供了文化尺度。众所周知，俄国十月革命构成马克思主义中国化的重要契机和关键节点。正如毛泽东在《论人民民主专政》（1949 年 6 月 30 日）中所言："十月革命一声炮响，给我们送来了马克思列宁主义。"[①] 这个论断无疑是合乎历史事实的。蔡和森同样指出："现在完全的马克思主义及无产阶级专政既在俄罗斯实现有效。于是各国觉悟的工人莫不醉心于红色化。"[②] 无政府主义者江亢虎后来追忆说："社会主义确为救时之良策。溯自卡尔马克司出世，社会主义已由理想而进于事实，由非科学的而入于科学范围。但马克司虽立基础，终未有人见之施行，故仍不免计之空言。及 1917 年，俄国革命成功，社会主义完全见之事实。当时兄弟适在美国，闻之'喜而不寐'，即决定归国至俄一考察其究竟。"[③] 美国学者德里克更具体地指出："在俄国革命的唤醒下，中国知识分子就马克思主义理论进行了第一次严肃的讨论。从此以后，他们关于马克思主义理论的知识和兴趣均不断增长。"[④] 由此不难窥见，俄国十月革命的实践效应在当时中国知识分子阶层的心

---

① 毛泽东．论人民民主专政（1949 年 6 月 30 日）//毛泽东．毛泽东选集：第 4 卷．2 版．北京：人民出版社，1991：1471.

② 蔡林彬．蔡林彬给毛泽东（1920 年 9 月 16 日）//蔡和森．蔡和森文集．北京：人民出版社，1980：66－67.

③ 江亢虎．江亢虎博士演讲录：第 4 集．上海：南方大学出版部，1924：45.

④ 德里克．革命与历史：中国马克思主义历史学的起源，1919—1937．翁贺凯，译．南京：江苏人民出版社，2010：19.

灵中所引发的震撼。

当然，十月革命对马克思主义传入中国并在中国传播开来的影响是相当复杂的，任何简单化的判断都是有违历史真实的。周策纵就认为："当中国知识分子努力吸取西方思想家的自由和民主的传统时，却遇到了中国所实行的商业和殖民地化的严峻现实，正是在这个关键时刻，苏俄便对他们产生了很大的诱惑力。"① 应该说，这是中国受到俄国影响而接受马克思主义的社会现实原因。但从深层看，这仍然不过是实践需要的体现。

令人深思的是，早在俄国十月革命爆发前，马克思主义的学说就已传入中国，为什么只有十月革命的"一声炮响"，才为我们送来了马克思列宁主义呢？归根到底是因为俄国十月革命爆发，使马克思主义这一理论变成了一种令人信服的"物质力量"，达成了马克思所说的"实践能力的明证"②，这也正是其"理论的彻底性"的最有说服力的表征。正如史华慈所指出的，"鉴于 1919 年之后马克思—列宁主义在中国的迅速传播，人们惊奇地发现，在俄国革命前的几年里马克思主义本身在中

---

① 周策纵．五四运动：现代中国的思想革命．周子平，等译．南京：江苏人民出版社，1999：213.

② 马克思．《黑格尔法哲学批判》导言//马克思，恩格斯．马克思恩格斯选集：第1卷．3版．北京：人民出版社，2012：10.

国很少引起关注”[1]。他认为，这主要是因为十月革命前，人们不了解马克思主义能够适合于落后的东方，而十月革命的爆发，使这种可能性以其显豁的方式呈现出来，并变成了真切的现实性，这引起中国人的极大兴趣。

1945 年 2 月，毛泽东在《时局问题及其他》中指出：“十月革命头一天爆发，第二天中国人民就知道了。同志们，革命行动的实际影响比理论宣传文章传播得快得多。”[2] 在中国，“革命行动的实际影响”远比“理论宣传文章传播得快得多”。之所以如此，除了一般原因外，更有中国文化特别看重实践及其实际效果这一特殊原因。诚如李泽厚所言：“马克思主义在中国，一开始便是作为指导当前行动的直接指南被接受、理解和运用的。马克思主义在中国的第一天所展现的便是这种革命实践的性格。”[3] 这也再次印证了马克思的那句有名的话：“理论在一个国家实现的程度，总是取决于理论满足这个国家的需要的程度。”[4]

晚清以降，特别是五四新文化运动以来，随着“西学东

① 史华慈．中国的共产主义与毛泽东的崛起．陈玮，译．北京：中国人民大学出版社，2013：1.

② 毛泽东．时局问题及其他（1945 年 2 月 15 日）//毛泽东．毛泽东文集：第 3 卷．北京：人民出版社，1996：249.

③ 李泽厚．试谈马克思主义在中国//李泽厚．中国现代思想史论．北京：东方出版社，1987：144.

④ 马克思．《黑格尔法哲学批判》导言//马克思，恩格斯．马克思恩格斯选集：第 1 卷．3 版．北京：人民出版社，2012：11.

渐”的日益深入，西方的思潮和学说传入中国的相当繁多，为什么最后独独马克思主义胜出？社会主义思潮是“五四”时期的主流，但它也是鱼龙混杂的，有圣西门、傅立叶、欧文的空想社会主义，罗素的基尔特社会主义，武者小路实笃的新村主义，托尔斯泰的泛劳动主义，还有无政府主义、合作主义等，无政府主义中又包括施蒂纳的个人无政府主义、蒲鲁东的社会无政府主义、巴枯宁的团体无政府主义、克鲁泡特金的无政府共产主义等，可谓流派纷呈，令人目不暇接、眼花缭乱。马克思主义的科学社会主义是在同它们的斗争和博弈中逐渐胜出的。经过思想界的大浪淘沙，通过历史的选择、时代的选择、文化的选择、实践的选择，马克思主义最后被中国文化所接纳。

从特定的语境和历史的长时段看，这绝不是偶然的，而是有其深刻的历史的和文化的原因。从某种意义上说，一个重要的原因就在于马克思主义本身所具有的“理论的彻底性”，并在现实中获得了“实践能力的明证”。1920 年 11 月，青年毛泽东在写给李思安的信中说：“湖南须有一些志士从事实际的改造，你莫以为是几篇文章所能弄得好的。”① 此处最可注意者，是所谓的“从事实际的改造”。在毛泽东那里，这既是选

---

① 毛泽东．致李思安信（1920 年 11 月 25 日）//中共中央文献研究室，中共湖南省委《毛泽东早期文稿》编辑组．毛泽东早期文稿（一九一二年六月——一九二〇年十一月）．长沙：湖南人民出版社，2008：500.

择理论的出发点，也是选择理论的归宿。能否对中国社会加以实际的改造，乃是其理论选择的唯一判准。对此，青年毛泽东在中国共产党成立前夕同蔡和森等人的通信中也特别地谈到了，他这样写道："我对于罗素的主张，有两句评语，就是'理论上说得通，事实上做不到'。"① 而"事实是当前的，是不能消灭的，是知了就要行的"②。按照这种"知了就要行"的标准，毛泽东认为只有马克思主义是最为符合的。后来，他在单独致蔡和森的一封信中又写道："唯物史观是吾党哲学的根据，这是事实，不象唯理观之不能证实而容易被人摇动。"③由此也就不难理解，为什么马克思主义早就开始传入中国，而只有俄国十月革命的成功，才促成了中国对于马克思主义的真正接纳和认同。

1920年12月，毛泽东在给蔡和森等人的通信中曾着重谈到中国未来的选择，在改良与革命之间更倾向于革命而拒绝改良。罗素于1920年曾到访中国，大力宣扬改良主义主张。毛泽东批评道：改良主义方案虽然"在真理上是赞成的，但在事

---

① 毛泽东．致蔡和森等（1920年12月1日）//毛泽东．毛泽东书信选集．北京：人民出版社，1983：5.

② 同①7.

③ 毛泽东．致蔡和森（1921年1月21日）//毛泽东．毛泽东文集：第1卷．北京：人民出版社，1993：4.

实上认为做不到”[①]。他还强调说：“我对于绝对的自由主义，无政府的主义，以及德谟克拉西主义，依我现在的看法，都只认为于理论上说得好听，事实上是做不到的。”[②] 显然，毛泽东把事实上能否做到作为一种理论或学说是否值得选择的一条非常重要的标准。俄国十月革命的成功及其所证明的马克思主义，恰恰在这个方面具有其独特的优势，因为它已经以其物质的力量表明在“事实上做到”了。瞿秋白同样强调马克思主义哲学的“唯实”品格，他在《赤都心史》中写道：“唯实的，历史的唯物论有现实的宇宙。”[③] 在毛泽东看来，“唯物史观”之为“事实”，就在于它已经为十月革命所证实，这恰恰是他之所以做出“以俄为师”之选择的重要凭据。于是，“走俄国人的路——这就是结论”[④]。

毛泽东特别强调理论同实践之间的不可剥离性，亦即知与行的内在统一，而且主张这种统一的基础是行而非知。他说：“一个中国的马克思主义者，如果不懂得从改造中国中去认识中国，又从认识中国中去改造中国，就不是一个好的中国的马

---

① 毛泽东．致蔡和森等（1920年12月1日）//毛泽东．毛泽东书信选集．北京：人民出版社，1983：4-5.

② 同①8.

③ 瞿秋白．赤都心史//瞿秋白．瞿秋白文集（文学编）：第1卷．北京：人民文学出版社，1985：248.

④ 毛泽东．论人民民主专政（1949年6月30日）//毛泽东．毛泽东选集：第4卷．2版．北京：人民出版社，1991：1471.

克思主义者。”[1] 在毛泽东看来，中国的马克思主义者只有立足于对中国的认识和改造，并在这种认识和改造的积极的互动中，才能真正“证成”马克思主义的实践能力。毛泽东主张在战争中学习战争，这体现了实践优先性的原则和立场。他指出：“从战争学习战争——这是我们的主要方法。……常常不是先学好了再干，而是干起来再学习，干就是学习。”[2] 1965年8月，毛泽东在会见印度尼西亚共产党代表团时说：书是靠不住的，主要是要创造自己的经验。在打仗时，不要带着书，要狠狠把它丢掉，认真打仗。打仗是个大学校[3]。用海德格尔的话说，这种态度乃是“当下上手状态”的，而非“现成在手状态”的。

在归根到底的意义上，毛泽东思想作为“活的马克思主义”，是通过具体的实践“显现”出来的，而并不是靠书本“谈论”出来的。正如史华慈所说：“我认为，将‘毛泽东的思想’作为一个抽象的整体，而与他的政治生活割裂开来，这种做法极不明智。在毛泽东的政治生涯中，他的思想世界逐渐显

① 毛泽东．驳第三次“左”倾路线（节选）（1941年）//毛泽东．毛泽东文集：第2卷．北京：人民出版社，1993：344.

② 毛泽东．中国革命战争的战略问题（1936年12月）//毛泽东．毛泽东选集：第1卷．2版．北京：人民出版社，1991：181.

③ 中共中央文献研究室．毛泽东年谱（一九四九—一九七六）：第5卷．北京：中央文献出版社，2013：518.

现。”[①] 毛泽东也是反对对马克思主义采取一种外在的旁观态度，而是主张采取一种内在的体认态度。譬如，他指出：“不管事物内部情况，将马克斯［思］主义原理硬套在事物上，说该事物应如何如何。这就是‘全然从外面去应用马克斯［思］主义原理’。”[②] 毛泽东强调把马克思主义哲学变成实际的运思能力和实践能力。他批评道：“特别值得注意的，是一些号称学得了马克思主义的共产党员。他们学得了社会发展史——历史唯物论，但是一遇到具体的历史事件，具体的历史人物（如像武训），具体的反历史的思想（如像电影《武训传》及其他关于武训的著作），就丧失了批判的能力，有些人则竟至向这种反动思想投降。”[③] 针对哲学本身的“实践”，也就是实际地运思。正如马克思所说：“哲学的**实践**本身是**理论的**。”[④] 与此相类似，早期儒家并未把自己的信条变成“学问”的诉求。

从某种意义上说，当儒家沦为“儒学”之后，客观上已经

---

① 史华慈．作为哲学家的毛泽东//威尔逊．历史天平上的毛泽东．王伟丽，译．北京：中国人民大学出版社，2015：10.

② 毛泽东．读艾思奇编《哲学选辑》一书的批注（1939年5月以后）//中共中央文献研究室．毛泽东哲学批注集．北京：中央文献出版社，1988：312－313.

③ 毛泽东．应当重视电影《武训传》的讨论（1951年5月20日）//毛泽东．毛泽东文集：第6卷．北京：人民出版社，1999：167.

④ 马克思．德谟克利特的自然哲学和伊壁鸠鲁的自然哲学的差别//马克思，恩格斯．马克思恩格斯全集：第40卷．北京：人民出版社，1982：258.

偏离了儒家的原初旨趣和本真诉求。在孔子那里，并没有关于“仁”的学究式的定义，有的只是特定实践情境下的“仁”的“显现”，孔子正是利用它让人们体认“仁”而已。以至于孔子的高足颜回感叹道：“仰之弥高，钻之弥坚。瞻之在前，忽焉在后。”（《论语·子罕》）同样地，马克思主义也不主张把自己的学说“学问化”，以至于马克思拒绝人们把他称作一个“马克思主义者”。教条主义乃是马克思终其一生都在担忧的一种危险，防止教条化始终是马克思一生都在关切的一个重要任务。马克思从来都没有试图把自己的思想变成一种供研究的对象来处理。在马克思的所有论著中，我们几乎找不到定义性的文字，有的只是实际地运思，其哲学仅仅是在这种实际的运思中“显现”出来的，而绝非通过对象化、主题化的探究“谈论”出来的。这也正是马克思从来都没有写出过关于辩证法的小册子的一个关乎其哲学观的重要原因。

对于东方国家选择和建设社会主义来说，更多地不是一个理论的问题，更不是一个思辨的问题，而是一个实践的问题。正如列宁在十月革命胜利后所说的那样：“对俄国来说，根据书本争论社会主义纲领的时代也已经过去了，我深信已经一去不复返了。今天只能根据经验来谈论社会主义。”[①] 同普列汉

① 列宁．在全俄苏维埃第五次代表大会上关于人民委员会工作的报告//列宁．列宁全集：第34卷．2版．北京：人民出版社，1985：466.

诺夫相比，列宁更重视实践，这正是他取得成功的关键所在。据列宁夫人克鲁普斯卡娅回忆："普列汉诺夫……他是一个理论家，也仅仅是一个理论家。而列宁不仅是理论家、鼓动家，而且还是组织家。……弗拉基米尔·伊里奇（即列宁——引者注）认为，他（即普列汉诺夫——引者注）是一个很了不起的理论家……普列汉诺夫的不幸就在于他不大了解俄国的具体情况，不大了解日益增长的力量——他在国外呆的太久了。"[①]在一定意义上，这也正是教条主义的危害在东方国家表现得格外突出和更加严重的历史原因所在。

所以必须承认，马克思主义与儒学在精神气质上的融贯，乃是一个不争的事实。宋儒张载提出："为天地立心，为生民立道，为去圣继绝学，为万世开太平。"[②] 从某种意义上说，马克思主义正是这一使命的追求者和兑现者。马克思的实践本体论正是"为天地立心"；马克思学说的拯救情结，正是"为生民立道"；马克思的学说作为人类文明成果的批判地继承的集大成者，正是"为去圣继绝学"；马克思学说所追求的人类的历史解放，正是"为万世开太平"。

马克思主义与儒学在精神气质上的这种一致性落实到 20

---

① 徐荣庆．对苏联哲学界关于德波林问题争论的反思//北京高等学校哲学教学研究会．哲学专题研讨："马克思主义哲学研讨讲习会"专题讲稿汇编．北京：北京高等学校哲学教学研究会，1986：300.

② 张载．近思录拾遗//张载．张载集．章锡琛，点校．北京：中华书局，1978：376.

世纪，可以通过作为“最后一位儒家”的梁漱溟典型地体现出来。正如艾恺所刻画和概括的那样：“与许多20世纪的儒家信徒相比较起来，他（指梁漱溟——引者注）更接近传统的儒者，确实地在生活中实践他的思想，而非仅仅在学院中高谈。梁先生以自己的生命去实现对儒家和中国文化的理想，就这点而言，他永远都是独一无二的。”①

① 艾恺．初版序言//梁漱溟，艾恺．这个世界会好吗?：梁漱溟晚年口述（增订本）．北京：生活·读书·新知三联书店，2015.

十、马克思主义与儒学在历史观上的亲和性

中国传统文化特别是儒家关于"命运"的观念，一方面肯定历史的必然性，一方面则又承认偶然性的存在，从而为容纳人的能动作为保留了"地盘"。因此，儒家对历史的审视是双重的，它既讲究历史的定数，又注重历史的道德含义，毋宁说，体现着真与善的统一。"命"，即令，它是不能违背的。命定的，即是必然的。儒家认为，"天命不可违"。所谓"成事在天，谋事在人"，这无疑很好地兼顾了客观必然性和主观能动性的两个方面。这在历史观层面上，同马克思主义关于人类社会发展的合规律性与合目的性的统一，也存在着某种契合关系。

成事与谋事：儒家的命运观

有道是：成事在天，谋事在人。成事有其必然性，但它并不妨碍谋事；相反，唯有通过谋事，最后才能成事。而谋事就

有待于发挥人的主观能动性了。在儒家那里，“命”者，在天曰必然，在人曰当然。处当然，安之若素，此之谓命。若不得已而然，非安命也。《庄子》有言：“知其不可奈何而安之若命，德之至也。”（《庄子·人间世》）唯其如此，方能“从心所欲不逾矩”，方能“无可无不可”。在此意义上，儒家所谓的“安命”，正是必然与自由的统一，即既自然而然又自觉自愿，也就是合规律性与合目的性的内在统一。正如明儒李中在《谷平日录》中所言：“君子思不出其位，安命也。若待不得已然后言命，非安命也。”①

孔子自任：“五十而知天命。”（《论语·为政》）他还说：“君子有三畏：畏天命，畏大人，畏圣人之言。”（《论语·季氏》）其实，这“三畏”，归根到底在于“畏天命”，因为“大人”和“圣人之言”，其根据仍然源自“天命”。孔子接着说：“小人不知天命而不畏也，狎大人，侮圣人之言。”（《论语·季氏》）可见，“不知天命”乃是根本原因，“狎大人”和“侮圣人之言”只是结果罢了。诚如有学者所言：“在这‘三畏’之中，‘天命’是主帅，‘大人’是奉‘天’承‘命’的人间代表，而‘圣人之言’就是这种‘天命’的人间语言化或书面化。”② 所以，孔子并没有拒绝“天”或者“天命”，而只是把

---

① 黄宗羲．明儒学案（修订本）：下．北京：中华书局，2008：1263.

② 杨柳桥．论孔教//《社会科学战线》编辑部．哲学史论丛．长春：吉林人民出版社，1980：126－127.

它贯彻到人间世的日用伦常之中而已，不再把它视为与人的存在无关的规定。

孔子言“命”，曰：“道之将行也与，命也；道之将废也与，命也。”（《论语·宪问》）儒家认为，“人乃天之所生，性乃天之所命”[①]。诚如《中庸》所言：“天命之谓性，率性之谓道，修道之谓教。”按钱穆的诠解：“道有天道、人道之别，而此处所谓率性之道，则即天道，亦即人道。”[②] 但天道毕竟为人道提供依据，亦即人道顺应天道而非相反。因此，钱穆认为：“人性原于天，而仍可通于天，合于天。”[③] 由“天”到“人”的贯彻及其顺序，由此可见一斑。其实，孔子早就讲过：“道不远人，人之为道而远人，不可以为道。”（《礼记·中庸》）

虽然孔子认为天命不可违，所谓“死生有命，富贵在天”（《论语·颜渊》），甚至认为“获罪于天，无所祷也”（《论语·八佾》），孟子也说“顺天者存，逆天者亡”（《孟子·离娄上》），但儒家同时又承认并肯定后天人为努力的重要性和不可替代性。譬如，在人性的展现与充实方面，孔子强调的就是人的后天的努力。他说：“求仁而得仁。”（《论语·述而》）一个“求”字，尽显人在“为仁”中的主动性和能动性。这既凸显

---

① 象山先生全集：卷十二·与赵咏道//陆九渊．陆象山全集．北京：中国书店，1992：103.

② 钱穆．中国思想通俗讲话．北京：生活·读书·新知三联书店，2005：22.

③ 同②18.

了“仁”的根据内在于人的本然之性，也凸显了“仁”的开显取决于人的自觉努力。孔子还说：“人能弘道，非道弘人。”（《论语·卫灵公》）按照《论语》的记载，孔子就被一位隐者讽刺地称作“知其不可而为之者”（参见《论语·宪问》）。其实这恰恰反映了孔子的最大限度的奋斗精神，他不是向天命挑战，而只是努力去克服一切困难，以履行自己所肩负的使命和职责。孔子说：“不怨天，不尤人，下学而上达。知我者其天乎!”（《论语·宪问》）在这里，也充分地体现出孔子自觉的担当和责任感，这种主体意识所表征的，无疑是人的主观能动性。显然，在儒家的天命观里，也内蕴着客观规律性和主观能动性及其统一。

儒家的这种立场，也为在历史领域内融入道德视野提供了可能。美籍华裔学者黄仁宇提出的所谓“大历史”观，主要是着眼于历史的长时段来看待历史事件和历史人物，从而抛开道德的视野和眼光，而仅仅从历史本身的是非曲直去叙事。黄仁宇说：“大历史的观点，亦即是从‘技术上的角度看历史’（technical interpretation of history）。”[①] 黄氏取“技术”的价值中立性，从而试图“过滤”掉道德含义，以此作为审视历史的宏大视角，以便与传统的道德史观相颉颃。这种新史观

① 黄仁宇．《万历十五年》和我的大历史观//黄仁宇．万历十五年．北京：中华书局，1982：262.

一反中国传统历史意识，的确令人耳目一新，但它也从否定的方面凸显出中国传统历史观在审视历史时所采取的道德维度。

荀子虽然有所谓的“制天命而用之”的说法，但他还仍强调“天行有常，不为尧存，不为桀亡”(《荀子·天论》)。荀子说：“从天而颂之，孰与制天命而用之?”(《荀子·天论》)荀子在这里提出了两种态度：一为“从天而颂之”；一为“制天命而用之”。郭沫若认为，这是针对墨家说的，即体现着“对于墨家尊天明鬼的反对，‘制天命’的说法便是‘非命’说的超越的回答”。因为“‘非命’是以为自然界或人事界中没有所谓必然性，这是违背现实；‘制天命’则是一方面承认有必然性，在另一方面却要用人力来左右这种必然性，使它于人有利，所以他要‘官天地而役万物’”。郭沫若甚至认为：“这和近代的科学精神颇能合拍，可惜在中国却没有得到它的正常的发育。”①

冯友兰却认为，这是针对庄子观点的，“从天而颂之”体现的是庄子的态度，荀子主张的却是“制天命而用之”，所以对庄子是持批评立场的。“庄周也涉及到‘天人之分’的问题。他主张‘无以人灭天’(《庄子·秋水》)。庄周一派把自然界的

① 郭沫若．十批判书//郭沫若．郭沫若全集（历史编）：第2卷．北京：人民出版社，1982：216.

规律神秘化了，把它看成是人力无可奈何和无法认识的势力，认为人只有绝对服从自然界规律，认为这就是‘命’。庄周说：‘无以故灭命。’（同上）就是说，不要用智慧改变自然界规律和人服从自然界的命运。荀况指出，与其‘从天而颂之’不如制裁天命而加以利用。”①

张岱年则把老子所谓的“以辅万物之自然而不敢为”（《老子·第六十四章》），同荀子的“制天命而用之”相对比，认为老子主自然无为，而荀子主自然有为。张岱年还认为，荀子的这个思想可能受到《易传》的启发。因为《周易·系辞上》说：“见乃谓之象，形乃谓之器，制而用之谓之法。”而“制而用之”同“制天命而用之”，文句有相同处。所以，“这或者是偶合，或者也有一定联系”②。

其实，不论是针对谁说的，荀子的这句话都透露出一个消息，那就是对天道的尊重和利用。其中，就蕴含着合规律性与合目的性的统一之诉求。其实，“制天命而用之”中所谓的“制”，既非创制之义，亦非裁制之义。高亨注《周易·系辞下》所谓“谦以制礼”：“此制字非创制之义。淮南子氾论篇：‘圣人作法，而万物制焉。’高注：‘制犹从也。’制礼谓从礼

① 冯友兰．中国哲学史新编：第1册//冯友兰．三松堂全集：第8卷．郑州：河南人民出版社，2001：590-591.

② 张岱年．论《易大传》的著作年代与哲学思想//中国哲学：第1辑．北京：生活·读书·新知三联书店，1979：141.

也。谦以礼为准，故曰：‘谦以制礼。’”[①] 如果把“制”训为“从”义，那么“制天命”也就是顺应而非违逆天命，因而与“从天”无异。但“制天命”同“从天”相比，更含有主动义。这也可以由“用之”二字来予以佐证。因此，关键的差别其实仅仅在于，“制天命而用之”更强调人作为主体所固有的能动性和目的性；其中，人的主体性姿态至为明显。这一取向，显然是基于荀子所主张的“明于天人之分”（《荀子·天论》）的立场。诚如冯友兰所言：“‘明于天人之分’以后，就专注意于发挥人的自觉能动性，不必对‘天’有什么幻想。”[②] 很显然，这同“从天而颂之”的态度迥然有别，因为道家更侧重于天人合而无所谓分。仅就此而言，或者也可以说，荀子的立场更倾向于积极的无为，庄子及其所代表的道家立场则更倾向于消极的无为；但在“从天”的基本取向上，两者实无二致。

在儒家的语境中，天人相类比对于历史观的建构来说具有重要意义。所谓“观乎天文，以察时变；观乎人文，以化成天下”（《周易·彖传》），这里明显地存在着“天文”同“人文”之间的比附。董仲舒也讲“天人相副”，所谓“天亦有喜怒之气、哀乐之心，与人相副。以类合之，天人一也”

① 高亨．周易大传今注．济南：齐鲁书社，1979：585.

② 冯友兰．中国哲学史新编：第1册//冯友兰．三松堂全集：第8卷．郑州：河南人民出版社，2001：589.

（《春秋繁露·阴阳义》）。王夫之曰："天之命，有理而无心者也"；"天者，理也；其命，理之流行者也"[1]。王夫之还说过："天欲开之，圣人成之；圣人不作，则假手于时君及智力之士以启其渐。以一时之利害言之，则病天下；通古今而计之，则利大而圣道以弘。"他又说："天之所启，人为效之，非人之能也。圣人之所勤，人弗守之，则罪在人而不在天。"[2] 在这里，王夫之一方面强调"天"为人们的作为提供可能性空间，另一方面又强调人为的重要作用。这同马克思主义历史观关于合规律性与合目的性及其统一之间，也有着某种一致性。

从一定意义上说，儒家历史逻辑及其节奏感，为马克思主义历史观的传入和接纳准备了必要的文化背景。而且，儒家的历史观在近代中国所遇到的尴尬，同后来马克思主义历史观在当代中国所面临的问题，也有着某种惊人的相似。譬如，"康有为现象"就是一例。一般认为，康有为在其一生中有一个重大转变，即由激进转向保守。有学者对此持有异议，指出："他（指康有为——引者注）戊戌变法前主张限制君权，为了君主立宪；在民国之后，参与复辟，也是为了君主立宪。他在

① 王夫之．读通鉴论：卷二十四．北京：中华书局，1975：1972，1973.

② 王夫之．读通鉴论：卷三．北京：中华书局，1975：156，158.

思想上仍然是一致的。”[①] 该学者认为：“一般的说法是，他们早年前进，晚年落伍，未免过于简单化。”[②] 也就是说，康有为的这种“变化”，不是他本身的立场改变了，而是时代及其主题变了。

而按照儒家的逻辑，时代的这种改变节奏未免紊乱。因为康有为依据“公羊三世说”，把历史的演进规范为据乱世（君主专制）、升平世（君主立宪）、太平世（民主共和）。在康有为看来，超越了中间环节这个阶段，无异于“毕其功于一役”，是得不偿失的。当这个环节未来临之时，他起而呼吁之；当这个环节被无视之时，他又起而捍卫之。在康有为那里，对历史逻辑的信念本身则从未动摇过。“此亦可解释为何民国成立以后康氏仍想君主立宪。他绝不是要把历史拖回头，而是要把历史纳入正确的公式。”[③] 康有为当年的观点同时代的这种离合，非常类似于马克思关于人类社会发展的“三大形态说”在中国

① 汪荣祖．康章合论．北京：新星出版社，2006：5. 当年（1918 年）有人曾致信陈独秀，其中指责康有为道：“狂来狂去，狂到今日，越变成个蠢物了。他跟着辫子大帅（指张勋——引者注）去干那复辟的事，出乖露丑，至死不变。”（张寿朋．张寿朋致陈独秀//水如．陈独秀书信集．北京：新华出版社，1987：228.）陈独秀在复信中则认为：“康有为为人好歹，我们不去论他。至于他跟着张勋复辟，正是他的好处，因为他相信孔教，便要实行孔教教义，孔教的政治思想；他这始终一贯的精神，到（倒——引者注）可佩服；你为何要骂他出乖露丑呢？”（陈独秀．陈独秀致张寿朋//水如．陈独秀书信集．北京：新华出版社，1987：223.）可见，陈独秀在当时就已经揭示出康有为“不变”的一面。

② 汪荣祖．康章合论．北京：新星出版社，2006：5.

③ 同②31.

的命运。从某个角度也可以说，“康有为现象”似乎在某种象征的意义上可以被看作马克思主义在中国所遇到的处境的一种“预演”。但无论如何，儒家也好，马克思主义也罢，尽管各自所认可的历史逻辑并不完全相同，但它们对于历史逻辑的信奉本身却存在着明显的相似性，这一点似乎也没有疑问。

规律与目的：马克思寻求其“合取”

恩格斯在《在马克思墓前的讲话》中曾经做过一个著名的类比：“正像达尔文发现有机界的发展规律一样，马克思发现了人类历史的发展规律。”[①] 当然，马克思也倾向于用达尔文的学说作为自己的历史观的一个佐证，但需要指出的是，马克思是在比恩格斯所作类比更为有限的意义上使用的。我们也必须承认，在由“天道”到“人道”的顺序及其关联上，亦即承认自然界和人类社会的客观规律，马克思和恩格斯是完全一致的。

马克思强调：“我的观点是把经济的社会形态的发展理解为一种自然史的过程。”[②] 他深刻地揭示了社会发展的“似自

---

① 恩格斯．在马克思墓前的讲话///马克思，恩格斯．马克思恩格斯选集：第3卷．3版．北京：人民出版社，2012：1002.

② 马克思．资本论：第1卷（节选）·1867年第1版序言//马克思，恩格斯．马克思恩格斯选集：第2卷．3版．北京：人民出版社，2012：84.

然性”的特征。正因此，马克思认为：“一个社会即使探索到了本身运动的自然规律……它还是既不能跳过也不能用法令取消自然的发展阶段。”① 在他看来，“资本主义生产的自然规律”是“以铁的必然性发生作用”的。正是基于这一点，马克思预测道：“工业较发达的国家向工业较不发达的国家所显示的，只是后者未来的景象。”② 但是，马克思主义历史观绝不是宿命论的。它认为，人类历史过程本身是由怀有各自目的的个人，通过自己的自觉活动创造出来的。因此，恩格斯说：“‘历史’并不是把人当作达到**自己**目的的工具来利用的某种特殊的人格。历史**不过是**追求着自己目的的人的活动而已。”③

在唯物史观看来，作为历史主体的人并不是完全消极地听从历史规律摆布的奴隶和符码；相反，当人们科学地认识并把握了历史规律之后，就能够为自己进入自觉的历史创造必要的历史条件。在此意义上，可以说，历史是合规律性与合目的性的统一，也就是真与善的统一。从某种意义上说，马克思终其一生所从事的艰苦的思想劳作，归根到底都是为了唤醒无产阶级的阶级意识而进行的。这正是无产阶级完成由自在向自为转

---

① 马克思．资本论：第1卷（节选）·1867年第1版序言//马克思，恩格斯．马克思恩格斯选集：第2卷．3版．北京：人民出版社，2012：83.

② 同①82.

③ 马克思，恩格斯．神圣家族//马克思，恩格斯．马克思恩格斯全集：第2卷．北京：人民出版社，1957：118-119.

变的条件。当无产阶级实现这一转变之后，其历史活动就具有自觉的目的性。无产阶级作为解放者和被解放者集于一身的角色，不仅自觉地意识到自己的历史使命，而且自觉地意识到自己通过实践的批判所能动地建构着的历史目标。

关于“自然史”和“人类史”及其关系，马克思写道：“我们仅仅知道一门唯一的科学，即历史科学。历史可以从两方面来考察，可以把它划分为自然史和人类史。但这两方面是不可分割的；只要有人存在，自然史和人类史就彼此相互制约。自然史，即所谓自然科学，我们在这里不谈；我们需要深入研究的是人类史，因为几乎整个意识形态不是曲解人类史，就是完全撇开人类史。意识形态本身只不过是这一历史的一个方面。”[①]“自然史”和“人类史”通过人的此在性而彼此内在地相关，但二者在历史的展开中毕竟存在着差别，它们的统一本身正是在差别的基础上历史地实现着的。

恩格斯在《自然辩证法》“历史导论”中写道：“只有一种有计划地生产和分配的自觉的社会生产组织，才能在社会方面把人从其余的动物中提升出来，正像一般生产曾经在物种方面把人从其余的动物中提升出来一样。”[②] 这也就意味着，当人

---

① 马克思，恩格斯．德意志意识形态（节选）//马克思，恩格斯．马克思恩格斯选集：第1卷．3版．北京：人民出版社，2012：146.

② 恩格斯．自然辩证法（节选）//马克思，恩格斯．马克思恩格斯选集：第3卷．3版．北京：人民出版社，2012：860.

处在异化状态时，人类史就带有似自然性的特点，这时虽然人通过对自然的认识而把自身从自然界中“提升”出来，从而实现了“人猿相揖别”，但在人类社会领域尚处在盲目自发状态。只有实现了人的异化的历史扬弃，亦即人的实存与人的本质重新达成统一之后，人类社会才能够实现由自发状态向自觉状态的转变。这就是恩格斯所说的人的“第二次提升”。只有实现了两次“提升”之后，人类才能够彻底摆脱自己的“史前期”，从而进入“人的真正的历史”。如此一来，才能实现受动与能动、他律与自律、合规律性与合目的性之对立的彻底解决。在《德意志意识形态》“费尔巴哈”章中，马克思和恩格斯特别强调未来社会的“一切自发性的消除”[①] 的特征，它意味着“自觉社会”的来临或曰社会发展的自觉状态的真正实现。

除此之外，马克思主义同儒学在历史逻辑上还具有某种同构性。它们都秉持一种既循环又开放的历史模式，所谓“一元复始，万象更新”。费正清认为，“中国解释历史的方式是说明盛衰分合带有轮转的性质，而西方的历史观则以直线前进的观点为基础（两者可以结合为螺旋式的前进）”[②]。其实，与西方以往的历史哲学不同，马克思的历史观已经扬弃了西方传统历

① 马克思，恩格斯．德意志意识形态（节选）//马克思，恩格斯．马克思恩格斯选集：第1卷．3版．北京：人民出版社，2012：210.

② 费正清．美国与中国．张理京，译．北京：世界知识出版社，2000：448.

史观的线性模式，从而确立起了一种螺旋式上升的模式。所以，费正清说新中国成立后，“北京已经创立了马克思列宁主义毛泽东思想的正统意识形态，其活力之强无异于过去的儒家学说；但它相信人类会不断进步，走向未来的千年福境，而不是从黄金时代开始盛衰交替地绵延下去”[①]。但这个判断是完全不准确的，因为费正清在这里未能正视马克思的历史观同西方传统历史观之间的辩证否定关系。

① 费正清．美国与中国．张理京，译．北京：世界知识出版社，2000：447.

十一、真正的自由："为仁由己"与"自由王国"

孔子提出的"为仁由己"，表面看来似乎谈论的只是个体的人的德性修养，究其实质却是关乎人的真正自由的问题，它可以并且应该从自由观的意义上被诠释。马克思终其一生都是把人的解放和自由作为自己学说的出发点和归宿。可以说，自由乃是马克思孜孜以求的目标。他对人的异化的揭露和批判，正是以人的自由为鹄的。倘若超越俗见的限囿，就不难发现马克思主义与儒学在自由问题上的某种契合。

"为仁由己"：儒家自由观的要枢

我们知道，在必然性的领域是没有道德含义的。道德同自由之间具有内在的联系。因此，离开了自由，也就根本谈不上道德。孔子提出的"为仁由己"（《论语·颜渊》）、"我欲仁，斯仁至矣”（《论语·述而》）等说法，无疑都凸显了道德的自足性或曰自律性。韩愈也明确地说过：“足乎己，无待于外之谓德。”[①] 诚如马克思所言：“**道德的**基础是人类精神的**自律**。”[②] 而自律也就是自我决定，亦即自由。熊伟在诠解海德格尔现象学时曾说：“自由就是由自——由自己。”[③]

关键在于，什么才是真正意义上的“自己”？对于真正意义上的人来说，人的肉体存在是不是“自己”？回答是否定的。人的肉体存在只不过是人赖以存在的物质承担者罢了。对于大写的“人”而言，生物学的人仍然带有外在性。只有使人成其为人的那个规定，才是人的真正的“自己”。人之为人的规定，也就是人的本然之性、固然之理、当然之则，它才属于人性的范畴。所谓自由，也就是自我决定。倘若是受制于一个外在的他者之支配，即为异己化，也即所谓的奴役和束缚。他然、他律，即为奴役和压迫；而自然、自律，即为自由。程颐曰：“自性而行，皆善也。……舍此而行，是悖其性也，是悖其道也。”[④] 人性、内在的自由与道德的固有关联，由此尽显无遗。

---

① 韩愈．原道//韩愈．韩愈全集．上海：上海古籍出版社，1997：120.

② 马克思．评普鲁士最近的书报检查令//马克思，恩格斯．马克思恩格斯全集：第1卷．北京：人民出版社，1956：15.

③ 熊伟．海德格尔论自由//熊伟．自由的真谛：熊伟文选．北京：中央编译出版社，1997：157.

④ 河南程氏遗书：卷第二十五//程颢，程颐．二程集：上册．王孝鱼，点校．北京：中华书局，2004：318.

孔子说："仁者安仁，知者利仁。"（《论语·里仁》）按照张岱年的诠释："'安仁'即安于仁而实行仁，即为行仁而行仁；'利仁'即认为行仁有利而实行仁。'安仁'即认为仁不是追求某种利益的手段，仁本身具有内在的价值。"[①] 何以"安仁"？在二程看来，全赖"仁者在己"，如此则何忧之有？"凡不在己，逐物在外，皆忧也。"[②] 所以，"知仁道之在己而由之，乃仁也"[③]。由此决定了"为仁在己"而不在他[④]。孔子在回顾自己一生的心路历程时曾说："七十而从心所欲不逾矩。"这里所谓的"矩"，并不是作为他律之规定而存在的，而是出于人之本性的内在诉求的体现。所以，孔子的这个说法，就意味着那种作为自律的自由，亦即真正意义上的自由。儒家所谓的"慎独"境界，正是这种自律性的体现和表征。此种意义上的自由，是不能也不应被充当手段来看待和利用的，它具有内在价值。人的自我证成，正是儒家的最根本的用心所在。在马克思那里，所谓的"人性的复归"，其实也不过是人的自我证成的历史地完成罢了。

---

① 张岱年．中国哲学中的价值学说．哲学研究·中国哲学史研究专辑，1990（增刊）：6.

② 河南程氏外书：卷第一//程颢，程颐．二程集：上册．王孝鱼，点校．北京：中华书局，2004：352.

③ 河南程氏外书：卷第三//程颢，程颐．二程集：上册．王孝鱼，点校．北京：中华书局，2004：366－367.

④ 河南程氏外书：卷第六//程颢，程颐．二程集：上册．王孝鱼，点校．北京：中华书局，2004：388.

可见，儒家意义上的自由，是内在的自由，亦即出于人的本然之性的要求所做出的自我决定，而绝不是任性，不是黑格尔所批评的那种“主观的自由”或“形式的自由”。黑格尔指出：“自由也可以是没有必然性的抽象自由。这种假自由就是任性，因而它就是真自由的反面，是不自觉地被束缚的、主观空想的自由，——仅仅是形式的自由。”① 黑格尔区分了“真自由”和“假自由”，前者是出于内在必然性之要求的，后者则仅仅是出于外在他者的决定，看似自由实则奴役。所以，黑格尔把后者叫做“假自由”。他强调：“欲望是任性或形式的自由，以冲动为内容。”② 对于人来说，欲望乃人的肉体规定性的体现和要求。肉体只是构成人赖以存在的前提，而并不构成人之为人的内在理由。所以，人的肉体之于人，仍然是外在性的规定，不具有内在的意义。人倘若受到肉体欲望的支配和驱使，就必然陷入他者的决定状态，从而丧失自由而处于奴役地位。

表面看上去，人们是在为所欲为，自由得很，实则恰恰是自由的丧失。故孟子曰：“养心莫善于寡欲。”（《孟子·尽心下》）对此，陆九渊解释说：“夫所以害吾心者，何也？欲也。欲之多，则心之存者必寡；欲之寡，则心之存者必多。故……

---

① 黑格尔．哲学史讲演录：第1卷．贺麟，王太庆，译．北京：商务印书馆，1959：31.

② 同①99.

欲去则心自存矣。”[1] 儒家特别警惕“外诱”，其用心亦在避免人们陷入这种伪自由。儒家所主张的自由，其实也就是所谓的“自然”，即自然而然，或曰自我决定和自我肯定。而这才是真正意义上的自由。应该说，这种把必然性同自由内在地联系起来的领会，是对自由所作的一种最为深刻的把握。孟子说：“人之所以异于禽兽者几希。”（《孟子·离娄下》）人同禽兽在肉体存在的意义上并无区别，只有超越肉体层面，才能显示出人区别于禽兽的独特规定。

人与禽兽之间的唯一差别，仅仅在于唯独人才有良知和良能。所以，程颐曰：“故孟子言性善，皆由内出。”[2] 肉体存在之于人，乃属外而非内；只有标志人对于禽兽的超越性的规定，才属于内而非外。因此，二程曰：“大抵人有身，便有自私之理，宜其与道难一。”[3] 在此意义上，身为人之累、为人之患，因为正是它使人与道相隔。此说与道家颇有相通之处。譬如《老子》有言：“吾所以有大患者，为吾有身；及吾无身，吾有何患？”（《老子·第十三章》）《庄子》也说：“生人之累”，“死则无此”（《庄子·至乐》）。由此也就不难领会，孔子何以

① 象山先生全集：卷三十二·拾遗//陆九渊．陆象山全集．北京：中国书店，1992：242.

② 河南程氏遗书：卷第十五//程颢，程颐．二程集：上册．王孝鱼，点校．北京：中华书局，2004：149.

③ 河南程氏遗书：卷第三//程颢，程颐．二程集：上册．王孝鱼，点校．北京：中华书局，2004：66.

说“杀身成仁”，孟子何以说“舍生取义”了。

“自由王国”：马克思自由理想之真谛

哈耶克在《自由秩序原理》一书中区分了两种自由主义的传统，即欧洲大陆的和英美的自由主义，并进一步揭示了这两种传统所代表的自由观的哲学基础，即“一种本质上的经验主义世界观在英国处于支配地位，而唯理主义思维进路则在法国处于压倒之势。这两种完全不同的进路导致了实际上完全不同的结论”①。哈耶克的这一区分，至少在描述的意义上是有道理的。

从历史渊源看，英美传统的自由主义作为市民社会浸润的结果，典型地表达了市民社会的诉求。毋宁说，这种自由主义信念，不过是市民社会的意识形态修辞。马克思也把它称作“浸透市民精神的自由主义”②。从文化背景看，英国的经验主义传统，也为这种自由主义的形成提供了哲学基础。按照恩格

① 哈耶克．自由秩序原理：上册．邓正来，译．北京：生活·读书·新知三联书店，1997：64.

② 马克思，恩格斯．德意志意识形态//马克思，恩格斯．马克思恩格斯全集：第3卷．北京：人民出版社，1960：215.

斯的说法，英国人是一个“纯经验的民族”[1]，因为“完全听从经验”是“英国人的民族性所固有的特点”[2]。经验主义尊重感性的杂多，而这恰恰是英美传统的自由主义偏向多元论立场的重要基因。

马克思在谈到市民社会条件下人的自由时指出：“……整个的**市民社会**只是由于**个人的特性**而彼此分离的个人之间的相互斗争，是摆脱了特权桎梏的自发的生命力的不可遏止的普遍运动。”[3] 在马克思看来，市民社会不过是“摆脱了特权桎梏的自发的生命力的不可遏止的普遍运动”而已。显然，市民社会成员所追求并捍卫的自由，无非就是这种“自发的生命力的不可遏止的普遍运动”的表达。这里的“自发性”，就是任性。因为它并不是必然性的，而是偶然性的。任性本身固然是一种任意的诉求形式，但它作为一种历史现象，却不是任意的，而是有其特定的历史内涵和历史的规定性。那么，任性的世俗基础何在呢？黑格尔认为，近代有一种“主观性”，即“私人利益和特殊嗜好的偶然任性”[4]。所以，“近代人偏执地追逐其主

---

① 恩格斯．英国状况：评托马斯·卡莱尔的“过去和现在”//马克思，恩格斯．马克思恩格斯全集：第1卷．北京：人民出版社，1956：642.

② 恩格斯．英国状况：十八世纪//马克思，恩格斯．马克思恩格斯全集：第1卷．北京：人民出版社，1956：661.

③ 马克思，恩格斯．神圣家族//马克思，恩格斯．马克思恩格斯全集：第2卷．北京：人民出版社，1957：149.

④ 黑格尔．小逻辑．贺麟，译．北京：商务印书馆，1980：308.

观目的”①。

按照马克思所给出的历史坐标，人的任性这一虚假自由，仅仅同“偶然的个人”相联系。在马克思的语境中，“有个性的个人”则是人摆脱任性的产物，因为“有个性的个人”已经是由内在必然性决定的，而不再是由外在必然性支配的了。马克思还指出：“**市民社会的奴隶制**恰恰在**表面**上看来是最大的**自由**，因为它似乎是个人**独立**的完备形式；这种个人往往把像财产、工业、宗教等这些孤立的生活要素所表现的那种既不再受一般的结合也不再受人所约束的不可遏止的运动，当做**自己的**自由，但是，这样的运动反而成了个人的完备的奴隶制和人性的直接对立物。”② 这是富有讽刺意味的。而经验主义传统的自由观，是无法从学理上避免自由沦为任性的危险的。

马克思揭露道：“**任性**如果不是**随心所欲**又是什么呢?”③作为自由的滥用，任性只是属于人的经验存在的不确定性、偶然性的范畴，因而同人的道德选择无关。黑格尔认为任性不过是一种“形式的自由”或“主观的自由”，从而是虚假的自由。他指出：“自由也可以是没有必然性的抽象自由。这种假自由就是任性，因而它就是真自由的反面，是不自觉

---

① 黑格尔．小逻辑．贺麟，译．北京：商务印书馆，1980：309.

② 马克思，恩格斯．神圣家族//马克思，恩格斯．马克思恩格斯全集：第2卷．北京：人民出版社，1957：149.

③ 马克思．第六届莱茵省议会的辩论（第一篇论文）//马克思，恩格斯．马克思恩格斯全集：第1卷．北京：人民出版社，1956：69.

地被束缚的、主观空想的自由，——仅仅是形式的自由。”①他还说：“就任性作为决定这样或那样的能力而言，无疑地是自由意志的一个重要环节（按照意志的概念来说它本身就是自由的）；不过，任性却不是自由的本身，而首先只是一种形式的自由。那真正的自由意志，把扬弃了的任性包括在自身内。”②

为什么说“任性”只是“主观的自由”呢？黑格尔指出：“任性的内容是外界给予的，并不是基于意志本身，而是被意识到以外在环境为根据的。就这种给予的内容来说，自由只在于选择的形式，这种表面上的选择，也只是一种形式上的自由，因此也可看成只是一种主观假想的自由。”③ 显然，任性是他律性的，从而同自由的本来意义相悖。黑格尔进一步把任性同偶然性联系起来，指出：“任性的含义指内容不是通过我的意志的本性而是通过偶然性规定成为我的；因此我也就依赖这个内容，这就是任性所包含的矛盾。通常的人当他可以为所欲为时，就信以为自己是自由的，但他的不自由就在任性中。”④ 何谓偶然性？按照黑格尔的解释，“偶然性一般讲来，

---

① 黑格尔．哲学史讲演录：第1卷．贺麟，王太庆，译．北京：商务印书馆，1959：31.

②③ 黑格尔．小逻辑．贺麟，译．北京：商务印书馆，1980：302.

④ 黑格尔．法哲学原理．范扬，张企泰，译．北京：商务印书馆，1961：27.

是指一个事物存在的根据不在自己本身而在他物而言”①。正是在此意义上，黑格尔说：“动物始终只是消极的，置身于异己的规定中，并且只使自己习惯于这种规定而已。”②

人如果沉湎于任性，就意味着使自己屈从于外在规定，从而向动物式的存在沉沦。布伯说：“人栖居于任性姿欲，他们如何能洞见自由之真谛?”③ 那么对人而言，什么才是真正意义上的自由？在布伯看来，“自我决定即是自由”④。真正的自由本质上就是自律，亦即自我决定。而自律也就是所谓的“应当”。它是通过出于人的本性的内在要求所作出的选择被表征出来的。因此，它作为人之为人的本然之性、固然之理、当然之则，体现着道德人对生物人的超越。可见，真正的自由只有在人对动物性束缚的能动超越中才能获得确证。苏格拉底认为，“必须追求好的生活远过于生活”；但他同时又认为，“生活得好、生活得美、生活得正当是同一回事”⑤。在他看来，所谓“好的生活”就意味着“生活得正当”。而所谓正当，亦即按照应当如此者去做。苏格拉底被雅典城邦法庭判处死刑之

---

① 黑格尔．小逻辑．贺麟，译．北京：商务印书馆，1980：105.

② 黑格尔．法哲学原理．范扬，张企泰，译．北京：商务印书馆，1961：15.

③ 布伯．我与你．陈维纲，译．北京：生活·读书·新知三联书店，1986：78.

④ 同③71.

⑤ 柏拉图．游叙弗伦　苏格拉底的申辩　克力同．严群，译．北京：商务印书馆，1983：104.

后，在谈到自己是否逃跑时，说过："我们必须考虑此事该做不该做。"[①] 可见，苏格拉底做出选择的尺度不是人的肉体需要（求生本能）所决定的欲望，而仅仅在于是否"应当"。正因此，才造就了苏格拉底的人格之不朽。朱熹也说过类似的话，他说："圣人只看理当为便为，不当为便不为，不曾道我要做，我不要做。只容一个'我'，便是意了。"（《朱子语类·卷三十六》）朱熹说的其实是同样的道理。

经验论自由主义的一个基本信念就是：只要不妨碍他人的自由，一个人有权去做任何自己想做的事。在它视之，"自由就是从事一切对别人没有害处的活动的权利"。但这一预设注定会因陷入矛盾而落空。因为"自由这一人权的实际应用就是**私有财产**这一人权"；而"私有财产这项人权就是任意地（à son gré）、和别人无关地、不受社会束缚地使用和处理自己财产的权利"。这也就是自由主义所谓"自由"的真实历史内涵，它决定了"这种自由使每个人不是把别人看做自己自由的**实现**，而是看做自己自由的**限制**"[②]。如此一来，就必然"把人的世界变成互相隔绝互相敌对的个人的世界"[③]。然而吊诡的是，在一个"一切人反对一切人的战场"上，是无所谓真正的

---

① 柏拉图．游叙弗伦　苏格拉底的申辩　克力同．严群，译．北京：商务印书馆，1983：101.

② 马克思．论犹太人问题//马克思，恩格斯．马克思恩格斯全集：第1卷．北京：人民出版社，1956：438.

③ 同②450.

自由可言的，因为人的自由既没有条件得到保障，也没有机会得到充分的实现。

就像列奥·施特劳斯在批评以赛亚·伯林的自由主义信念时指出的那样："对最低限度私人领域的绝对要求不可能得到完全满足；它应该得到调和，因为与之对立的要求也拥有同等权利。"[①] 这就是自由主义信念所内在地遭遇的悖论，它对自由主义的信念本身无疑具有解构和颠覆的作用。钱穆也说："若在尚法的社会，遇到权利相冲突的当口，法律虽为保护权利而设，但既是双方权利相冲突了，保护了甲方，便不能同时保护到乙方。"[②] 人与人的交往，在彼此权利"零和博弈"的情况下，自由便难以充分地维系。弗里德曼承认自由是存在着彼此妨碍的可能的，但他认为这种相互妨碍可以通过限制自由来得到解决。例如，他写道："各个人的自由可能相互冲突。当冲突存在时，必须限制一个人的自由以便保存另一人的自由。"[③] 但如此一来，自由也就不再是完全的和充分的了，这同自由主义的目标和预设是相互矛盾的。

在《资本论》中，马克思深刻地揭示了资本主义条件下存在的"权利同权利相对抗"的悖谬，并以"工作日"的确定问

① 施特劳斯．古典政治理性主义的重生：施特劳斯思想入门．郭振华，等译．北京：华夏出版社，2011：58.

② 钱穆．湖上闲思录．北京：生活·读书·新知三联书店，2000：49.

③ 弗里德曼．资本主义与自由．张瑞玉，译．北京：商务印书馆，1986：27.

题为例，指出：“我们看到……商品交换的性质本身没有给工作日规定任何界限，因而没有给剩余劳动规定任何界限。资本家要坚持他作为买者的权利，他尽量延长工作日，如果可能，就把一个工作日变成两个工作日。可是另一方面，这个已经卖出的商品的特殊性质给它的买者规定了一个消费的界限，并且工人也要坚持他作为卖者的权利，他要求把工作日限制在一定的正常量内。于是这里出现了二律背反，权利同权利相对抗，而这两种权利都同样是商品交换规律所承认的。”① 在工作日长短的确定方面，存在着雇佣劳动者同资本家之间的博弈，他们基于各自的利益，都有从本身的角度看来的合理性。

正如恩格斯所说：“你有权要求的，别人当然也有权要求。”② 这就是所谓的权利对等性原则。但博弈双方之间却无法达成为各自都情愿接受的妥协。马克思说：这里“出现了二律背反”，即所谓“权利同权利相对抗”。因为这两种权利同时为商品交换规律所承认，但彼此却又相互否定。一方权利的充分实现，就势必妨碍另一方权利的充分实现。也就是说，由于双方各自权利的彼此否定，它们总是存在着相互干扰、相互妨碍、相互剥夺、相互抵消的关系，从而不可能同时得

① 马克思．资本论：第1卷//马克思，恩格斯．马克思恩格斯全集：第23卷．北京：人民出版社，1972：262.

② 恩格斯．波河与莱茵河//马克思，恩格斯．马克思恩格斯全集：第13卷．北京：人民出版社，1962：282.

到充分的实现。但是，双方都有足够的理由坚持并捍卫自己的权利诉求，二者的地位在法理上是对等的。这正是二律背反的性质所在。这一悖论，恰恰暴露出英美式自由主义所面临的困境。

所以，英美式自由主义的观点可能是“正确的”，却不是“真实的”。康德说得好：“自由概念对于所有**经验主义者**都是一块绊脚石。”[①] 也就是说，真正意义上的自由，难以在经验主义的意义上被领会和把握。致力于人的历史解放的马克思，才在其学说中真正回到了自由的本义。

早在 1844 年，青年马克思就提出了人性的复归问题。例如，他写道：作为“私有财产即人的自我异化的积极的扬弃”，共产主义就意味着“人向自身、向**社会的**即合乎人性的人的复归”[②]。问题在于，这种“复归”，其内涵是什么？马克思在当时尚未充分展开对它的揭示。这一内涵，是马克思在《资本论》第 3 卷中给出真正答案的，那就是他所提出的“自由王国”范畴及其丰富意蕴。马克思所谓的自由王国，也就是共产主义的另一个说法。在《资本论》第 3 卷中，马克思明确地把“自由王国”作为一个“彼岸”的规定加以确立。他强调指出：“事实上，自由王国只是在由必需和外在目的规定要做的劳动

---

① 康德．实践理性批判．关文运，译．北京：商务印书馆，1960：6.

② 马克思．1844 年经济学哲学手稿．北京：人民出版社，2000：81.

终止的地方才开始；因而按照事物的本性来说，它存在于真正物质生产领域的彼岸。”[①] 在马克思看来，物质生产领域，“始终是一个必然王国”；而“在这个必然王国的彼岸，作为目的本身的人类能力的发展，真正的自由王国，就开始了”[②]。

在马克思的这一语境中，此岸与彼岸的划分，意味着物质生产领域同自由王国的分野。而物质生产乃是人作为肉体存在物所必须进行的活动和须臾不可离的条件。所以，马克思又把它称为“永恒的自然必然性”。例如，他说：“劳动作为使用价值的创造者，作为有用劳动，是不以一切社会形式为转移的人类生存条件，是人和自然之间的物质变换即人类生活得以实现的永恒的自然必然性。”[③] 因此，自由王国在这个意义上乃是对于人的肉体存在的超越。这正是它的“彼岸”性之所在。正因为这样，马克思把“工作日的缩短”，作为自由王国来临的“根本条件”。这意味着人们为谋生而不得不从事的劳动时间的缩短，构成自由王国的历史前提。

用思辨的语言来说，马克思所谓的“人性的复归”，就意味着人的实存同人的本质的对立的扬弃。这是马克思的自由观的逻辑内涵。而自由王国的来临，则是马克思的自由观的历史

---

① 马克思．资本论：第3卷//马克思，恩格斯．马克思恩格斯全集：第25卷．北京：人民出版社，1974：926.

② 同①927.

③ 马克思．资本论：第1卷//马克思，恩格斯．马克思恩格斯全集：第23卷．北京：人民出版社，1972：56.

内涵。这两个方面并非彼此脱离，而是在人类历史的实际展开中不断地趋向一致。只有在这样一种状态下，人才能按照自己的内在本性的要求去生存，从而成为自由的和自觉的存在物。这也就是马克思所谓的人的历史解放的实现和完成。

由上可见，马克思的自由王国同儒家所谓的“为仁由己”，看似着眼点全然不同，但就其实质而言却存在着彼此的相契和一致，因为它们都包含着一个最为基本的意蕴，那就是人性彻底摆脱外在他者的拘囿而得以自我彰显并证成。

十二、“大同”理想与共产主义

儒家的“大同”理想与作为马克思主义理想社会的共产主义之间存在着某种一致性。尽管“大同”理想带有明显的空想色彩，而共产主义是基于历史发展的必然逻辑而确立起来的对人类未来的科学筹划，它们在性质上有着本质的差别，但是，它们毕竟都包含着对理想社会的诉求，而且在理想社会的原型上具有某种同构性。这无疑也为马克思主义与儒学的会通提供了一种可能性。

“大同”：儒家孜孜以求的社会愿景

孔子曰：“大道之行也，与三代之英，丘未之逮也，而有志焉。大道之行也，天下为公。选贤与能，讲信修睦，故人不独亲其亲，不独子其子，使老有所终，壮有所用，幼有所长，矜寡孤独废疾者，皆有所养。男有分，女有归。货，恶其弃于地也，不必藏于己；力，恶其不出于身也，不必为己。是故谋闭而不兴，盗窃乱贼而不作，故外户而不闭。是谓大同。”（《礼记·礼运》）这段话很可能是汉儒托孔子之言而说的，但正如郭沫若所指出的那样，问题的要害“不重在言说的人，是重在言说的本身。……即使是汉儒的言论也很值得征引”[1]。郭沫若指出：“这几句话中有一二点是后人的臆说，如‘矜寡孤独’是后来的现象，‘男有分，女有归’也应该掉转来说，因为当时是女子承家，男子出嫁。但除掉这一二点的臆说外，大体上道破了原始公社社会的秘密。”[2] 值得注意的是，社会主义来到中国，一开始就是被作为“大同”来认知的。这固然是跨文化翻译在最初阶段所难以避免的“格义”，但也的确反映着两者的相通和一致。儒家的“大同”理想，构成社会主义思潮在中国传播的深厚而适宜的文化土壤。作为马克思学说的共产主义，其社会理想同中国古代儒家的理想社会之间具有某种兼容的性质；也正因此，前者才能够在中国的先知先觉者中深入人心。

一个有趣的现象是，自马克思主义开始传入中国以来，许多学者先后不约而同地指出了马克思主义与儒学在理想社会问题上的一致性。

中国的无政府主义者最早把“大同”理想同未来社会联系

① 郭沫若．中国古代社会研究//郭沫若．郭沫若全集（历史编）：第1卷．北京：人民出版社，1982：237.

② 同①238.

起来，他们一般是把共产主义同无政府主义混为一谈来理解的。当时信奉无政府主义的朱谦之就写有《大同共产主义》（泰东图书局1927年出版）一书。在中国较早宣扬社会主义的无政府主义者江亢虎，一方面把社会主义与“大同”理想的勾连看作在中国传播社会主义的一种方便法门，另一方面也不得不承认这两者之间在学理层面具有内在融合的可能性。江亢虎在《中国古来社会主义之思想》一文中认为：“社会主义学说”是“近世之出产品，且西洋之输入品”，“穿凿傅会，攘为中国固有之学说者妄也”；强调与中国本土资源相通，乃是为了使它“易于了悟，敢于听闻，不致大骇却走，深闭固拒”[①]。江亢虎幼年接受儒家教育，读了《礼记·礼运》后，“慨然慕‘大同之治’……以为必如何如何，而后天下可企于均平。因虚拟一理想世界，如佛陀、耶稣所谓天国者”。但他认为宗教只是“希望天国于既死之后”，而他却希望“建设天国于有生之时”[②]。这一解释学背景，无疑是江亢虎把社会主义诠释为“大同主义”的重要文化原因。正因此，他认为儒家“大同”理想与欧洲社会主义思潮之间“多有互相印证之妙，竟暗合十之八九”[③]。

按照刘师复的说法，“今日一般人之心目中，以为中国言

---

① 江亢虎．中国古来社会主义之思想．社会星，1911（1）：4.

②③ 江亢虎．社会主义与女学之关系//江亢虎．洪水集．上海：上海社会星社，1913：16.

社会主义者有二人焉，即孙逸仙与江亢虎是也”[①]。据景定成回忆，早在1907年9月22日，他本人在由中国留日学生成立的社会主义讲习会演说时就曾说过：“中国古来社会学说，很是不少，譬如《礼运》上所述‘大同之世，天下为公，选贤与能。货恶其弃于地也，不必藏于己；力恶其不出于身也，不必为己’，这些话，就是共产主义和无政府主义的神髓，不过没有人去特别研究，所以不十分发达。”[②] 当时的无政府主义尚被看作共产主义的一种形式。由此可见，景定成作为中国早期的无政府主义者，较早地把“大同”理想同共产主义联系起来看待。

青年毛泽东在其思想的成长期，一度受到过无政府主义的影响。毛泽东后来回忆说，在北京大学图书馆做管理员期间，“我读了一些关于无政府主义的小册子，很受影响。我常常和来看我的一个名叫朱谦之[③]的学生讨论无政府主义和它在中国的前景。在那个时候，我赞同许多无政府主义的主张”[④]。诚

---

① 刘师复．孙逸仙江亢虎之社会主义//中国第二历史档案馆．中国无政府主义和中国社会党．南京：江苏人民出版社，1981：94.

② 杨天石．“社会主义讲习会”资料//中国哲学：第1辑．北京：生活·读书·新知三联书店，1979：392.

③ 据有关学者考证，这里所谓的“朱谦之”应该系“区声白”之误（英文版原文是“Chu Hsun-pei”）［邬国义．毛泽东与无政府主义：从《西行漫记》的一处误译谈起．史林，2007（2）：1－23.］。但无论是朱谦之抑或是区声白，皆为当时的无政府主义者，所以这个人名翻译的澄清，无碍于问题的实质。

④ 斯诺．斯诺文集：第2卷　红星照耀中国．董乐山，译．北京：新华出版社，1984：132.

然，无政府主义同马克思主义存在着本质的区别，但无政府主义思潮在中国的兴起，的确也构成马克思主义传入中国的思想氛围，这也是一个不可否认的事实。无政府主义对于国家、政府、权威的消亡的理解，缺乏历史感，陷入抽象地否定，因此不可避免地走向空想主义。但是，它所追求的目标本身，却具有深刻的启示意义。例如，蔡和森当年就曾认为，“无政府党最后的理想我以（为）列宁与他［它］无二致”①。毛泽东在给蔡和森、萧子昇等人的信中，对于主张无政府主义的立场，也表示它是“谋全体的幸福”，虽然认为它在事实上做不到，但对其“在真理上是赞成的”②。当时中国的无政府主义，毕竟看到了中国的“大同”理想与社会主义之间的亲和性。

再如，梁启超也提示过社会主义与儒家的相通之处，他说：“孔子讲的‘均无贫和无寡’，孟子讲的‘恒产恒心’，就是这主义（指社会主义——引者注）最精要的论据，我并没有丝毫附会。至于实行方法，那就各国各时代种种不同。”③ 蔡元培在为李季翻译的英人柯卡普的《社会主义史》所作序言

① 蔡林彬．蔡林彬给毛泽东（1920年9月16日）//蔡和森．蔡和森文集．北京：人民出版社，1980：72.

② 毛泽东．致蔡和森等（1920年12月1日）//毛泽东．毛泽东书信选集．北京：人民出版社，1983：4-5.

③ 梁启超．欧游心影录（1920年3月）//五四以来反动派、地主资产阶级学者尊孔复古言论辑录．北京：人民出版社，1974：5.

中，一上来就对社会主义学说同中国儒家的社会理想作类比，认为“我们中国本有一种社会主义的学说”，并从孔子、孟子和《礼记·礼运》里找出相似的段落加以证明[①]。

郭沫若甚至看到了王阳明思想同西方社会主义思潮之间的某种一致性。他写道：“我在王阳明学说中与近世欧西的社会主义寻出了一致点。”在他看来，“王阳明主张‘去人欲而存天理’，这从社会方面说来，便是废去私有制度而一秉大公了”。所以，“在这儿西方文化与东方文化才可以握手，在这儿西方文化才能生出眼睛，东方文化也才能魂归正宅”[②]。而郭沫若认为，唯有王阳明的思想才得了儒家的真传，恢复了儒学的真面目。他写道：“王阳明所解释的儒家精神，乃至所体验的儒家精神，实即是孔门哲学的真义。”[③] 在他那里，王阳明被看成拨乱反正恢复儒家本来面目的功臣。在郭沫若看来，儒、道、释三者之中，以儒家最为完备和全面，其境界高于道、释两家。这是因为，“儒家的思想本是出入无碍，内外如一，对于精神方面力求全面的发展，对于物质方面亦力求富庶”[④]。

钱穆也认为：所谓的“大道之行也，天下为公”的大同社

---

① 克卡朴．社会主义史．李季，译．上海：新青年社，1920：1.

② 郭沫若．王阳明礼赞//郭沫若．郭沫若全集（历史编）：第3卷．北京：人民出版社，1984：299.

③ 同②294.

④ 同②298.

会愿景，正是“从秦始皇到汉武帝时期里人的理想社会主义。这一种理想在儒家思想里，本有一贯甚深之流衍”[①]。而“今天西方人所想象追求的社会主义与共产主义……这正是小戴《礼记·礼运篇》里所揭举的大同世界之理想所追求的”[②]。吕思勉同样指出：“中国历代，社会上的思想，都是主张均贫富的，这是其在近代所以易于接受社会主义的一个原因。”[③] 窦宗仪认为：“概括地说，儒家哲理与世界主要思潮相比较，除古希腊的思潮外，或许与马克思主义最接近，具有极为浓厚的社会主义因素。”[④] 邬昆如则强调说：“‘天下为公，世界大同’的‘太平世’理想，当然不是现实生活中的事实，既不是历史的史实，也不是当今经验到的现实，而只是人类心灵所向往的境界。”[⑤] 就大同社会的理想性和应然性而言，的确同共产主义有着异曲同工的契合性。

中国的传统社会及其意识形态修辞，同社会主义之间的确具有某种天然的亲和性。对此，李约瑟观察到，“在排满时期早期的中国革命家著作中非常明确地表达了他们要求从传统的

---

① 钱穆．中国文化史导论．上海：上海三联书店，1988：98.

② 钱穆．湖上闲思录．北京：生活·读书·新知三联书店，2000：51.

③ 吕思勉．中国通史．北京：群言出版社，2016：91.

④ 窦宗仪．儒家哲理和马克思主义哲理的比较和展望．哲学译丛，1985(4)：12.

⑤ 邬昆如．中外政治哲学“史的发展”的比较//郁龙余．中西文化异同论．北京：生活·读书·新知三联书店，1989：76.

中国社会直接进入社会主义的决心。他们也深深感觉到在中国的传统思想和生活方式中有许多预示的迹象，似乎符合于社会主义的原理”[①]。而对于资本主义，却有着强烈的“陌生感”和疏离的倾向。因为“对于中国人来说，资本主义在本质上完全是外来的东西”[②]。同资本主义的这种异质性距离，反而格外地强化了中国人在文化上对于社会主义的亲切感和自觉的认同。

“大同”理想与社会主义的这种亲和性，在毛泽东的思想历程中有着明显的体现。例如，在对德国哲学家泡尔生的《伦理学原理》一书所作的读书批注中，青年毛泽东就写道：“人现处于不大同时代，而想望大同，亦犹人处于困难之时，而想望平安。”[③] 值得注意的是，尽管青年毛泽东这时提到了“大同”，但他对“大同”理想的实现却抱怀疑态度。他说：“然大同亦岂人生之所堪乎？吾知一入大同之境，亦必生出许出［多］竞争抵抗之波澜来，而不能安处于大同之境矣。是故老庄绝圣弃智、老死不相往来之社会，徒为理想之社会而已。陶渊明桃花源之境遇，徒为理想之境遇而已。即此又可证明人类

① 李约瑟．现代中国的古代传统//李约瑟．四海之内：东方和西方的对话．劳陇，译．北京：生活·读书·新知三联书店，1987：29.

② 同①28.

③ 中共中央文献研究室，中共湖南省委《毛泽东早期文稿》编辑组．毛泽东早期文稿（一九一二年六月——一九二〇年十一月）．长沙：湖南人民出版社，2008：162－163.

理想之实在性少，而谬误性多也。”[①]

但是，毛泽东在致黎锦熙的信（1917 年 8 月 23 日）中，对“大同”理想又是明确地予以肯定并坚守的，他甚至认为：“大同者，吾人之鹄也。”[②] 毛泽东在《论人民民主专政》中指出：当阶级、政党和国家机器消亡之后，人们将进入“更高级的人类社会”，他就是用“大同”来刻画这个社会的。毛泽东写道：“对于工人阶级、劳动人民和共产党，则不是什么被推翻的问题，而是努力工作，创设条件，使阶级、国家权力和政党很自然地归于消灭，使人类进到大同境遇。”[③] 他还强调：“经过人民共和国到达社会主义和共产主义，到达阶级的消灭和世界的大同。”[④]

群己和谐：科学共产主义之鹄的

当年严复移译英人斯图亚特·穆勒的《论自由》，将书名

---

① 中共中央文献研究室，中共湖南省委《毛泽东早期文稿》编辑组．毛泽东早期文稿（一九一二年六月——九二〇年十一月）．长沙：湖南人民出版社，2008：163.

② 同①76.

③ 毛泽东．论人民民主专政（1949 年 6 月 30 日）//毛泽东．毛泽东选集：第 4 卷．2 版．北京：人民出版社，1991：1469.

④ 同③1471.

译作《群己权界论》，不可谓不传神。因为这既体现了西方近代自由主义在市民社会与国家之间划界的意图，也隐含着中国人在争个人自由的时候必须照顾到“群”的利益的价值取向。但穆勒的《论自由》一书，还是在群与己彼此相乖戾的前提下讨论问题的。马克思主义所追求的理想社会，则完全是在全新的历史基础上确立的，它只有作为人的个体与类、市民社会与政治国家、特殊利益与普遍利益之间的互为外在的对立之扬弃，才是可能的。这种理想社会，必须以个人的自由和社会的自由互为中介作为自己的条件，它因此才能实现人的个体与类的双重解放。从意识形态层面说，马克思主义的社会理想，已经超越并克服了现代性语境中的自由主义与社群主义及其对立，从而达成“合题”的规定。在马克思看来，共产主义作为“自由人的联合体”，它意味着“每个人的自由发展是一切人的自由发展的条件”[1]；同时又意味着“只有在共同体中，个人才能获得全面发展其才能的手段，也就是说，只有在共同体中才可能有个人自由”，或者说“在真正的共同体的条件下，各个人在自己的联合中并通过这种联合获得自己的自由”[2]。这是因为，只有在逻辑地和历史地扬弃了人的个体与类的对立之

① 马克思，恩格斯．共产党宣言//马克思，恩格斯．马克思恩格斯选集：第1卷．3版．北京：人民出版社，2012：422.

② 马克思，恩格斯．德意志意识形态（节选）//马克思，恩格斯．马克思恩格斯选集：第1卷．3版．北京：人民出版社，2012：199.

后，共产主义才是可能的。马克思说得很清楚，共产主义只能意味着人的“个体和类之间的斗争的真正解决”①。因此，从一定意义上说，共产主义的历史内涵，就在于人的群与己之对立的消弭和失效，是群与己之界囿的拆除，是群与己之间彼此的相互成就。

我们不难发现，正是在这里，马克思主义同儒家在社会理想上存在着某种明显的相似性。毛泽东曾批评康有为，指出：“康有为写了《大同书》，他没有也不可能找到一条到达大同的路。”② 在毛泽东看来，康有为的局限不在于提出“大同”理想本身，而仅仅在于他未能找到通向“大同”理想的现实道路而已。毛泽东认为，只有马克思主义才使得在中国实现“大同”理想成为现实的可能。当然，从早年的对中国古代“大同”理想的怀疑到后来对康有为“大同”理想的质疑，再到对马克思主义社会理想的肯定，马克思主义在这个过程中构成中国传统文化得以扬弃的重要机缘，其中既有对中国传统的“大同”理想之空想成分的过滤，又隐含着在新的基础上对这个理想本身的继承和光大。

洪秀全领导的“太平天国”农民起义，虽然以基督教相标榜，但它所宣扬的理念在多大程度上又同儒家文化相抵牾呢？

---

① 马克思．1844年经济学哲学手稿．北京：人民出版社，2000：81.

② 毛泽东．论人民民主专政（1949年6月30日）//毛泽东．毛泽东选集：第4卷．2版．北京：人民出版社，1991：1471.

洪秀全先后颁布的《原道救世歌》《原道醒世训》和《原道觉世训》，追求的分别是政治平等、经济平等和民族平等。在《原道醒世训》中，他就曾援引《礼记·礼运》所说的“大道之行也，天下为公……是谓大同”那段经典的话。而“太平天国”运动恰恰被马克思和恩格斯在为《新莱茵报》写的《国际述评》中称作“中国的社会主义”。他们把它同“欧洲的社会主义”作了一个类比，认为它们“像中国哲学跟黑格尔哲学一样具有共同之点”[①]。按照这篇述评中的叙述，德国传教士居茨拉夫已经把“社会主义”视为他在中国亲眼见到的“太平天国”运动的性质，以至于惊呼：“这正是中国许多庶民近来所宣传的那一套啊!”[②]

康有为写《大同书》，作为其社会理想的蓝图，其中的儒学文化资源是非常明显的。康有为标举所谓的“太平世”亦即“大同”，指出：“今欲致大同，必去人之私产而后可；凡农工商之业，必归之公。举天下之田地皆为公有，人无得私有而私买卖之……”[③] 这一表述，至少在表面上与社会主义的社会理想相差无几。有趣的是，孙中山把“社会主义”也称为“大同主义”。例如，他说：“民生主义就是社会主义，又名共产主

① 马克思，恩格斯．国际述评（一）//马克思，恩格斯．马克思恩格斯全集：第7卷．北京：人民出版社，1959：265.

② 同①264.

③ 康有为．大同书．章锡琛，周振甫，校点．北京：古籍出版社，1956：240.

义，即是大同主义。”[1] 孙中山所谓的“民生主义”，就是对“socialism”一词的翻译。尽管如此，列宁当年在《中国的民主主义和民粹主义》(1912年7月15日［28日］)一文中曾把孙中山的“社会主义”称为“主观社会主义”[2]。因为在列宁看来，这种所谓的“主观社会主义”的主观性，乃是由中国社会发展相对于欧美国家而存在的滞后，以及由此决定的孙中山“社会主义”的民粹主义色彩造成的。正如冯契所总结的：“康有为、孙中山、李大钊都对‘大同之世’作了新的解释，从‘自由、平等、博爱’的人道主义的乌托邦演变为科学社会主义和人道主义的统一，大同团结和个性解放的统一这样的社会理想。”[3]

孙中山在回顾自己思想的来源时说：“余之谋中国革命，其所持主义，有因袭吾国固有之思想者，有规抚欧洲之学说事迹者，有吾所独见而创获者。”[4] 而他所谓的“因袭吾国固有之思想者”，最主要的乃是“大道之行也，天下为公”的“大同”理想；他所谓的“规抚欧洲之学说事迹者”，则无疑包括

---

① 孙中山．三民主义//广东省社会科学院历史研究所，等．孙中山全集：第9卷．北京：中华书局，1986：355.

② 列宁．中国的民主主义和民粹主义//列宁．列宁选集：第2卷．3版修订版．北京：人民出版社，2012：290-296.

③ 冯契．智慧的探索：《智慧说三篇》导论//冯契．智慧的探索．上海：华东师范大学出版社，1994：623.

④ 孙中山．中国革命史//广东省社会科学院历史研究所，等．孙中山全集：第7卷．北京：中华书局，1985：60.

马克思主义在内。关于民生主义同马克思主义之间的异同，有人指出："民生史观和唯物史观的内容是一样的，而观察的方面却转变了。把唯物史观移到人类主观地位来说，而把人类主观的意识看重，便是民生史观了，这就是从马克思主义进到了孙中山主义。"[①] 还有人认为："共产主义，即是民生主义最大的目的。但中山先生不直接名之为共产主义——或社会主义而独名之为民生主义者，殊有特殊的意义。"这种"特殊的意义"，就是由中国同西欧相比，在进化阶段上的滞后造成的。这一差别表现在理论上，只是程度的而非类别的[②]。在上述意义上，可以说，中国传统文化中的儒家资源，同马克思主义的社会理想，在孙中山的民生主义那里相遇并汇合了。

柯卡普《社会主义史》的中译者李季，在为该书中文版写的序言中说："我国自'五四'运动以来，新思潮震荡全国，真有'一日千里'之势。近一年来新出版的报章杂志有好几百种，都竞谈世界各文明国的新学说，而社会主义尤为谈论的焦点，并且很受社会上的欢迎。"[③] 可见，五四运动时期，"在关于社会改造的讨论中，普遍带上了社会主义的色彩。许多青年在否定旧的社会制度时，提出了社会主义作为社会改造的方

① 天明．从达尔文主义到马克思主义再到孙中山主义．村治月刊，1929，1(6)：8.

② 马浚．孙中山与马克思．现代中国，1928，2(1)：11-12.

③ 克卡朴．社会主义史．李季，译．上海：新青年社，1920：1.

向，把社会主义看成是‘人类的福星’”[1]。当然，当时传入的社会主义思潮是鱼龙混杂的，还不等于科学社会主义亦即马克思主义，但它无疑为马克思主义在中国的进一步传播提供了一种适宜的氛围，预示了科学社会主义的胜出。

耐人寻味的是，被美国学者艾恺称作“最后一个儒家”的梁漱溟，在其晚年回顾自己一生、展望未来可能性的时候，对于社会主义抱有认同态度。他认为：“所谓‘资本主义’，就是个人本位主义，可以说八个字：‘个人本位，自我中心’……可是它底下走到后来，它要转变，要转变到社会主义，社会主义不可避免，资本主义要成为过去。”[2]“远的未来，资本主义社会一定要成为过去，资本主义之后的社会呢，就是社会主义，应当是社会主义。”梁漱溟相信，“将来在资本主义之后出现了社会主义……所以往人类的前途看，应当乐观的”[3]。展望未来，梁漱溟坚信，个人本位必然要过渡到社会本位。而社会本位所解决的问题，“就是人对人怎么样子能够彼此相安，彼此处得很好”。这种和谐的社会关系，在梁氏看来，“要把人与人的关系搞好，就得你照顾我，我照顾你，中国老话叫作

---

① 陈汉楚．社会主义在中国的传播和实践．北京：中国青年出版社，1984：97.

② 梁漱溟，艾恺．这个世界会好吗?：梁漱溟晚年口述（增订本）．北京：生活·读书·新知三联书店，2015：19.

③ 同②161.

‘礼让’，‘礼让为国’”[①]。儒家秉持的人际交往的理想关系，正是“老吾老，以及人之老；幼吾幼，以及人之幼”（《孟子·梁惠王上》）。

正是基于此，作为儒家的梁漱溟能够欣赏马克思主义。他说：“中国在儒家一直就是叫人礼让，这个礼让也就是刚才我说的，到了未来，资本主义过去了，社会主义来了，恐怕这个礼让的风气会要来了。”依据这一判断，梁漱溟甚至表示：“我觉得那个马克思主义很好，它比那个空想的社会主义高明。”[②] 我们不应忘记，这是一个现代新儒家作出的判断，它是否透露出马克思主义同儒学融合之可能性的某种消息呢？回答应该是肯定的。梁漱溟终其一生，并没有改宗；而且这些话是在20世纪80年代初讲的，此时的梁已进入耄耋之年。

需要指出的是，我们应该正视儒家理想社会的此岸性，虽然儒家也有形上与形下之分野，但它认为这两者又是可以贯通的。冯契认为：“儒家所描绘的理想社会，不是佛教的西方极乐世界，不是基督教的天国，而是人世间充满爱和信任的世界。它在此岸而不在彼岸，是可以借人力来实现的。”[③] 就强

---

① 梁漱溟，艾恺．这个世界会好吗?：梁漱溟晚年口述（增订本）．北京：生活·读书·新知三联书店，2015：19.

② 同①22.

③ 冯契．儒家的理想和近代中国的自由学说//冯契．智慧的探索．上海：华东师范大学出版社，1994：386.

调儒家的此岸性而言，这个说法是对的。但也应注意到，不能因此否认儒家还有超越的一面，只是儒家没有把这两者撅为两截罢了。至于《礼记·礼运》所描绘的大同社会，冯契又认为："《礼运》以为大同之世在远古，它实际上是原始社会的理想化，是一种复古主义理论。"① 这一看法似乎有点过于简单化了。

其实，《礼运》所确立的这个"大同"理想，非常类似于卢梭的思想。卢梭并不认为自己是一个复古主义者。卢梭的论文《论人类不平等的起源和基础》于 1755 年 4 月出版，作者将其赠送给伏尔泰。后者于同年 8 月 30 日写信给卢梭，揶揄地写道："先生，我收到了您写的反对人类的新书，深表谢意。……至今还没有人如此煞费苦心地要让我们与禽兽同类。读了您的著作，人们意欲四足爬行。"他还讽刺地强调说："不过我失去了此习已逾六十年之久，复习恐怕力不从心，很遗憾。"② 其实，是伏尔泰这位相信线性"进步"观的启蒙思想家误读了卢梭。在此问题上，后来的康德显然要比伏尔泰深刻得多。康德的解读是："卢梭从根本上说并不想使人类重新退回到自然状态中去，而只会是站在他自己现在所处的阶段上去

① 冯契．儒家的理想和近代中国的自由学说//冯契．智慧的探索．上海：华东师范大学出版社，1994：386.

② 古耶．卢梭与伏尔泰：两面镜子里的肖像．裴程，译．上海：华东师范大学出版社，2008：62.

回顾过去。”[①] 事实上，卢梭自己就已经表明了这一点。他在《论人类不平等的起源和基础》的“序”中就曾写道：我们“还要认清楚现在已不复存在、过去也许从来没有存在过、将来也许永远不会存在的一种状态”，因为“我们必须对这种状态具有正确的观念，才能很好地判断人类现在的状态”[②]。很明显，卢梭所谓的那种人类的原始状态，不过是作为一种预设的批判尺度罢了。

马克思在《政治经济学批判》导言中追问道：“一个成人不能再变成儿童，否则就变得稚气了。但是，儿童的天真不使成人感到愉快吗？他自己不该努力在一个更高的阶梯上把儿童的真实再现出来吗？”在马克思看来：“希腊人是正常的儿童。”他说：“为什么历史上的人类童年时代，在它发展得最完美的地方，不该作为永不复返的阶段而显示出永久的魅力呢？”[③] 显然，在人类历史发展的归宿上，马克思是向往古希腊的。晚年的马克思在给查苏利奇的复信草稿中，在谈及俄国公社时写道：“在俄国公社面前，资本主义是处于危机状态，这种危机只能随着资本主义的消灭、现代社会的回复到‘古代’类型的公有制而结束。”马克思甚至强调：“因此，不应该特别害怕

---

① 康德．实用人类学．邓晓芒，译．重庆：重庆出版社，1987：239.

② 卢梭．论人类不平等的起源和基础．李常山，译．北京：商务印书馆，1962：63-64.

③ 马克思．《政治经济学批判》导言//马克思，恩格斯．马克思恩格斯选集：第2卷．3版．北京：人民出版社，2012：712.

‘古代’一词。”[1] 但是，我们能够因此就说马克思是一个复古主义者吗？回答无疑是否定的。

按照加缪的说法，“进步这个概念是与启蒙时代和资产阶级革命同时的。我们完全可以在十七世纪给它找出一些鼓吹者来；古代派与现代派的争吵已经把完全荒谬的工艺进步观念引进了欧洲意识形态”[2]。而马克思作为启蒙精神和资产阶级时代的批判者和解构者，他的历史观不能不超越这种线性的进步逻辑。加缪认为，“希腊人的变易概念与我们的历史进化观念毫无共同之处。两者的区别乃是圆和直线的区别”[3]。马克思是以扬弃的姿态超越这两者的。所以，他所谓的复归并非完全意义上的重演，而是在更高基础上的再现罢了。

儒家试图寻求理想的落实，亦即“道”与“器”的贯通。孔子作为“圣人”，他无疑是理想人格的楷模；但他又是一个有血有肉的活生生的人，是一个历史上确曾存在过的人。在某种意义上，毋宁说，孔子不过是儒家理想的一种人格化形式而已。于此不难看出儒家有关理想社会思想的特征之一斑。与此类似，马克思一方面强调共产主义的超验性质，例如说“自由

---

① 马克思．给维·伊·查苏利奇的复信草稿：初稿//马克思，恩格斯．马克思恩格斯全集：第19卷．北京：人民出版社，1963：432.

② 加缪．反叛的人．王复，译//《哲学研究》编辑部．资产阶级哲学资料选辑：第1辑．上海：上海人民出版社，1964：81.

③ 同②77.

王国”具有“彼岸”性[①]，另一方面又强调“我们所称为共产主义的是那种消灭现存状况的**现实的**运动”[②]。其实，青年马克思就已经开始寻求“现有”与“应有”之间的“和解”。可以说，这是他终其一生的一个一以贯之的诉求。因此，在对未来社会的理解上，马克思主义同儒学不仅在内容上存在契合之处，而且在运思方式上也有彼此相通的地方。

① 马克思．资本论：第3卷//马克思，恩格斯．马克思恩格斯全集：第25卷．北京：人民出版社，1974：926－927.

② 马克思，恩格斯．德意志意识形态（节选）//马克思，恩格斯．马克思恩格斯选集：第1卷．3版．北京：人民出版社，2012：166.

后　记

在这里，照例应该向尊敬的读者交代一下写作这本小册子的缘起和大致经过。

若干年前，蒙《文史哲》主编王学典先生热情向我约稿，嘱我写一篇马克思主义与儒学会通方面的论文。我深知，王先生也是出于对许嘉璐先生主持的国家重大课题的关注和支持。我之所以研究这方面的问题，乃是缘自许先生的项目。盛情难却。2013 年 6 月我即开始动笔，直到 2017 年 10 月初才告完成，其间断断续续、写写停停，前后历时四年之久。这首先是因为我的懈怠，当然也是因为问题本身的复杂和棘手。这篇文章后来以《马克思主义与儒学的会通何以可能?》为题，刊登在《文史哲》2018 年第 2 期上。文章发表后，引起了不少关注和一定反响。譬如《新华文摘》纸刊和网刊、中国人民大学书报资料中心《哲学原理》和《哲学文摘》、上海《社会科学文摘》等刊物予以转载，《中国哲学年鉴 2019》《中国儒学年鉴（2019 年卷）》等权威工具书也摘登介绍；一些学界的同行以这样那样的方式给予不少鼓励和肯定。这一切，都是对我的莫大安慰。借此机会，向所有支持鄙人的刊物和朋友们表示诚挚的感谢。

就在文章发表后不久，有朋友建议我围绕这个主题，以这篇论文为基础扩写成一本小书出版，一方面把问题说得更透彻些，一方面也让更多的读者了解相关内容。就我本人而言，尽管原发文章篇幅已有四万余字，但仍觉得还有不少话要说，所以也愿意把有关内容处理得更为完备。为此，近几年来又在这方面积累了一些文字。本书就是在此基础上修改扩充而成的，题目也调整为现在这个样子。我所做的工作大致包括两方面：一是增加了几个新的方面，尽可能地使相关论述周全些；二是在有关论证方面，又补充了一些新的材料，力求把问题处理得更细腻一点。因此，篇幅也相应地扩充到了十几万字的样子。

最初的那篇论文虽然在发表时迟迟才出手，但我对文章仍感觉不甚满意。因为对我来说，如何在马儒关系的研究中避免知性地比较两者的异同，依旧是有待进一步探究的问题。坦率地讲，迄至本书写毕，该问题也不能说得到了比较理想的解决。这是令我感到最为惶恐的地方。但愿今后有机会在这个方面能够有所突破，以不负朋友们的雅意。因此，也衷心希望读者诸君不吝赐教，以使我对相关问题思考得更为周密和通透。

时间最伟大也最无情。随着年龄的增长，许多想法也都悄悄地有了改变。现在的我可谓身心俱老、身心俱疲。年轻气盛的时节已是一去不复返，剩下的仅仅是一点有限的精力和学力。我利用这点余力做些自己力所能及且情愿做的事，延续以往的思考和写作，或许还会有新的收获。但总是有些身不由己而又不期然而至的事情，把自己能够支配的时间切割得七零八落。所以，我很多时候感觉力不从心，做想做的事已变得相当奢侈。什么时候有那么一天能够真正自在起来，这是我此刻最大的想望。

最后，衷心感谢中国人民大学出版社和梁保菊、霍殿林、王海龙三位编辑对于本书的写作和出版给予的无私支持和大力帮助。离开了这种支持和帮助，离开了他们的精心编校和辛苦劳作，拙著的出版且以目前的面貌呈现出来，就是不可想象的。另外，也要感谢我指导的博士生杨鹏等同学在个别资料的搜集方面所提供的帮助。

何中华

2021 年 5 月 18 日于山东大学寓所